Nissei-chuo
Myokenguchi
Takarazuka
Minoh
Osaka-umeda

懐かしい
沿線写真で訪ねる

阪急宝塚線 能勢電鉄

街と駅の物語

山下ルミコ 著

アルファベータブックス

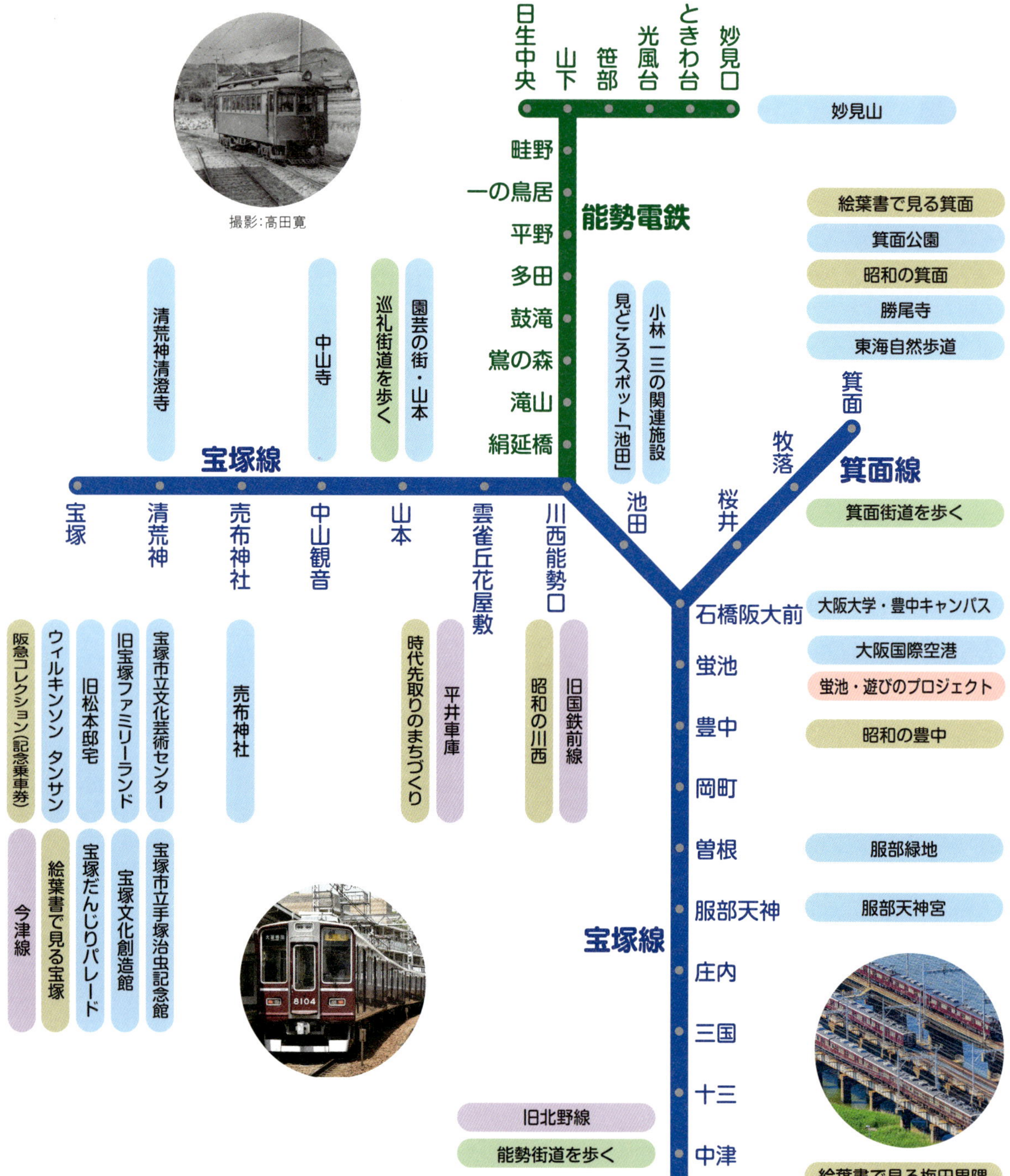

撮影:高田寛

※大阪梅田〜宝塚間の正式な路線名称は「宝塚本線」ですが、本書では「宝塚線」と表記しています。

CONTENTS

コラム

阪急電鉄で最初に開業し、その原点となる阪急宝塚線。田園地帯の沿線を宅地開発し、郊外型高級住宅地の夢も結実。マルーン色の電車は颯爽と走る。

能勢街道に沿ったカーブの多い路線

創業時の社名は「箕面有馬電気軌道」だった阪急宝塚線。その歴史は小さな1両の木造車から始まった。営業開始は、1910（明治43）年3月10日。開業当日の梅田駅はお祭り騒ぎで、その期待も乗せた木造ボギー車Ⅰ型1両は、梅田～宝塚間24・9㎞、石橋～箕面間4・0㎞、計28・9㎞を50分かけて走った。

当時の沿線は一面が田園風景で、切り開かれたばかりの土地や、人家もまばらな田畑の中を走る様子は「ミミズ電車」と揶揄され、採算性を疑問視する声も聞かれた。

しかし、創業者の小林一三は、当初考えていた有馬に代わり、宝塚を新たな行楽地として開発。大規模な集客地に育て上げる。同時に沿線開発を積極的に推進。住宅地や遊楽施設をつくって乗客を獲得するなどし私鉄経営におけるビジネスモデルの先駆けとなった。

宝塚線は、第2期路線である神戸線と比べるとカーブが多いのが特徴だ。これは江戸時代以来の主要交通路だった能勢街道に沿って開発されたためで、いまでも沿線の各駅には、街道筋の名残りが残っている。

大阪梅田駅を出発する阪急電鉄1000系電車

子会社の「能勢電鉄」は開業110周年

宝塚線とともに阪急で最も古い路線である箕面線は、起点となる石橋阪大前駅から複線で分岐、終点の箕面駅までつながっている。

箕面は、宝塚が開発される以前から観光開発に力が入れられたエリアで行楽色が強く、駅前も観光地的な雰囲気が漂っている。一方で、阪神間の主要なベッドタウンでもある。

支線としては、１９６１（昭和36）年に阪急の子会社になった能勢電鉄の存在も大きい。通称〝能勢電〟と呼ばれる能勢電鉄は、１９１３（大正２）年４月13日に、能勢口（現・川西能勢口）～一ノ鳥居（現・一の鳥居）間で営業を開始。10年後の１９２３（大正12）年に妙見（現・妙見口）まで延伸、１９７８（昭和53）年には日生線を新設して現在の路線網を確立している。そして２０２３（令和５）年には、開業１１０周年を迎えた。

前身の能勢電気軌道（明治41年設立）は、能勢妙見宮の参拝客や沿線特産物の輸送が目的だが、高度経済成長期以降、沿線の宅地開発が進み、いまは主に通勤・通学客が利用する。朝夕のラッシュ時には、日生中央～大阪梅田間の直通特急・日生エクスプレスも運行される。

線沿線風景を歌った

電車唱歌

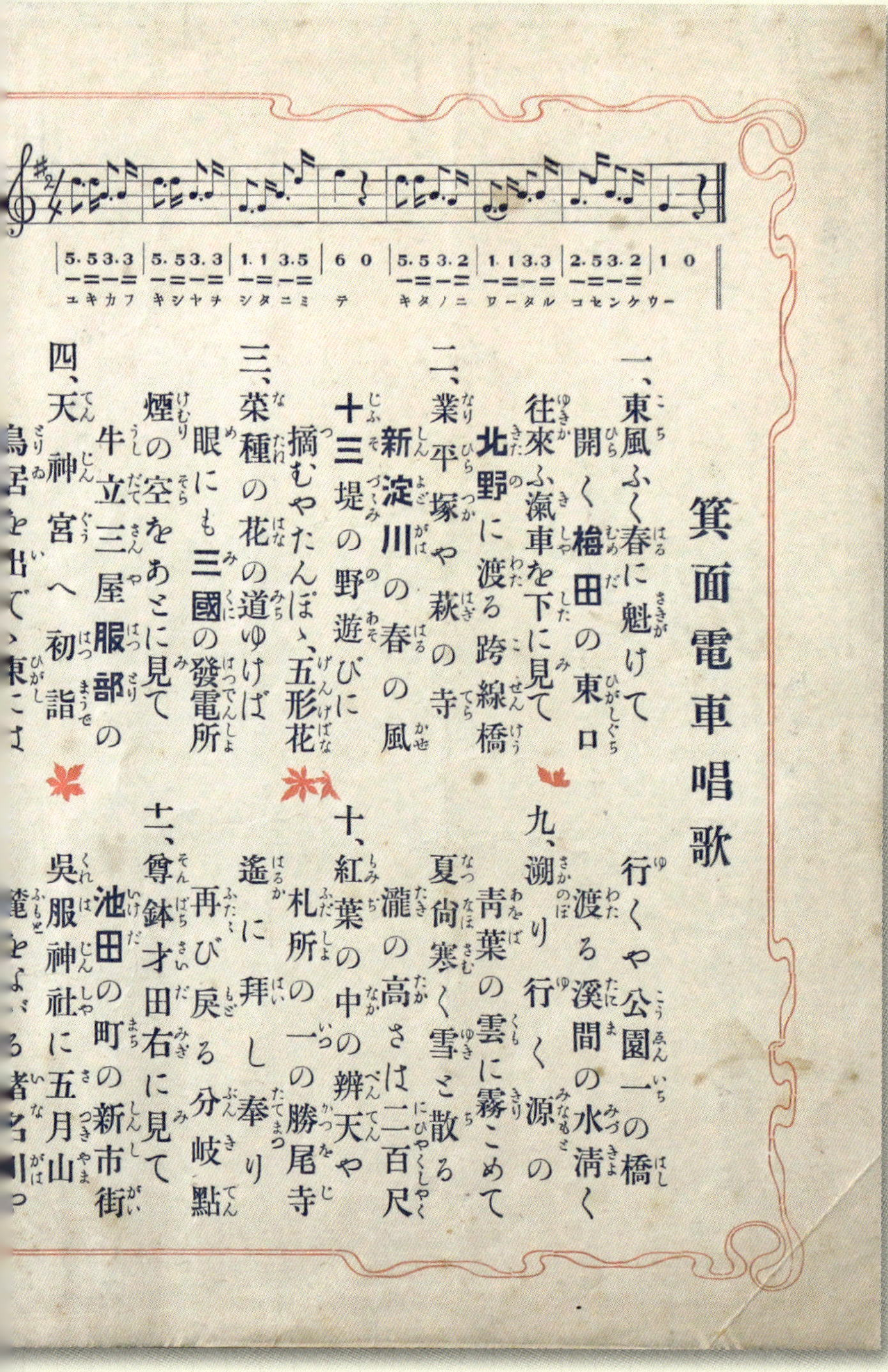
箕面電車唱歌

5.53.3 5.53.3 1.13.5 6 0 5.53.2 1.13.3 2.53.2 1 0

ユキカフ キシヤチ シタニミ テ キタノニ ワータル コセンケウー

一、東風《こち》ふく春《はる》に魁《さきが》けて
開《ひら》く**梅田**《むめだ》の東口《ひがしぐち》
往來《ゆきか》ふ滊車《きしや》を下《した》に見《み》て
北野《きたの》に渡《わた》る跨線橋《こせんけう》

二、業平《なりひら》塚《つか》や萩《はぎ》の寺《てら》
新淀川《しんよどがは》の春《はる》の風《かせ》
十三《じふそ》堤《づゝみ》の野《の》遊《あそ》びに
摘《つ》むやたんぽゝ五形花《げんげばな》

三、菜種《なたね》の花《はな》の道《みち》ゆけば
眼《め》にも**三國**《みくに》の發電所《はつでんしよ》
煙《けむり》の空《そら》をあさに見《み》て
牛立《うしだて》**三屋**《さんや》**服部**《はつとり》の

四、天《てん》神《じん》宮《ぐう》へ初詣《はつまうで》

行《ゆ》くや公園《こうゑん》一《いち》の橋《はし》
渡《わた》る溪間《たにま》の水《みづ》清《きよ》く

九、溯《さかのぼ》り行《ゆ》く源《みなもと》の
青葉《あをば》の雲《くも》に霧《きり》こめて
夏《なつ》尚《なほ》寒《さむ》く雪《ゆき》ぞ散《ち》る
瀧《たき》の高《たか》さは二百尺《にひやくしやく》

十、紅葉《もみぢ》の中《なか》の辨天《べんてん》や
札所《ふだしよ》の一《いつ》の勝尾寺《かつをじ》
遙《はるか》に拜《はい》し奉《たてまつ》り
再《ふたゝ》び戻《もど》る分岐點《ぶんきてん》

十一、尊鉢《そんばち》才田《さいだ》右《みぎ》に見《み》て
池田《いけだ》の町《まち》の新市街《しんしがい》
呉服《くれは》神社《じんしや》に五月山《さつきやま》

「箕面有馬電車唱歌」は、阪急電鉄の前身、箕面有馬電気軌道が創業した時につくられた鉄道唱歌で、宣伝用のパンフレットとして配られたものだ。「子どもたちに歌ってもらってください」とばかりに、学校にも配られたそうだが、駅名がゴチック体で書かれており、「駅名を浸透させよう」という意図が見て取れる。駅名とともに、沿線の風景や名所も七五調で紹介されている。

電車唱歌は、1900（明治33）年に発表された鉄道唱歌を参考にして作られた路面電車（市電）の数え歌。それぞれの都市で地理の教育や宣伝を目的として制作された。特に東京と大阪の2大都市の路面電車を対象にしたのが知られている。箕面有馬電車唱歌は、1910（明治43）年に発表されたもの。

明治43年ごろの宝塚

箕面有馬

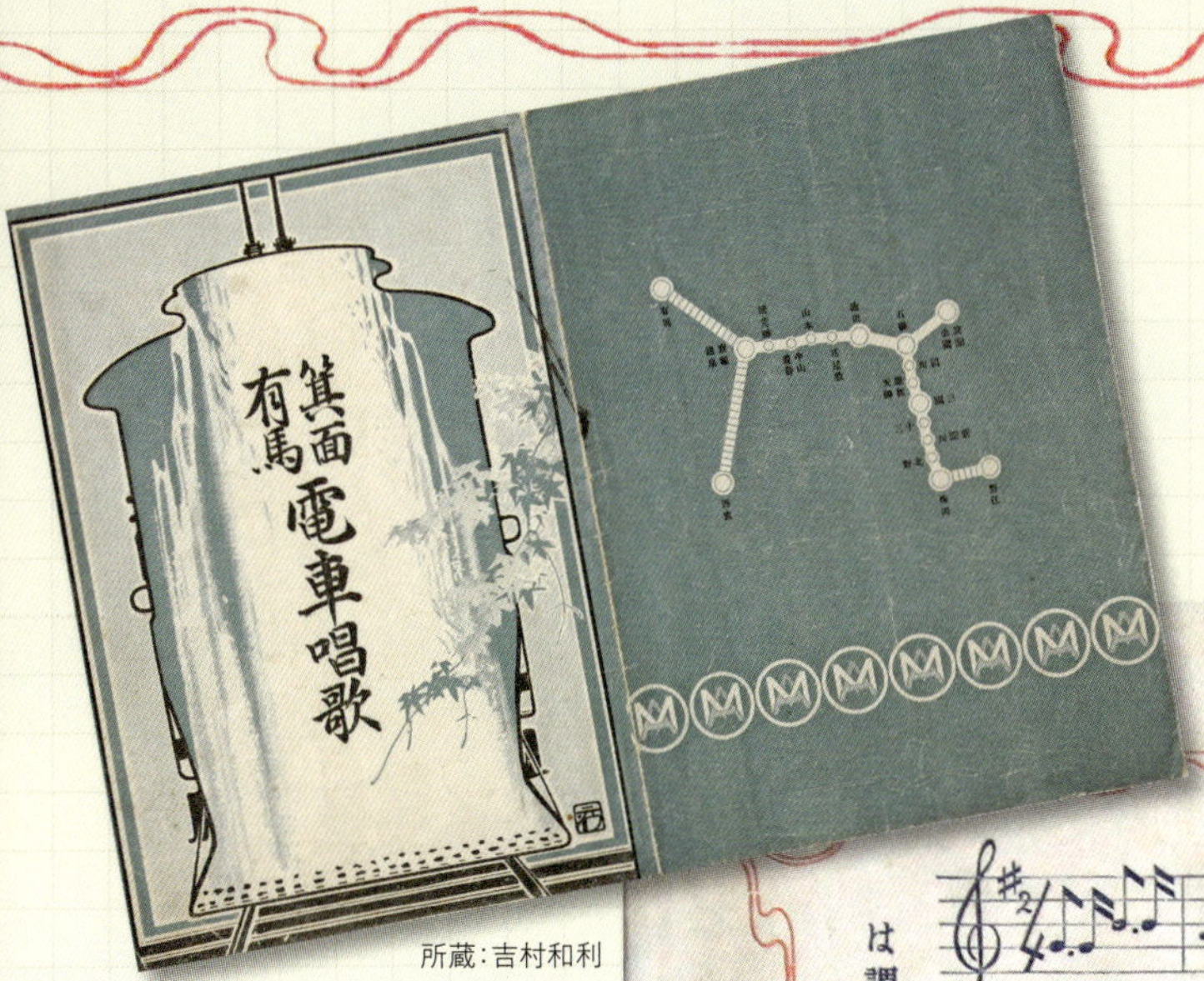

所蔵：吉村和利

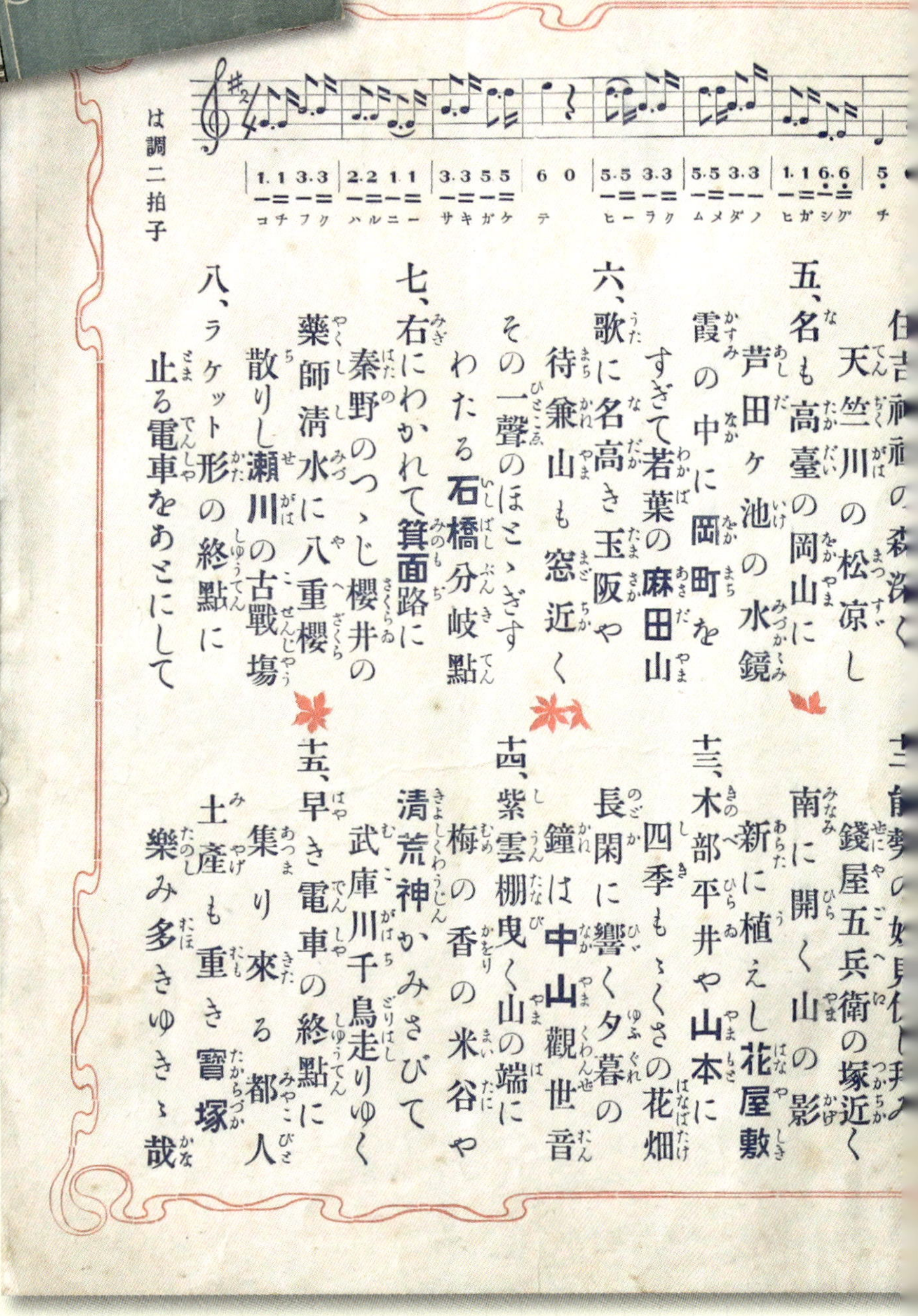
は調二拍子

コチフク ハルニー サキガケ テ ヒーラク ムメダノ ヒガシグ チ

天竺川《てんぢくがは》の松涼《まつすゞ》し

五、名《な》も高臺《たかだい》の岡山《をかやま》に
芦田《あしだ》ケ池《いけ》の水鏡《みづかゞみ》
霞《かすみ》の中《なか》に岡町《をかまち》を
すぎて若葉《わかば》の麻田山《あさだやま》

六、歌《うた》に名高《なだか》き玉阪《たまさか》や
待兼山《まちかれやま》も窓近《まどちか》く
その一聲《ひとこゑ》のほとゝぎす
わたる石橋《いしばし》分岐點《ぶんきてん》

七、右《みぎ》にわかれて箕面路《みのもぢ》に
秦野《はたの》のつゝじ櫻井《さくらゐ》の
藥師《やくし》清水《しみづ》に八重櫻《やへざくら》
散《ち》りし瀬川《せがは》の古戰場《こせんじやう》

八、ラケット形《かた》の終點《しゆうてん》に
止《とま》る電車《でんしや》をあとにして

錢屋五兵衛《ぜにやごへゑ》の塚近《つかちか》く
南《みなみ》に開《ひら》く山《やま》の影《かげ》
新《あらた》に植《う》えし花屋敷《はなやしき》

十三、木部《きのべ》平井《ひらゐ》や山本《やまもと》に
四季《しき》もゝくさの花畑《はなばたけ》
長閑《のどか》に響《ひゞ》く夕暮《ゆふぐれ》の
鐘《かね》は中山《なかやま》觀世《くわんせ》音

十四、紫雲《しうん》棚曳《たなび》く山《やま》の端《は》に
梅《むめ》の香《かをり》の米谷《まいたに》や
清荒神《きよしくわうじん》かみさびて
武庫川《むこがは》千鳥《ちどり》走《はし》りゆく

十五、早《はや》き電車《でんしや》の終點《しゆうてん》に
集《あつま》り來《きた》る都人《みやこびと》
土産《みやげ》も重《おも》き寶塚《たからづか》
樂《たのし》み多《おほ》きゆきゝ哉《かな》

この資料は、豊中市蛍池在住の吉村和利さんが所有するもので、2つ折りのパンフレットになっている(写真上)。そして、内側の見開き面には、上部に五線譜を載せ、下には1番から15番までの歌詞が印刷されている。

1番は、「東風ふく春に魁けて　開く梅田の東口　往来う汽車を下に見て　北野に渡る跨線橋」。

2番は、「業平塚や萩の寺　新淀川の春の風　十三堤の野遊びに　摘むやたんぽぽ五形花」。

3番は、「菜種の花の道ゆけば　眼にも三国の発電所　煙の空をあとに見て　牛立三屋服部の」。

そして岡町、石橋と続き、石橋から箕面へと移り、石橋に戻って、最後は宝塚で終わっている。

歌詞の5番にある「名も高台の岡山に芦田ヶ池の水鏡　霞の中に岡町をすぎて若葉の麻田山」とあるが、麻田は、現在の「蛍池」駅のことだ。

箕面公園「五色の滝」のパンフレット
(昭和10年前後)

阪急電鉄が制作するパンフレットには、「みのお公園」と、ひらがなで表記されている。これもその一例で、夏の箕面公園の納涼のお知らせ。箕面の滝のライトアップは、箕面電車(阪急)が通った直後から行われているが、昭和9年には、滝をカラー照明で彩る「五色の滝」がスタートしている。

箕面市行政史料(寄託)

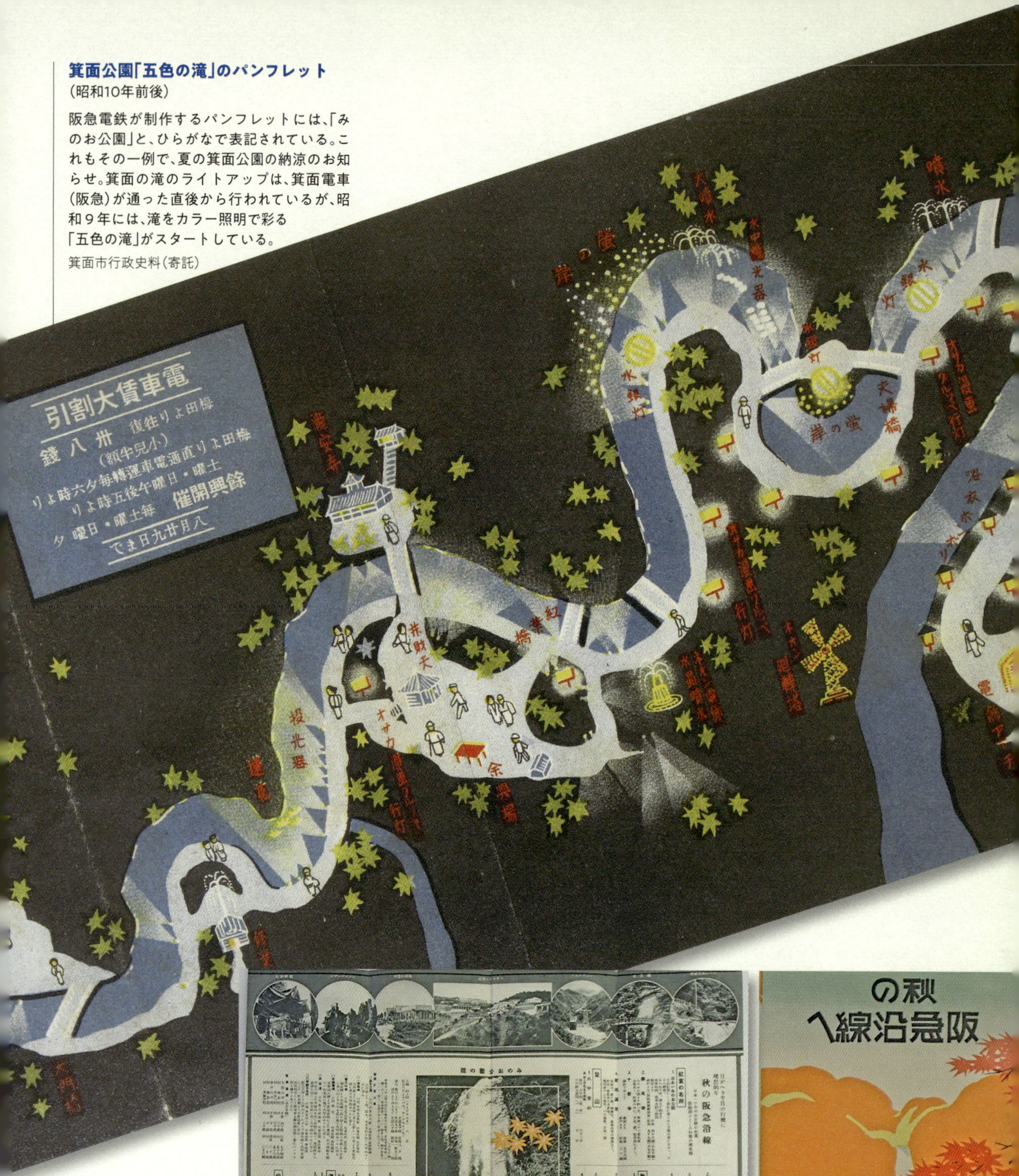

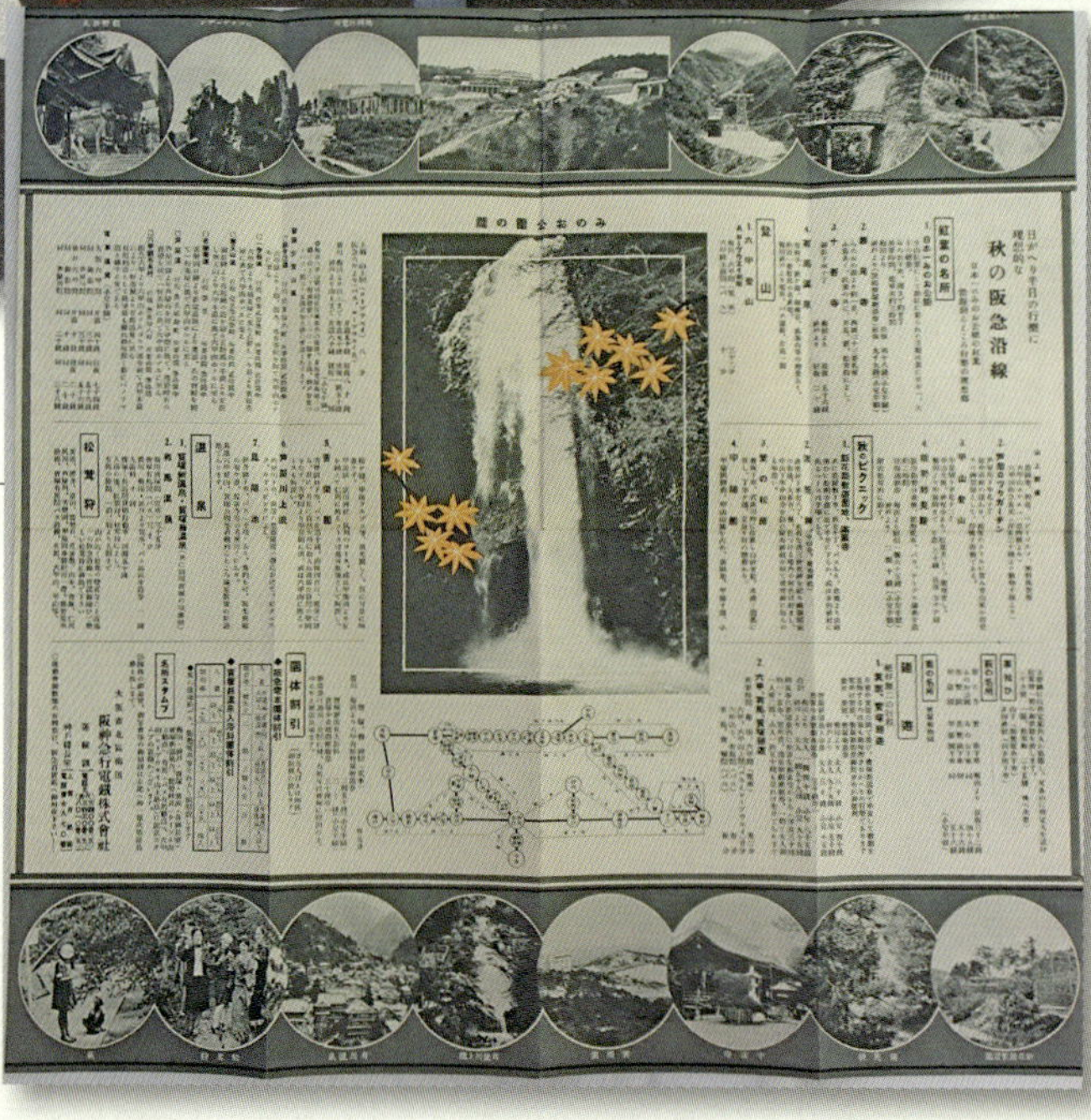

阪神急行電鉄(阪急)の秋の行楽パンフレット
(昭和10年前後)

表紙は、紅葉シーズンの箕面の滝がメインビジュアル。型染め風の表現はこの頃の流行だったようだ。表紙を開いたお知らせには、秋の行楽におすすめの沿線スポットを紹介。また、宝塚少女歌劇の公演などの情報も掲載されている。

箕面市行政史料(寄託)

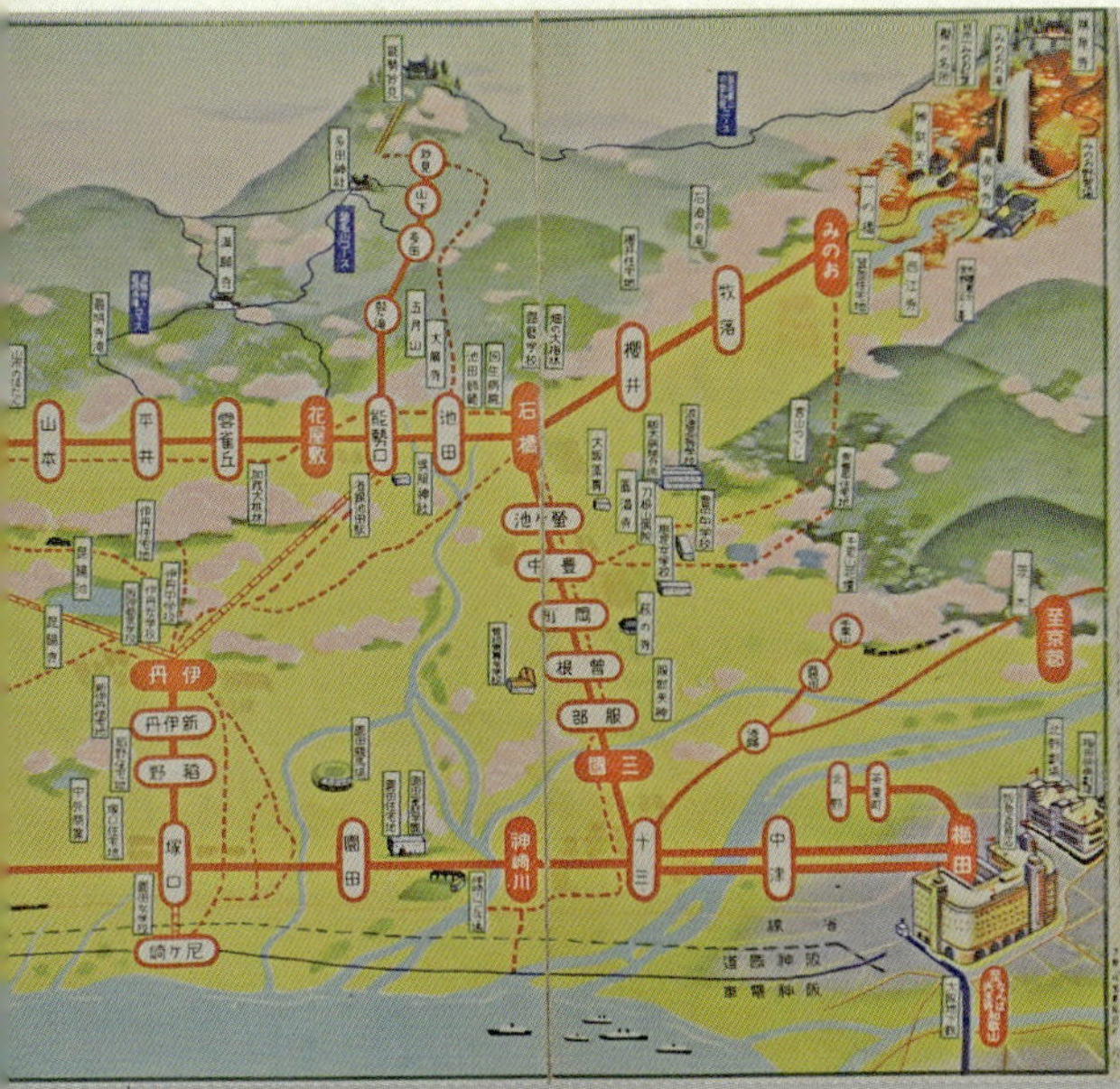

阪神急行電鉄（阪急）の沿線紹介パンフレット　（昭和10年代）

表紙は昭和10年正月に全焼し、その後新築された宝塚大劇場がモチーフになっている。手前を流れているのは武庫川。メインは、当時の阪神急行電鉄（阪急）の沿線図。箕面エリアに特化し、右上には、箕面の滝の紅葉風景が見える。また、駅東には「箕面住宅地」、牧落駅の西には「桜井住宅」が記されている。

箕面市行政史料（寄託）

阪急電車「みのお公園」パンフレット表紙　（昭和10年前後）

この頃、阪急は沿線紹介だけでなく、箕面公園単独でのパンフレットも作っていた。表紙には「日本一紅葉の名所」とある。型染め風の表現は前頁と共通で、同時期の制作と思われる。

箕面市行政史料（寄託）

阪急コレクション

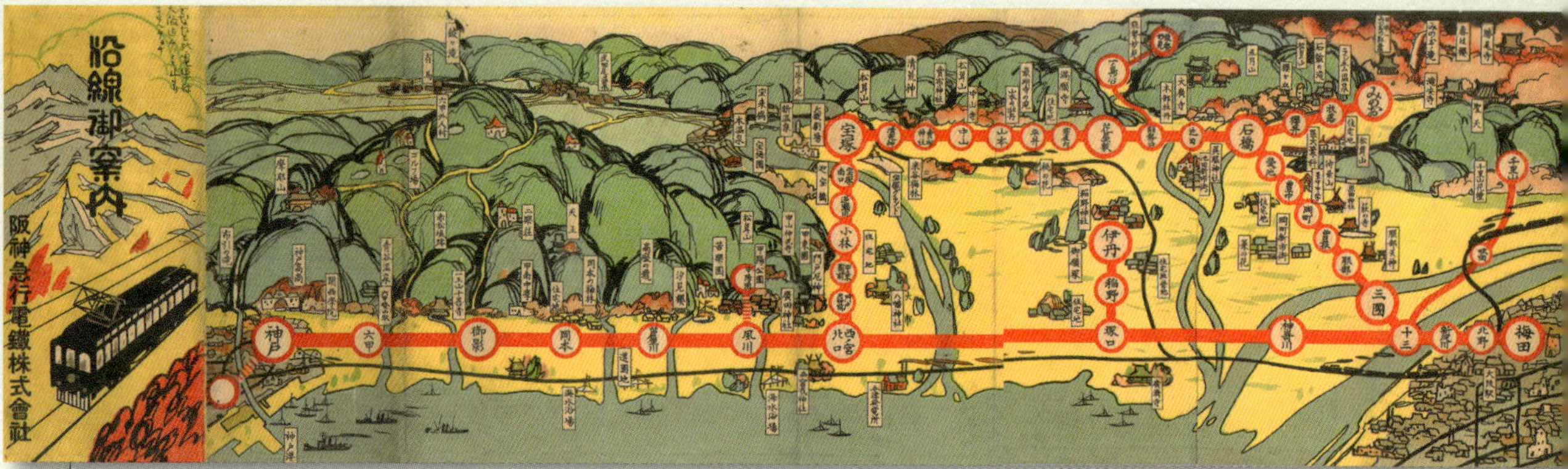

阪神急行電鉄「沿線御案内」（大正11年頃）

阪神間、有馬、宝塚、箕面方面の山々が連なる風景が個性的に描かれたこのパンフレットは、1922（大正11）年頃に発行された阪神急行電鉄の沿線案内。表紙には、パンタグラフとポールを備えた75形ふうの電車が描かれている。

所蔵：竹村忠洋

梅田より神戸 箕面 宝塚へ
「阪神急行電鉄沿線御案内」冊子
（大正９年）

この冊子は、阪急神戸線が開通した翌年である1921（大正10）年9月5日に発行された沿線案内。沿線の名所を写真入りで駅ごとに丁寧に紹介している。また、年中行事や賃金表なども掲載している。　所蔵：竹村忠洋

芦屋の名所「汐見桜」の
絵葉書に貼られた乗車券
（大正11年）

「汐見桜」は、昭和初期まであった芦屋の銘木。1922（大正11）年4月5日に阪急電車でこの桜の花を見に来た記念のようだ。切手にスタンプを押した絵葉書に当日の乗車券を貼ったのだろうか。

所蔵：竹村忠洋

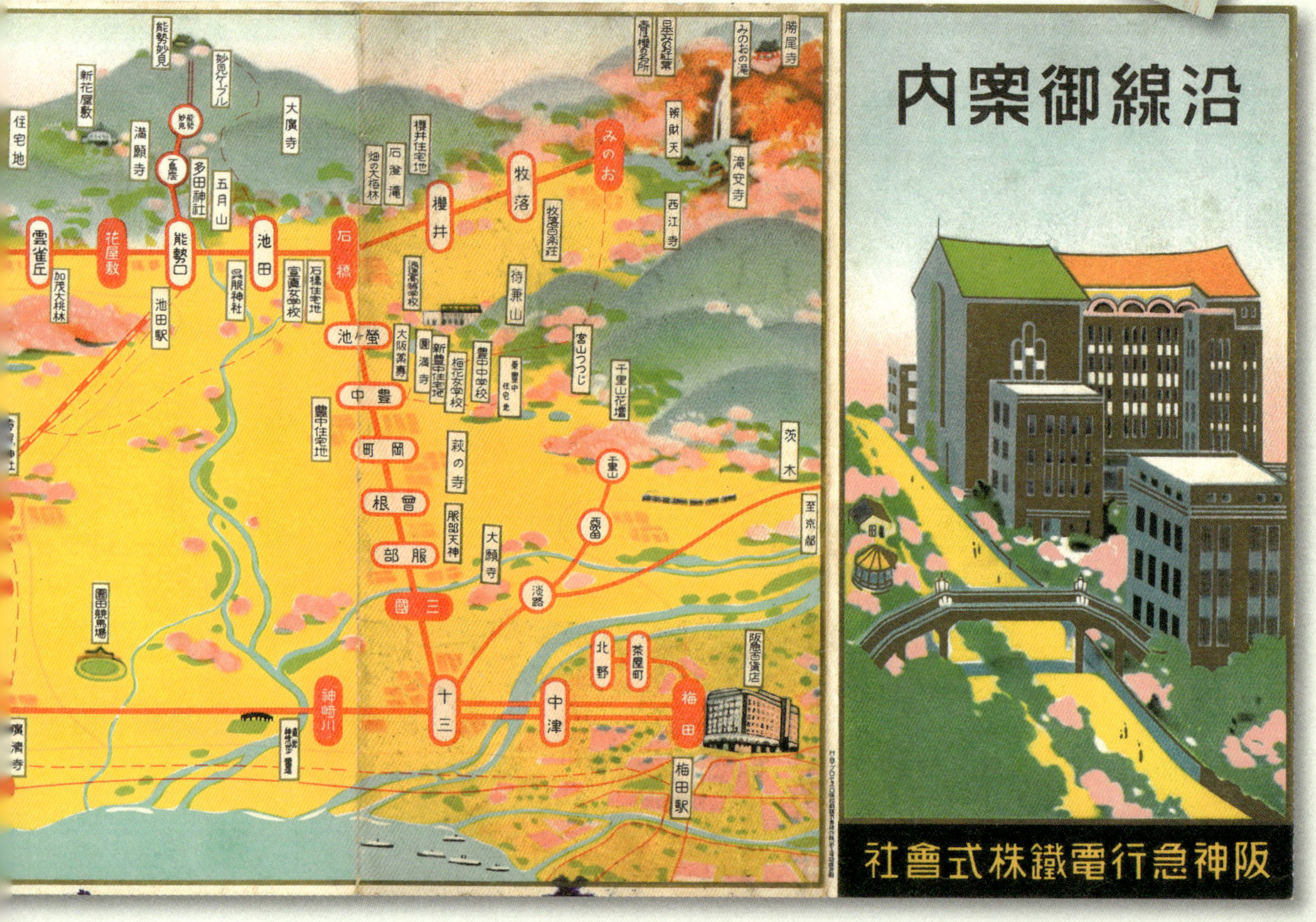

電車はガラアキで…「阪神急行路線図」

（大正９年）

阪神急行電鉄神戸線が開通した1920（大正9）年に発行された路線図のチラシ。左上の枠内に記された阪神急行電鉄の説明文には、「電車はガラアキで涼しく乗心地がよろしい」とある。まだ、住宅が少ない六甲山麓を走る、鉄道経営のマイナスを逆手にとった、小林一三の宣伝文が秀逸。

所蔵：竹村忠洋

阪神急行電鉄「沿線御案内」

（昭和10年頃）

1935（昭和10）年頃に発行された阪神急行電鉄の沿線案内のパンフレット。表紙は、初代の宝塚大劇場。宝塚線の各駅と名所をピックアップ。能勢電鉄や箕面線の見どころもカラフルに紹介されている。

所蔵：竹村忠洋

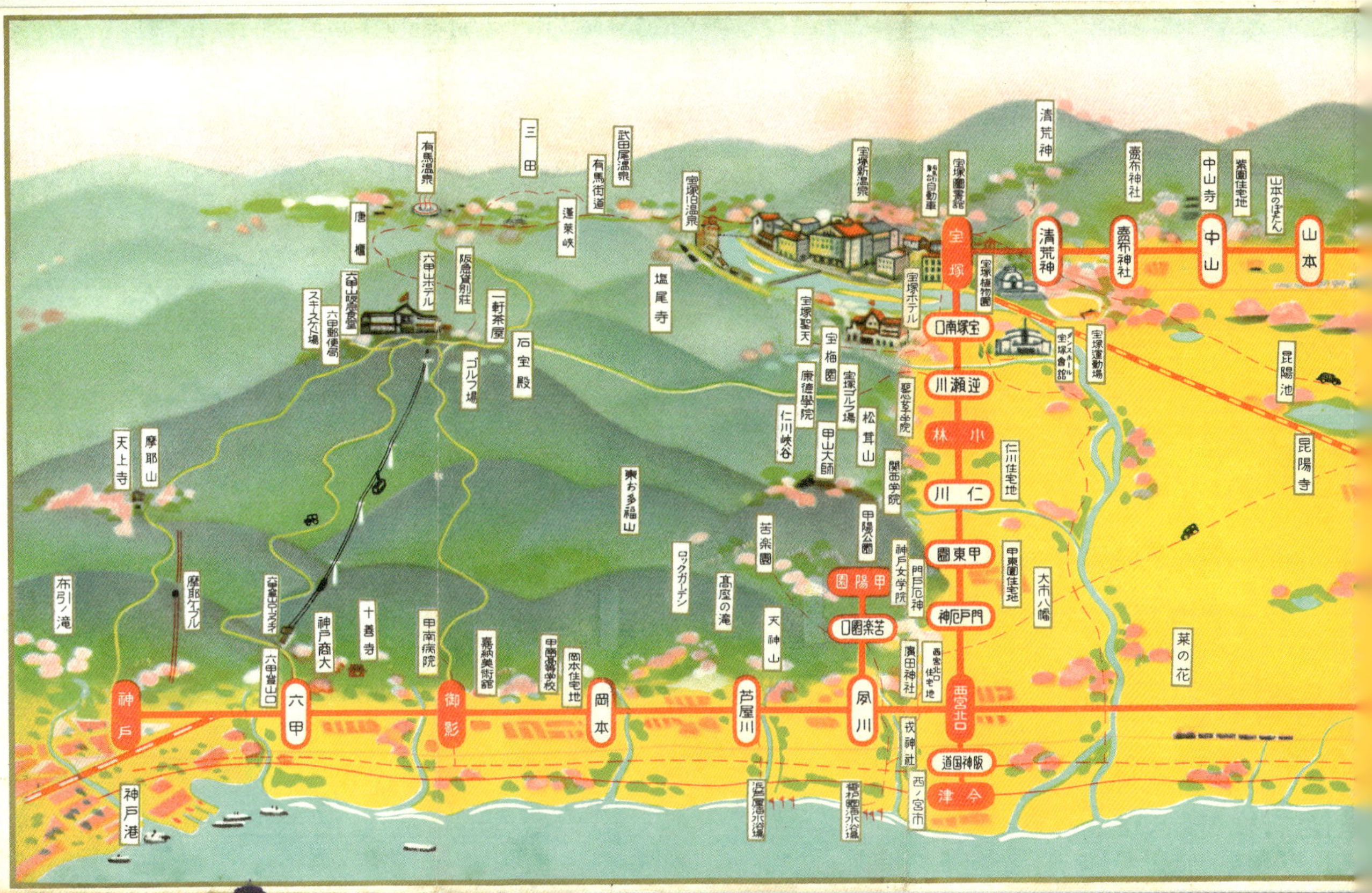

宝塚線・神戸線・京都線の3複線開通記念乗車券

写真は、1959(昭和34)年2月18日、宝塚線・神戸線・京都線の3複線の開通時の記念乗車券。梅田～中津間を走る、当時の代表的な車両が載っている。　所蔵:吉村和利

昭和47年に発行された「1000両突破記念切符」

Ⓐは、920型・710型・2000型車両シリーズ
Ⓑは、151型・1000型・2300型車両シリーズ
Ⓒは、10型・610型・3300車両シリーズ
所蔵:吉村和利

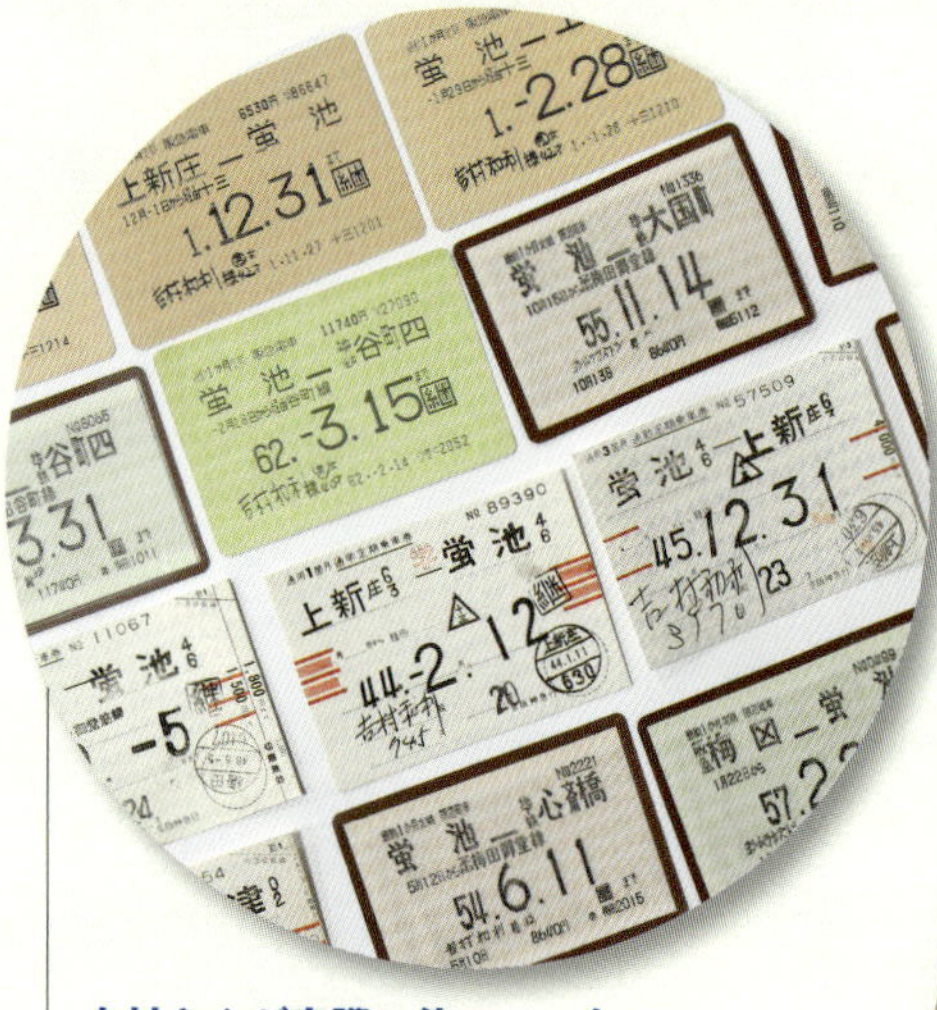

吉村さんが実際に使っていた通学・通勤の定期券

「学生時代は、蛍池から上新庄まで往復していました」「通勤時代は、蛍池～谷町四町目、大国町、心斎橋などの往復に利用していました」と吉村さん。ちなみに吉村さんは、蛍池・遊びのプロジェクト(HAP)のメンバーでもある。

所蔵:吉村和利

昭和7年10月18日発行の阪神急行電鐵25年誌(社史)

目次には、事業報告のほか、箕面動物園や寶塚新温泉、阪急百貨店のこと、また、社名の変更、この会社の前途はどうなるか、いかにして神戸線を完成したのか、など、多岐に渡る内容が並ぶ。社史なのにエッセイ風で、本音満載なのが面白い。　所蔵:吉村和利

大阪梅田駅

十三駅（昭和30年代）

服部天神宮

梅田駅（明治43年）
提供：朝日新聞社

庄内駅

たからづかせん
宝 塚 線
Takarazuka Line

たからづか Takarazuka　　おおさか うめだ Osaka-umeda

池田城跡

宝塚駅

川西能勢口駅（昭和39年）
提供：川西市

売布神社

宝塚駅（昭和28年）
提供：阪急電鉄

たからづかせん
宝塚線
Takarazuka Line

たからづか Takarazuka ／ おおさか うめだ Osaka-umeda

【起点】大阪梅田駅　【終点】宝塚駅

【駅数】19駅　【距離】24.5 km

【開業】1910年3月10日

宝塚線は、大阪北区の大阪梅田駅と兵庫県宝塚市の宝塚駅を結ぶ、全長24・5㎞の鉄道路線である。

全区間において、JR西日本の福知山線(JR宝塚線)がほぼ並行し、輸送シェアを競い合う関係にある。また、能勢街道(国道176号)が宝塚線と同じルートを通っている。

創業当時、宅地開発用に買収した土地に沿って路線を建設したことから、曲線が多い線形となった。特に三国駅付近には制限速30㎞/hの急曲線が存在、ネックとなっていた。しかし、1990年代から2000年にかけて、三国駅付近および豊中駅の急曲線は高架化。すでに曽根駅―豊中駅間、石橋阪大前駅―川西能勢口駅間、宝塚駅付近も高架化されており、以前よりスピードアップされた。

ただし、服部天神駅―蛍池駅間、石橋阪大前駅などには、まだ急な曲線が残っている。

神戸線と京都線が2つの都市を結ぶ都市間輸送鉄道(インターアーバン)なのに対し、宝塚線は大阪と郊外の住宅地・ベッドタウンを結ぶ路線であるのが特徴だ。

川西能勢口駅で能勢妙見山や日生ニュータウンに行く能勢電鉄妙見線・日生線と接続し、能勢電鉄に直通する列車も一部設定されている。

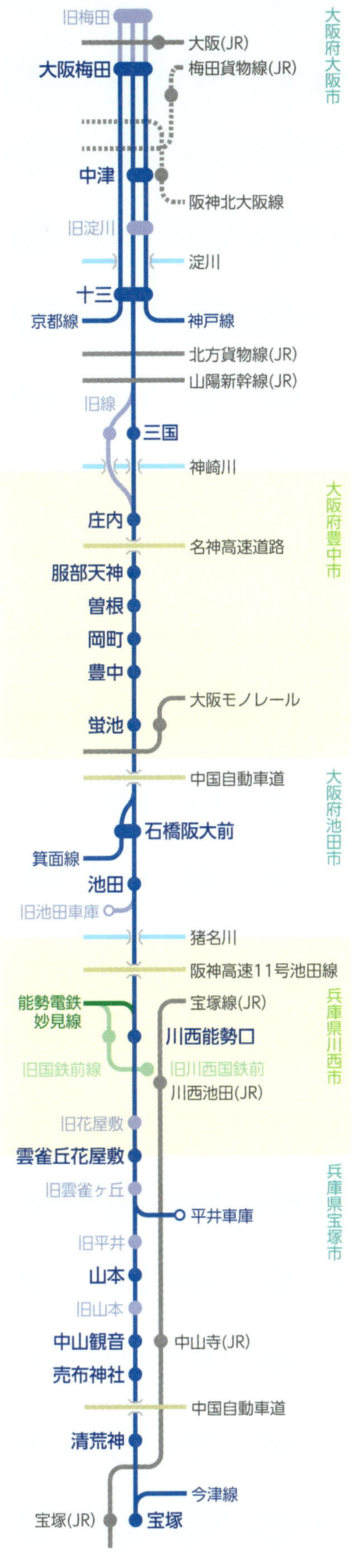

- 明治43(1910)年３月10日／梅田駅〜宝塚駅間開業
- 明治43(1910)年４月25日／蛍ヶ池(現・蛍池)駅開業
- 明治43(1910)年10月23日／平井駅開業
- 大正元(1912)年５月30日／曽根駅開業
- 大正２(1913)年４月８日／能勢口(現・川西能勢口)駅開業
- 大正２(1913)年９月29日／豊中駅開業
- 大正３(1914)年３月21日／売布神社駅開業
- 大正５(1916)年８月５日／雲雀ヶ丘駅開業
- 大正14(1925)年11月４日／中津駅開業
- 昭和元(1926)年７月２日／中津駅〜十三駅間の新淀川駅廃止
- 昭和19(1944)年９月１日／山本駅との統合により平井駅廃止
- 昭和26(1951)年５月15日／庄内駅開業
- 昭和36(1961)年１月16日／花屋敷駅〜山本駅間の雲雀ヶ丘駅廃止
雲雀丘花屋敷駅開業
- 昭和37(1962)年５月１日／能勢口駅〜雲雀丘花屋敷駅間の花屋敷駅廃止
- 昭和40(1965)年７月１日／能勢口駅を川西能勢口駅に改称
- 昭和44(1969)年12月14日／石橋駅〜池田駅間高架化完成
- 昭和45(1970)年12月６日／池田車庫を廃止して平井車庫使用開始
- 昭和61(1986)年４月30日／池田駅高架化完成
- 平成５(1993)年９月25日／宝塚駅高架化完成(今津線は７月18日高架化完成)
- 平成８(1996)年３月24日／川西能勢口駅高架化完成
- 平成９(1997)年11月８日／豊中駅〜曽根駅間の高架化完成
- 平成12(2000)年３月20日／三国駅高架化完成(これに伴い三国駅が移転)
- 平成25(2013)年12月21日／服部駅を服部天神駅に、中山駅を中山観音駅に改称
- 令和元(2019)年10月１日／梅田駅を大阪梅田駅に、石橋駅を石橋阪大前駅に改称

おおさか うめだ
大阪梅田
Osaka-umeda
HK 01
なかつ Nakatsu HK 02

大阪梅田

開業年 1910(明治43)年3月10日
キロ程 大阪梅田から0.0km
所在地 大阪府大阪市北区芝田一丁目1番2号
駅構造 高架駅10面9線
乗降客 444,572人(通年平均)2023年

10面9線の私鉄最大のターミナル駅 世界初の駅ビル型・阪急百貨店など 〝阪急村〟と呼ばれた文化の発信基地

明治の初めまでは寂寥とした寒村であった「梅田」は、1874(明治7)年に官設鉄道(現・JR)が大阪~神戸間を開業。1910(明治43)年に阪急電鉄の前身・箕面有馬電気軌道が開通して一変する。駅前には人力車が集まり、宿屋も軒を連ね、賑わうようになった。

本格的に繁栄するのは、1920(大正9)年に阪急神戸線が開通してからだ。

そして1937(昭和12)年には、阪急創業者の小林一三が、劇場などを開館させ、梅田に興行街が誕生。すでに開店していた阪急百貨店とともに、駅周辺は文化の発信基地となる。

その後も梅田の繁栄は盤石となり、1973(昭和48)年には、10面9線、10両連結用ホームを備えた私鉄最大のターミナル駅に発展。駅コンコースや通路などもリニューアルされ、駅は世界初の駅ビル型百貨店と言われる「阪急百貨店うめだ本店(大阪梅田ツインタワーズ・ノース)」と直結している。

箕面電車開業時の梅田駅 提供:朝日新聞社

資金面や難関工事などの苦難を乗り越え、1910(明治43)年3月10日に、阪急電鉄の前身「箕面有馬電気軌道」が開通。駅前には、喜びと期待を膨らませた人々が集まった。

現在の阪急大阪梅田駅

大阪の2大繁華街の一つ「キタ」の中心地に位置する「阪急大阪梅田駅」。阪急電鉄の基幹路線、宝塚線・神戸線・京都線の始発・終着駅で、阪急最大のターミナル駅である。

古地図探訪

1952(昭和27)年

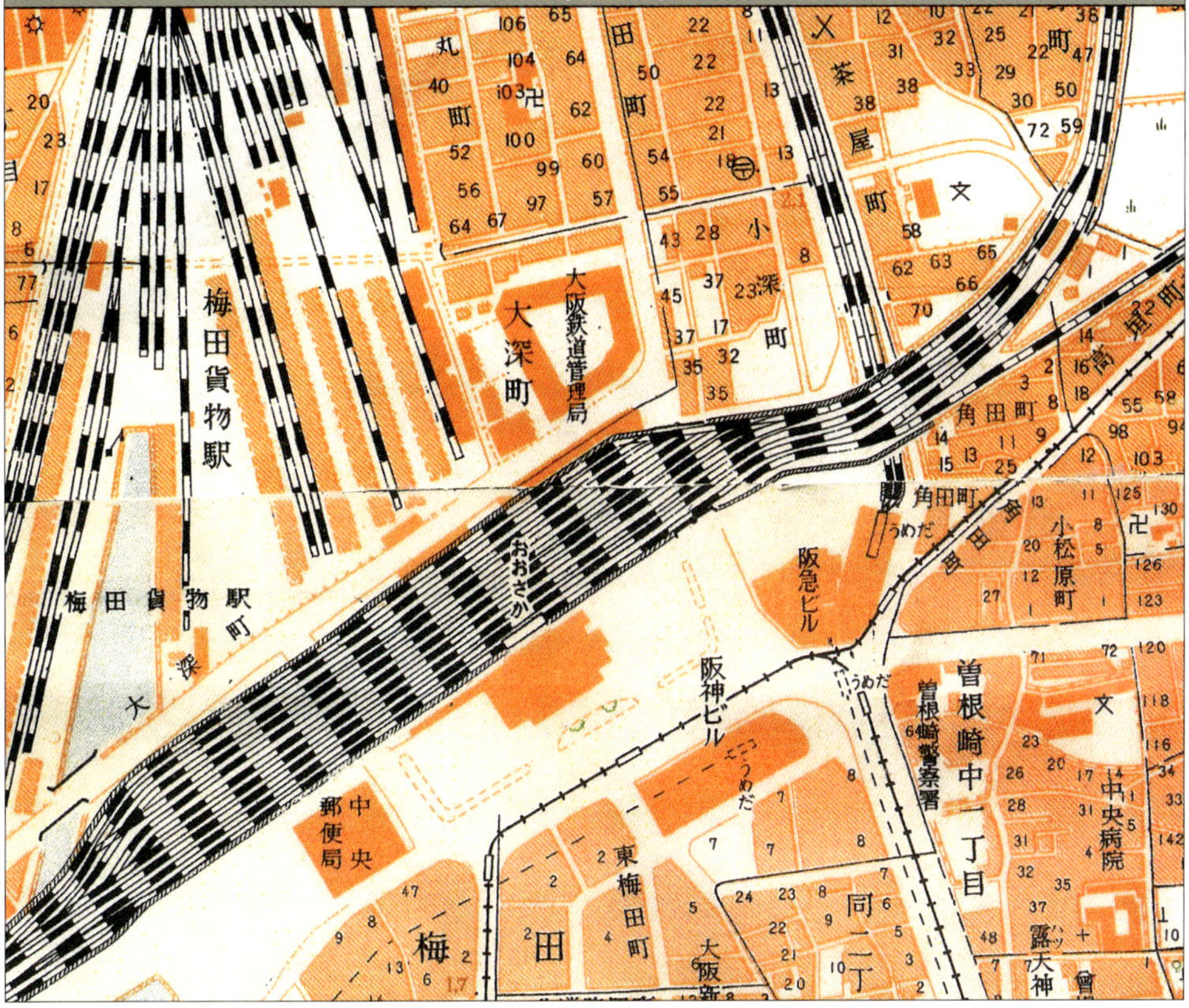

▼ 48年後

2000(平成12)年

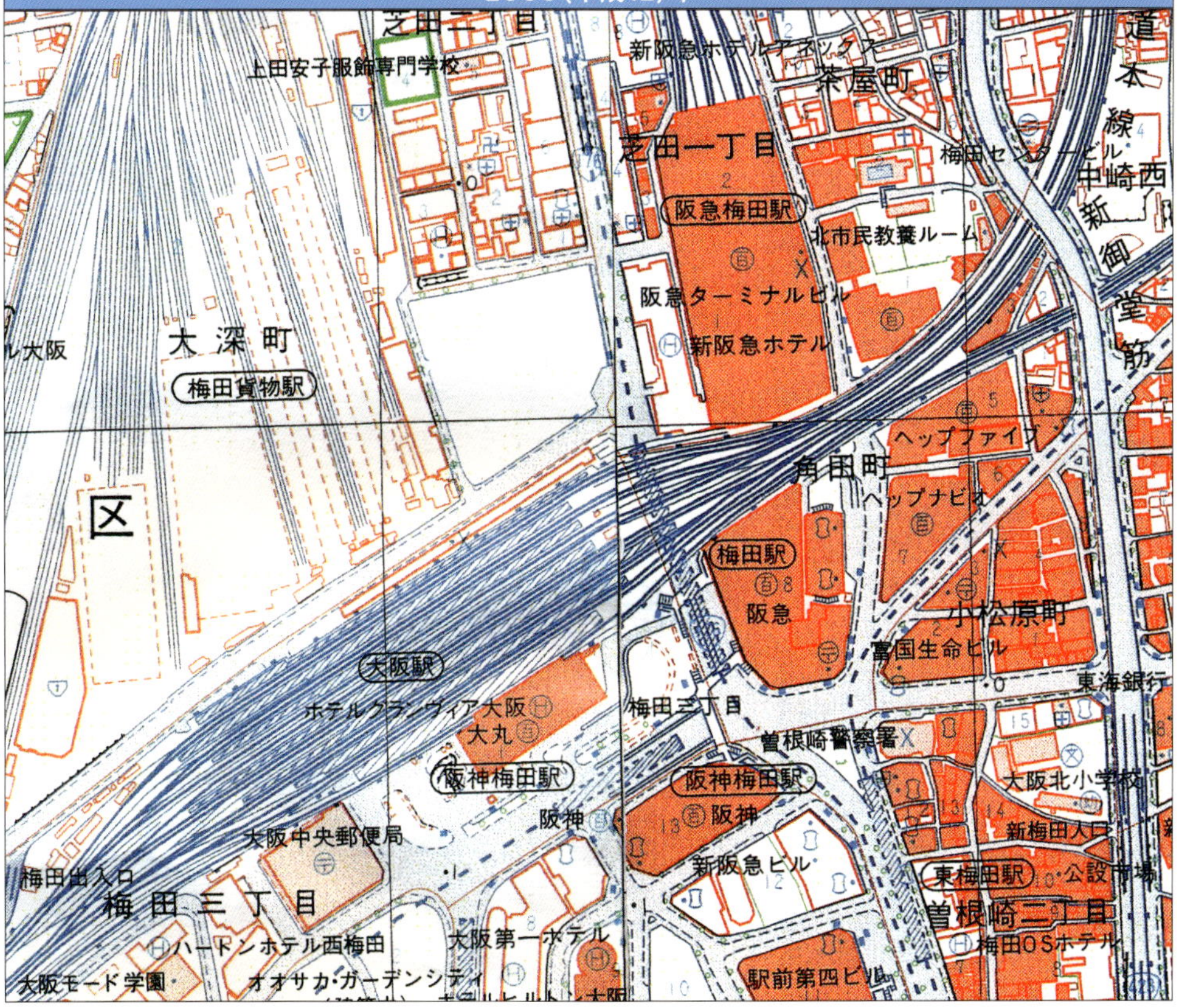

地図は市電が走っていたころ頃の国鉄大阪駅周辺。中央郵便局の後ろにあるのは梅田貨物駅。跡地は〝グランフロント大阪〟となり、周囲は様変わりした。また、鉄道局の跡には〝ヨドバシ梅田〟が建っている。梅田駅前から走っていた阪急北野線は廃線になった。阪急大阪梅田駅周辺に点在する、阪急ビル・阪神ビル・曽根崎警察署などの位置は現在も当時のままである。

高架工事が完成した梅田付近

阪急梅田駅付近の高架工事は、1925（大正 14）年頃から始められて、この時に複々線化が実現。宝塚線と神戸線が分離された。写真は梅田駅「茶屋町口」付近。写真右下の軌道は北野線。　提供：朝日新聞社

梅田地下街出店の賑わい

この頃のウメチカ（梅田地下街）では、いろいろな出店で賑わっていた。写真手前はアクセサリーの販売、その奥は、「幸運の手引き」と題したおみくじ売りのスタンド。

（北摂アーカイブスより）　提供：神谷清野

大阪梅田付近を走る阪急電鉄5100系

阪急の車両は各線とも共通で、伝統のマルーン塗装で統一されている。写真は大阪梅田駅を出発したばかりの5100系の電車。昭和40年代に製造されたもので、3線共通の車体だ。

阪急大阪梅田駅構内のエスカレーター

大阪梅田駅の構内に設けられた、3階改札口から2階につながるエスカレーター。コンコース内では降車用も含め全てのホームに1基ずつ設置されている。

阪急うめだ本店前のコンコース

写真は北側のオープンスペースから南方向を見た阪急うめだ本店前のコンコース。2012（平成24）年に建て替えられた阪急うめだ本店とともにリニューアルされた。

大阪市の西北部に位置する福島付近

梅田に隣接する福島区は、大阪都心の一角を成す地域。大阪駅から徒歩圏内にあることから、オフィスビルが建ち並ぶ。工場移転後の跡地は住宅地や商業地になっている。写真上は新淀川。

阪急大阪梅田駅ホームに並ぶ阪急電車

10面9線で日本の頭端式ホームでは最大級の大阪梅田駅ホーム。阪急の伝統カラーであるマルーン塗装の車両がズラリ並ぶ光景は見応えがあり、撮影スポットにもなっている。

トリビア

どうして「梅田」というの？

かつて大阪は河内湾と呼ばれる海の中にあり、次第に海退して陸地になったという。海岸線が後退した梅田周辺は粘土層で、その上に淀川などの河川が運んだ砂が堆積して湿地帯となって行った。これを埋めて田圃にしたことから「埋田」、転じて「梅田」となったのが地名の由来と言われている。梅田駅の建設中には、工事現場から多くの貝が掘り出されたそうだ。また、近年、梅田が「埋田」であったことを示す初代大阪駅建設前の写真が発見され、その証拠写真としてJR大阪駅で資料展示されていた。

る梅田界隈

を担うのは常にターミナル駅という存在！

した「阪急百貨店」の変遷は、梅田界隈の歴史でもある。

阪急百貨店（昭和11年元旦）

阪急創業者の小林一三が「より多くの人々に親しまれる新しい百貨店」と銘打ち、1929（昭和4）年に日本初のターミナルデパートとして誕生させた。右の絵葉書は、昭和11年元旦の大阪梅田阪急百貨店。（たからづかデジタルミュージアムより）

提供：宝塚市立中央図書館

店貨百急阪

阪急百貨店（昭和12年元旦）

正面に「神戸ユキ急行電車のりば」という文字が目立つ阪急百貨店の全景。絵葉書の説明には「謹賀新年」「昭和12年の元旦の阪急百貨店」と表記されている。（たからづかデジタルミュージアムより）

提供：宝塚市立中央図書館

部一の堂食店貨百急阪

阪急百貨店食堂の一部（昭和４年頃）

1929（昭和4）年4月15日、鉄道会社直営の百貨店として「阪急百貨店」を開業。もともとの梅田駅ビルを地上８階地下２階に全面改築して拡張。敷地面積328坪で延べ床面積3,280坪という大規模の店舗となった。写真は百貨店内の食堂の一部。（たからづかデジタルミュージアムより）

提供：宝塚市立中央図書館

絵葉書で見

大規模開発でますます繁栄する梅田界隈。中

日本初…世界でも初めてのターミナルデパートとして誕

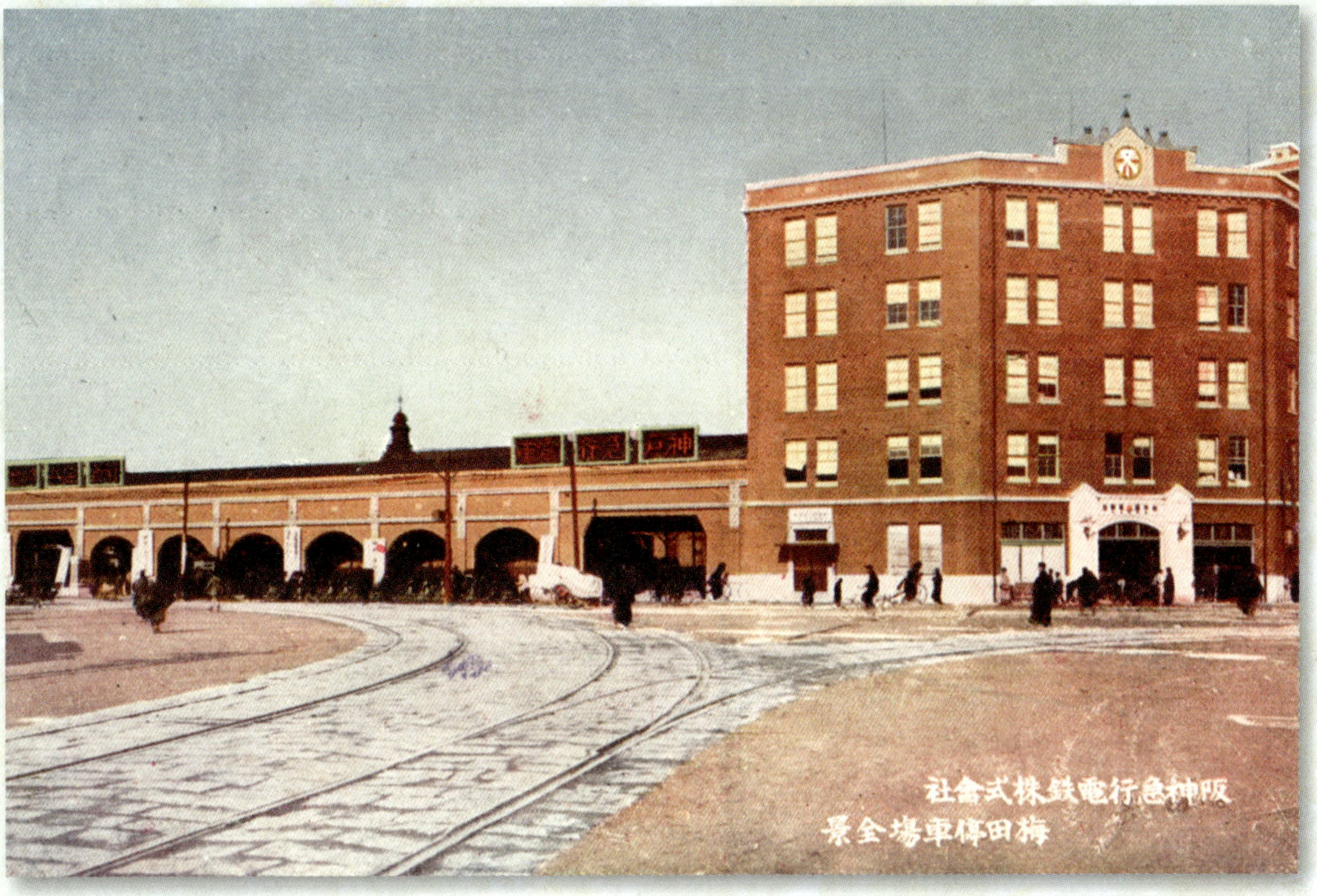

梅田阪急ビル旧館（大正９年）

1920（大正9）年11月、阪急神戸線が開業した当時の阪急梅田駅。隣接するのは完成したばかりの5階建て阪急ビル旧館。1階には東京の老舗百貨店・白木屋が入店。2階は阪急直営の食堂。3階から上は阪急本社のオフィス。

大阪梅田停留場（明治後期）

1874（明治7）年に大阪～神戸間に鉄道が開通。現在の JR 大阪駅の西寄りに、赤レンガ造りの2階建ての駅舎が完成。そして1901（明治34）年、絵葉書にある石造り（レンガ造りの石貼り）の2代目駅舎に建て替えられた。

阪急百貨店売場の一部（昭和４年頃）

昭和４年に誕生したターミナルデパートは、創業者の小林一三が、これまでにない斬新な店舗作りを目指したもの。絵葉書に描かれているのは、その売場の一部。ガラス張りの陳列台が整然と並んでいる。（たからづかデジタルミュージアムより）　提供：宝塚市立中央図書館

HEP FIVE

梅田地区（北区角田町）にある赤い観覧車が目印のファッションビル「HEP FIVE」。HEP（ヘップ）は「**H**ankyu **E**ntertainment **P**ark」の頭文字で、阪急阪神東宝グループの複合商業施設である。前身は、1971（昭和46）年12月に開業した商業施設「阪急ファイブ」。

阪急百貨店

日本で最初のターミナルデパートとして開業した阪急百貨店は、2007（平成19）年にライバルであった阪神百貨店と経営統合。持株会社体制に移行して社名を「エイチ・ツー・オーリテイリング」に変更。新設された阪急百貨店が事業を継承し、2008（平成20）年に阪急阪神百貨店となった。2010（平成22）年にはオフィスタワーも開業した。

北新地歓楽街

北新地歓楽街というのは、大阪市北区曽根崎新地から堂島に広がる歓楽街。高級クラブ・ラウンジ・バー・和洋割烹・小料理店などの飲食店約3,000店が密集する、東京・銀座と並ぶ高級飲食店街だ。近年は庶民的でリーズナブルな居酒屋や串カツ店などの店舗も増えている。

JR大阪駅

西日本で最多の乗降客数を誇るJR大阪駅は、大阪最大の繁華街＆ビジネス街である梅田の中心に位置する。2004（平成16）年より2011（平成23）年にかけて大規模な再開発が行われ、駅ビルの大阪ステーションシティを核に構成される、巨大な複合商業施設に変身した。ホームを覆う片流れの大屋根がトレードマークになっている。

都賀川を渡る7000系電車。バックの長峰山の緑とマルーン色のコントラストが美しい。都賀川は遊歩道が公園で桜並木が有名だ。

阪急神戸線は1920（大正9）年7月、阪神間の中心部を結ぶ都市間路線を目指し、梅田―神戸（上筒井）間と伊丹線（塚口―伊丹）で開通。翌年に今津線の前身である西宝線（西宮北口）、4年後には甲陽線（夙川―甲陽園）も開業した。

すでに阪神間では、国鉄（現・JR西日本）や阪神電気鉄道が開通しており、後発の阪急神戸線は、六甲山地寄りの北側を走ることになる。沿線はまだ民家も少なく田園が広がっていたことから、開通を告げる新聞広告には「綺麗で早うて。ガラアキで 眺めの素敵によい 涼しい電車」というキャッチフレーズを掲げ、話題となった。しかし、市街地から離れていることで、ほぼ直線で敷設することが出来、スピードの面で優位な路線となった。

六甲山地寄りの北側にほぼ直線で敷設、スピード面で優位な路線

開業当初は市内を外れた上筒井までの開業だったが、1936（昭和11）年に三宮への乗り入れを果たし、神戸線の原型が出来上がった。2020年に開通100周年を迎えている。

西宮北口駅の名物だったダイヤモンドクロスを通過する初代の1000系の電車。ダイヤモンドクロスは1984（昭和59）年に廃止された。

"火伏の神さん"の山・愛宕山を背景に阪急京都線は、桂―西京極間の桂川で桂川橋梁を渡る。桂川の上流は嵐山になる。

阪急京都線は、大阪の十三駅と京都河原町駅を結ぶ全長45.3kmの路線である。

もともとは京阪電気鉄道の子会社である新京阪鉄道が建設した路線であったが、戦時中の政府の交通統制により、1943（昭和18）年に京阪神急行電鉄（現・阪急電鉄）の路線となった。そして戦後の1949（昭和24）年、京阪電気鉄道の分離で、新京阪線は阪急に残され、宝塚線・神戸線と並ぶ、阪急電鉄の基幹路線の一つ、阪急京都線となった。

戦前に新京阪鉄道が建設、戦後に阪急の幹線の一つになった路線

全線に渡ってJR京都線（東海道本線）と並行しており、淀川の対岸には京阪電気鉄道の京阪本線が走っている。

阪急京都線の支線として、大阪市北区の天神橋筋六丁目駅から淡路駅経由で北千里までを結ぶ「千里線」、京都の桂駅から嵐山までつながる「嵐山線」が利用でき、特に、京都への観光には便利な路線だ。沿線は比較的平坦で、大阪のベッドタウンが連なっている。

観光特急列車の「京とれいん」。"和・モダン"をコンセプトに、6300系の電車が改造され、京扇と金・銀のラッピングや内装が斬新だ。

なかつ
中津
Nakatsu
HK 02
じゅうそう Juso HK 03 ／ おおさか うめだ Osaka-umeda

中津

能勢街道の起点となる「中津」
神戸線開通後の大正14年に駅開設
宝塚線と神戸線のみが停車する

開業年 1925(大正14)年11月4日
所在地 大阪府大阪市北区中津三丁目1番30号
キロ程 大阪梅田から0.9km
駅構造 高架駅2面4線
乗降客 9,931人(通年平均)2023年

阪急宝塚線に沿って延びている能勢街道の起点は「中津」で、大淀警察署近く(中津1丁目)には、その目印となる「元 萩之橋碑」が建つ。

かつて中津駅は、阪急北野線と阪神北大阪線(野田～天六)の乗り換え駅として栄えていたが、現在その面影はない。

両隣りの梅田や十三の1日の乗降客(2023年)は、大阪梅田駅が全線で1位、十三は6位だが、その間に挟まる中津は9,931人で65位と、まるで都会のエアポケットのようにひっそりと静かだ。

中津駅は、神戸線開通後、梅田～十三間高架複々線工事が進む最中の1925(大正14年)11月4日、梅田駅の高架ホーム使用開始と同じ日に開設された。

島式ホーム2面4線を有する高架駅で、西側の1・2号線を神戸線の普通が停車。東側の3・4号線を宝塚線の普通と準急(平日ラッシュ大阪梅田行のみ)が停車する。後から建設された京都線のホームは設けられていない。

昭和にタイムスリップしたような佇まいの阪急中津駅

神戸線と宝塚線の普通列車だけが停車、京都線の列車はすべてが通過する中津駅。駅が活気づくのは、毎年8月に淀川で開催される「なにわ淀川花火大会」の時(会場の最寄駅)だけで、普段は乗降客も少なく閑散としている。

大阪梅田
中津
十三
三国
庄内
服部天神
曽根
岡町
豊中
蛍池
石橋阪大前（箕面・牧落・桜井）
池田
川西能勢口
雲雀丘花屋敷
山本
中山観音
売布神社
清荒神
宝塚

古地図探訪

1952（昭和27）年

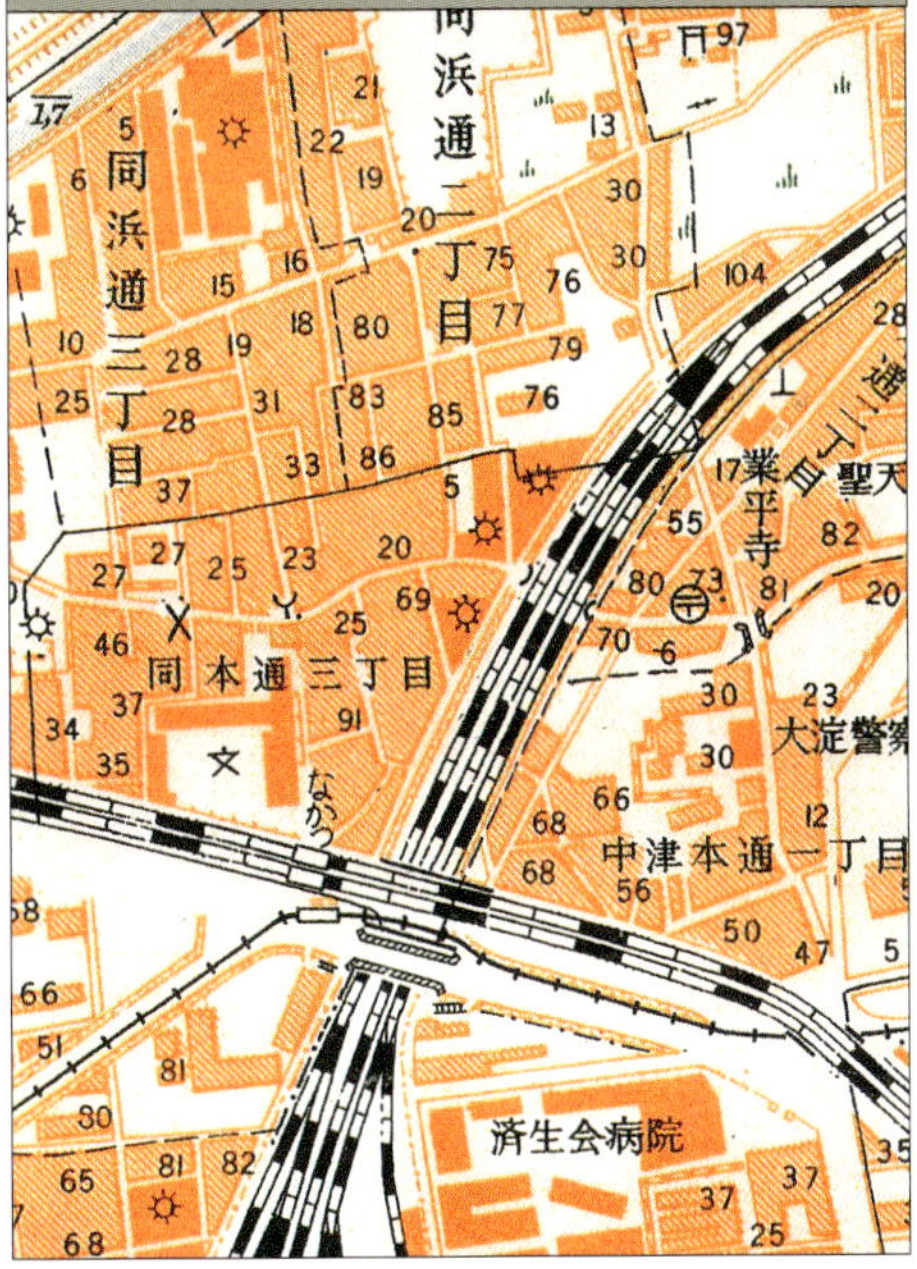

▼48年後

2000（平成12）年

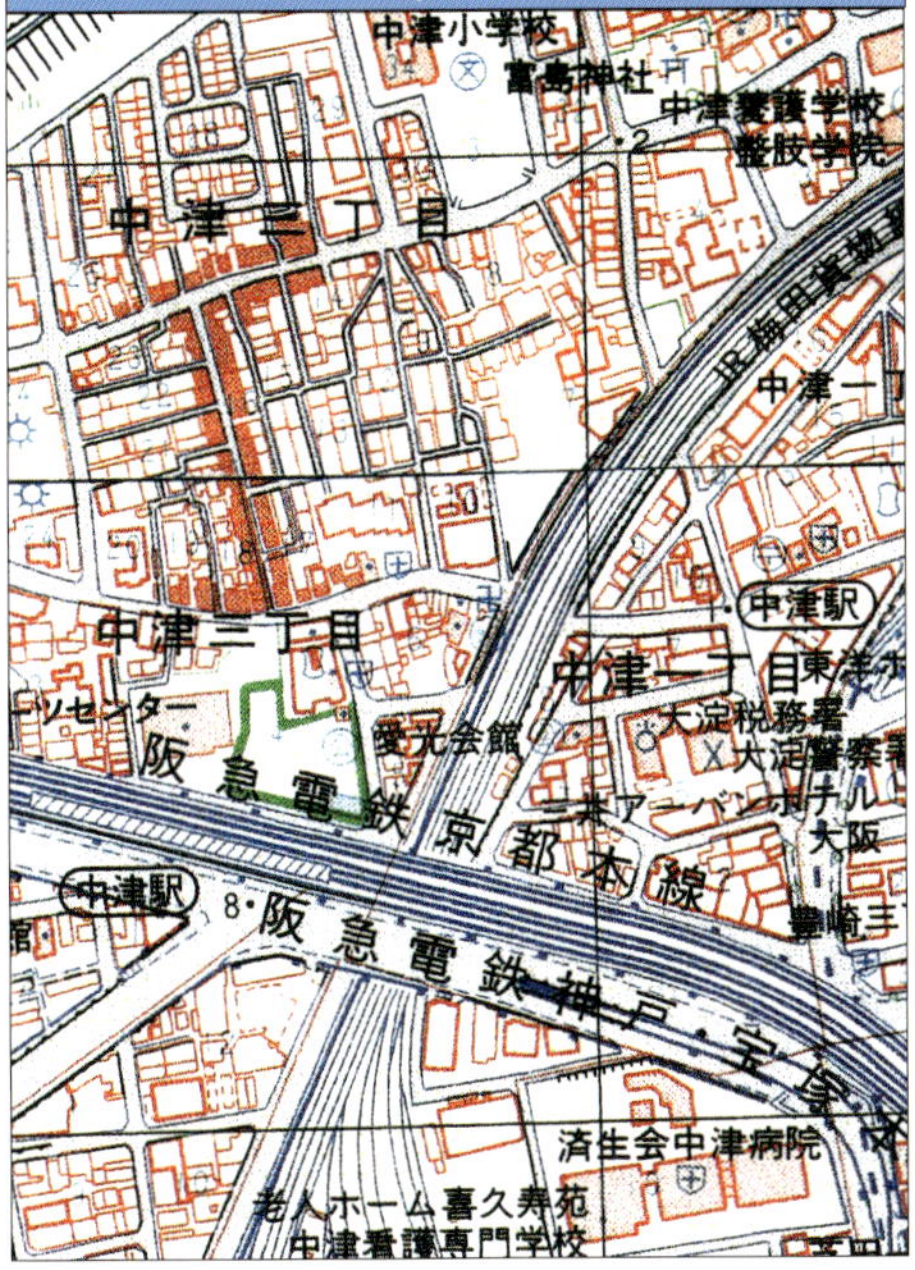

北上する能勢街道と並行に敷設された阪急宝塚線。この起点になるのが大淀警察署辺りだ。当時の中津駅付近は梅田貨物線との交差地点で、昭和50年に廃止された阪神電鉄の北大阪線と接する交通の要所。駅北側の学校は「大阪市立北スポーツセンター」になっている。

淀川鉄橋を渡る阪急の基幹３路線、宝塚線・神戸線・京都線

写真下は、神戸線の特急電車。中津駅は通過して、そのまま大阪梅田に向かう。中央を走るのは宝塚線。写真上は京都線。中津駅には京都線のホームはない。

阪急中津駅の宝塚線ホーム

もともと中津駅には、両側を宝塚線と神戸線が使用する島式ホームだけで、後発だった京都線のホームは設けられていない。写真は、北側を通過して行く宝塚線の梅田行き電車。 撮影：高田寛

阪急宝塚線下りホームに入る雲雀丘花屋敷行普通電車

阪急宝塚線のホームと並ぶのは阪急神戸線のホーム。写真は、宝塚線の下りホームに入って来る雲雀丘花屋敷行きの普通電車。右側に神戸線の上り電車と下り電車の姿が重なって映り込んでいる。

ホームを挟んで電車がすれ違う夕暮れの阪急中津駅

中津駅のホームは、両側を乗降に使用する形式の島式。入って来る電車の風圧が怖い。しかもホームの幅がないので、黄色い線の内側も狭すぎる。当然ながら注意喚起の警告灯が点滅する。

阪急中津駅周辺の様子が分かる空撮写真

宝塚線・神戸線・京都線の高架複々線が平行する阪急中津駅の空撮写真。左側には国道176号線が走っている。梅田の徒歩圏内なのでオフィスビルやマンションも多い。

阪急電鉄の基幹3路線が走る中津高架下

高架複々線を実現した、阪急電鉄の基幹3路線が走る高架下は、長い地下トンネルのようになっている。

トリビア

京都線には中津駅がない！

大阪梅田駅から並行し、十三駅構内で3方向に分かれて行く神戸線、宝塚線、京都線は、その途中の中津駅だけ趣が違う。京都線のホームがないのだ。

その理由はひと言で「用地がなかった」からだ。空撮写真を見ても分かるように中津駅付近は土地面積の余裕がなく、宝塚線・神戸線のホームもぎりぎりでつくられているために極端に狭い。後発で建設された京都線のホームのスペースはもともとなかったのだ。

富島神社

創建年代は不詳だが社伝によると室町時代には存在し、牛頭天王社と称していた。中津住民の氏神様として古くから親しまれている。

南蛮文化館

館長である北村芳郎氏がコレクションしてきた南蛮美術中心の私立美術館。美術品や工芸品をはじめ、陶器や漆器、古文書などの品々が鑑賞できる。

HANKYU 旧北野線 Kitano line

1920(大正９)年に神戸線を開設した当初、梅田～十三間は、宝塚線の複線を共用しており、また、電車が走る軌道は、梅田から淀川橋梁の手前までが電車と自動車が同じ路面を走る併用軌道だった。しかも神戸線開通で輸送需要はいっそう増加した。

こうした状況から、神戸線用の新淀川鉄橋の建設と旧鉄橋の改修、さらに大阪市内の高架化への取り組みが始まり、1926(大正15)年７月に宝塚・神戸線の高架複々線工事が完成。両線は分離され、両線にはそれぞれに中津駅が設けられた。

北野駅 現在の阪急電鉄本社ビル(大阪市北区芝田)の北西角、すぐ西にあった旧北野線の北野駅。 提供:阪急電鉄

全長0.8キロメートルに3停留場、日本一短い路線だった旧北野線

高架複々線の誕生で残された併用軌道の旧路線は、1926(大正15)年から1949(昭和24)年まで梅田～北野間が支線の「北野線」として使われることになる。

この路線は全長0.8kmで、停留場は梅田・茶屋町・北野の３つ。短い路線ではあったが、市街地を走るので利用客は多かった。

旧新淀川駅

宝塚線開通とともに開設された新淀川駅は、新淀川南岸沿いの長柄運河をまたぐ橋梁上にあり、十三駅もまだ新淀川駅北岸の堤防の上にあった。1920(大正９)年の神戸線開設後、梅田駅～十三駅間の複々線高架工事が進められていたが、同年７月に完成。これに先だって新淀川駅は廃止された。

を歩く

町の妙見山能勢妙見堂に至る旧街道で、
を結ぶ物流の道であったとともに、
見堂などへの参拝路としても栄えた。

池田市に入ると新しい能勢街道の案内板が多い

阪急宝塚線、能勢電鉄妙見線は、ほぼこの能勢街道をなぞるように走っている。始点である中津から途中の池田までの区間を昔を偲びながら歩いてみた。

中津1丁目の交差点のコンビニ前に「元萩之橋」と記された碑がある❶。ここがスタート地点。ここから北に歩き、中津3丁目交差点角にある「富島神社」（P27）を見ると、その先で道は淀川の土手に突き当たる。旧街道はここで昔の中津川を渡って続いていたのだが、今は渡ることができないので十三大橋に迂回する。

十三大橋を渡った左手には「十三渡し跡」の碑と説明板がある❷（P33）。

迂回を終え本来のルートに戻り北上する。淀川通の交差点に能勢街道の道標と説明板が設置されている❸。阪急京都線の踏切を渡り、新幹線高架下をくぐって進むとやがて三国駅が見えてくる。

三国駅の先で再び大きな川を渡る。神崎川にかかる三国橋で「三国の渡し跡」の石碑がある❹（P37）。

天竺川沿いから住宅地を通り国道176号線沿いを歩き、再び阪急宝塚線が近づいてくるとまもなく「服部天神宮」❺（P45）。足の神様として知られており、今回の街道歩きの無事を祈って先に進む。

再び国道176号線に出たのち細い斜めの道に入ると、箕面街道（P119）との分岐点があるがここは直進。

岡町駅が近づくと岡町商店街のアーケード道❻を通る。その先すぐが「原田神社」❼（P53）で境内は広く少し休憩していく。この岡町の能勢街道沿いには登録有形文化財の「奥野家住宅」や「高木邸」などの古い建物が残っている。

豊中駅前を通り、本町北の交差点よ

能勢街道

能勢街道とは、大阪市北区中津から豊能
能勢や池田と大坂（現在の大阪）と
服部天満宮や岡町の原田神社、能勢妙

服部天神から北に進み国道176号線と合流する地点にある能勢街道の案内板

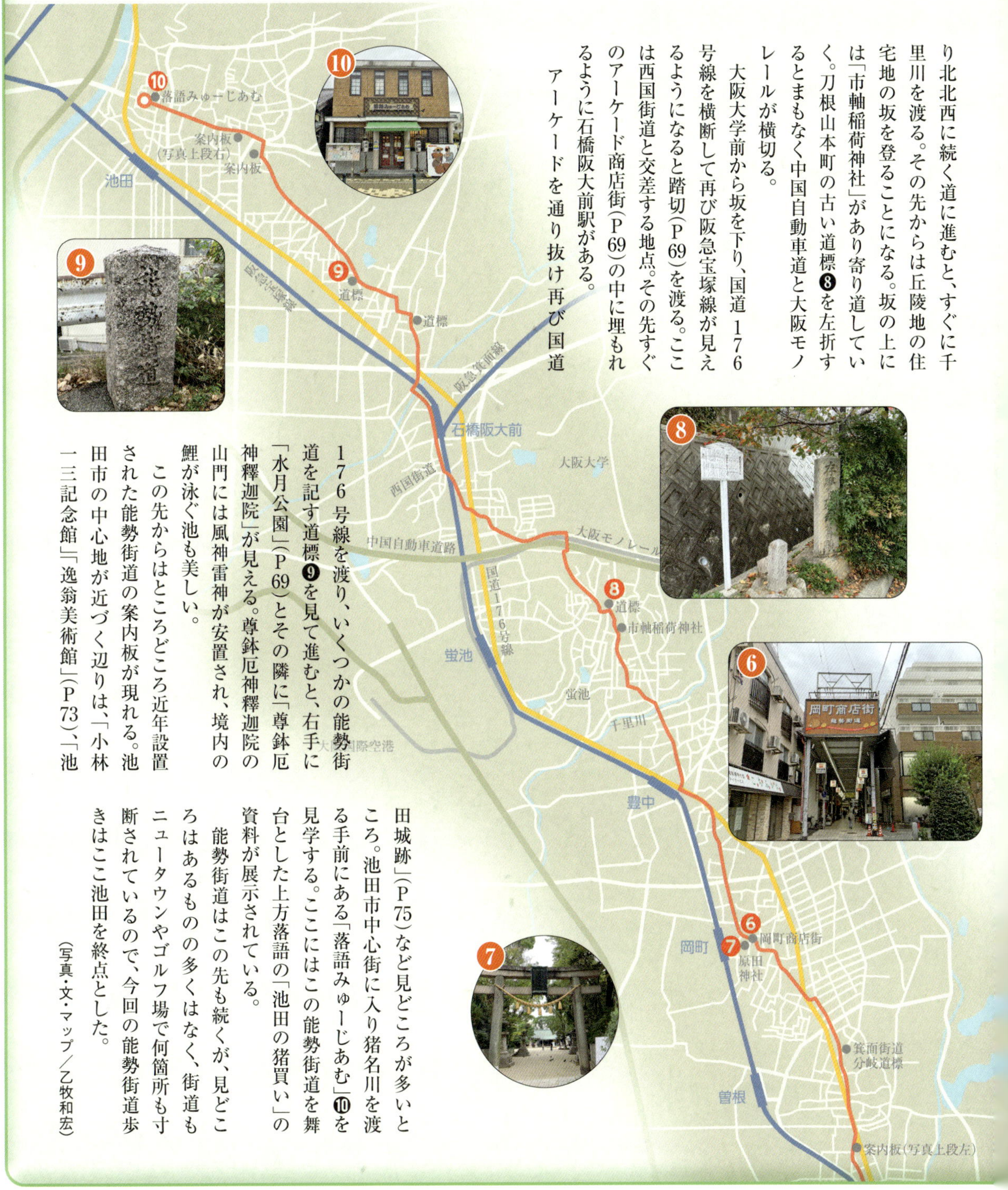

り北北西に続く道に進むと、すぐに千里川を渡る。その先からは丘陵地の住宅地の坂を登ることになる。坂の上には「市軸稲荷神社」があり寄り道していく。刀根山本町の古い道標❽を左折するとまもなく中国自動車道と大阪モノレールが横切る。

大阪大学前から坂を下り、国道176号線を横断して再び阪急宝塚線が見えるようになると踏切（P69）を渡る。ここは西国街道と交差する地点。その先すぐのアーケード商店街（P69）の中に埋もれるように石橋阪大前駅がある。

アーケードを通り抜け再び国道176号線を渡り、いくつかの能勢街道を記す道標❾を見て進むと、右手に「水月公園」（P69）とその隣に「尊鉢厄神釋迦院」が見える。尊鉢厄神釋迦院の山門には風神雷神が安置され、境内の鯉が泳ぐ池も美しい。

この先からはところどころ近年設置された能勢街道の案内板が現れる。池田市の中心地が近づく辺りは、「小林一三記念館」「逸翁美術館」（P73）、「池田城跡」（P75）など見どころが多いところ。池田市中心街に入り猪名川を渡る手前にある「落語みゅーじあむ」❿を見学する。ここにはこの能勢街道を舞台とした上方落語の「池田の猪買い」の資料が展示されている。

能勢街道はこの先も続くが、見どころはあるものの多くはなく、街道もニュータウンやゴルフ場で何箇所も寸断されているので、今回の能勢街道歩きはここ池田を終点とした。

（写真・文・マップ／乙牧和宏）

じゅうそう
十三
Juso
HK 03
みくに Mikuni HK 41
なかつ Nakatsu

十三

神戸・宝塚・京都線が分岐する主要駅
十三番目の渡し場が「十三」の由来
駅周辺に大阪を代表する歓楽街がある

開業年 1910(明治43)年3月10日
所在地 大阪府大阪市淀川区十三東二丁目12番1号
キロ程 大阪梅田から2・4km
駅構造 地上駅4面6線
乗降客 64、132人(通年平均)2023年

十三駅は、宝塚・神戸・京都線の3線を各方面に分岐する大規模駅だ。この駅から3線は扇のように広がって行くが、その要になるのが十三駅だ。

他の路線への乗り換えがスムーズで、時間の短縮と阪急電鉄のネットワークの広がりを実感する。駅は常に乗り換えなどの人々であふれている。

十三駅が開業したのは、箕面有馬電気軌道が営業を開始した1910(明治43)年3月10日。開業当時は新淀川北岸の堤防の上にあった。そして10年後に神戸線、その翌年に京都線の前身である北大阪電気鉄道が開業した。

1959(昭和34)年2月18日には梅田駅〜十三駅間の民鉄初の3複線化が実現されたが、これらの車両が同時に十三駅に到着する雄姿は圧巻だ。

東西の駅前には商店街や繁華街が広がり、駅東には十三戎で賑わう神津神社がある。南方を流れる淀川の夏の風物詩「なにわ淀川花火大会」も有名だ。

阪急十三駅のホームに入る阪急1100系

戦後、高性能化車両に対応して開発され、神戸線用にデビューした1000系。この車両に改良を加えて開発されたのが1010系で、写真の1100系は、1010系と同系の宝塚線用車両として登場。

現在の阪急十三駅 西口

阪急の主要3路線が集結する十三駅。改札口は東西双方に設けられており、通常時は6号線ホーム中央部の西改札口と、1号線ホーム南端の東改札口が営業している。写真は十三駅の西口。

古地図探訪

1952（昭和27）年

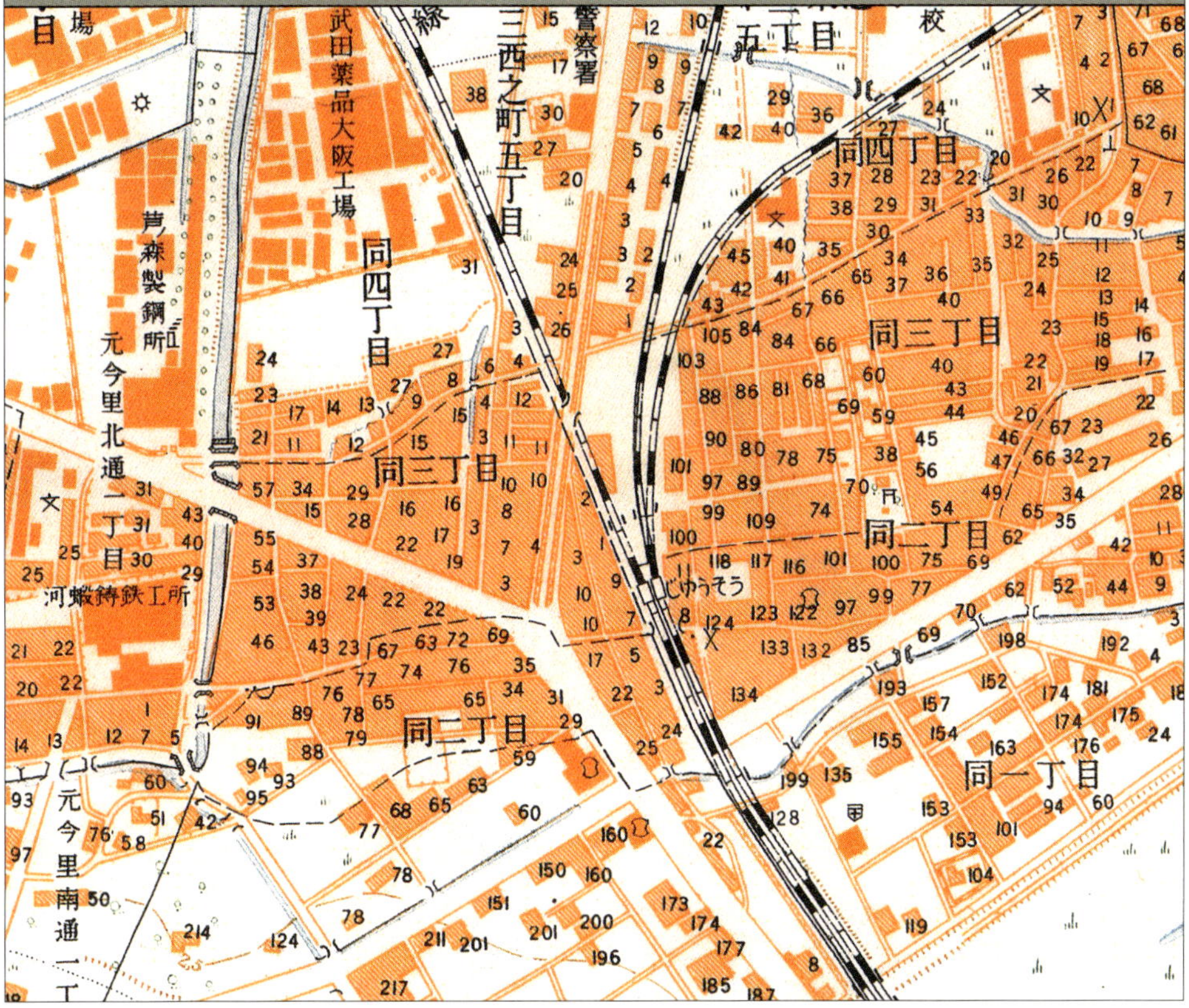

▼48年後

2000（平成12）年

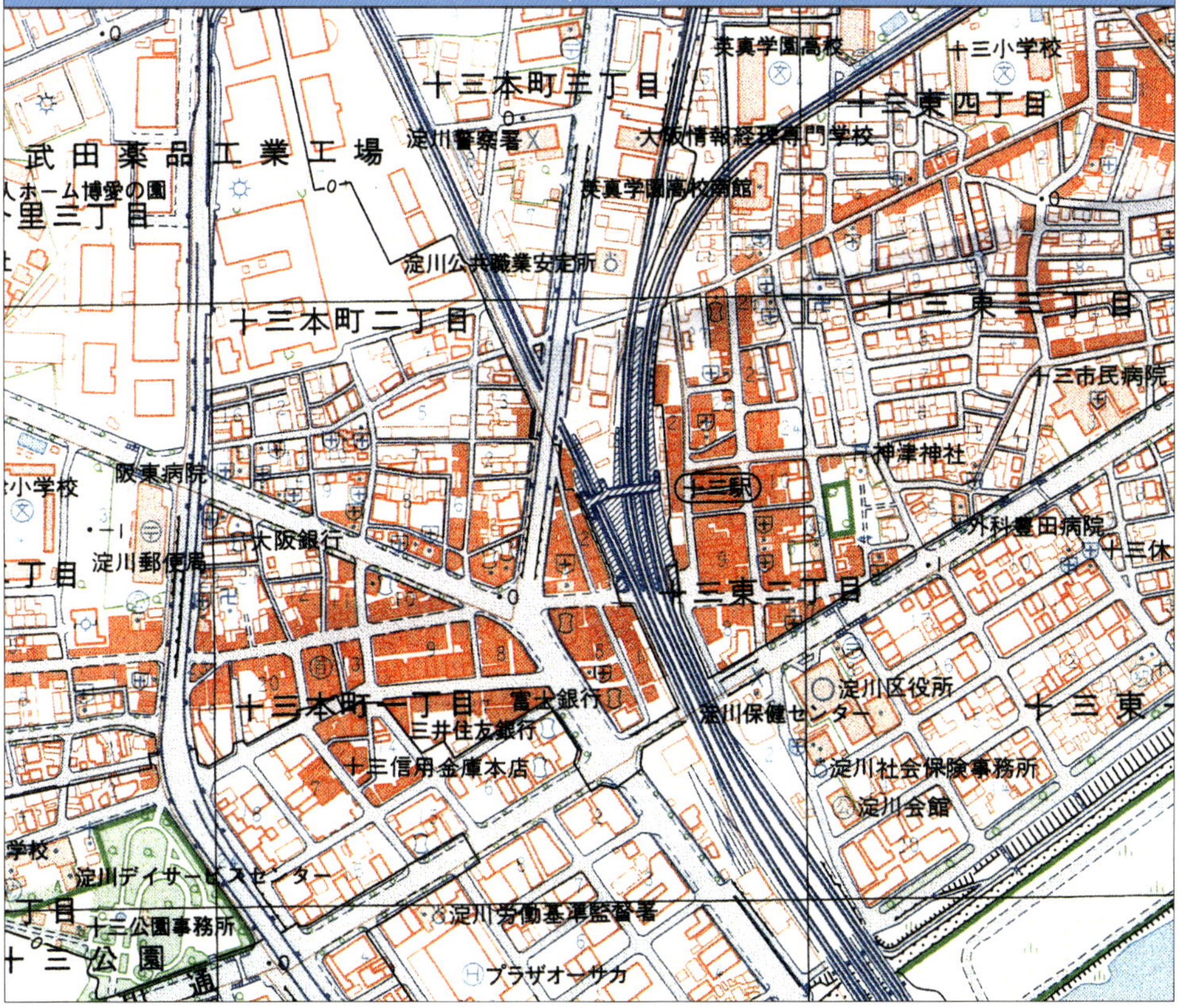

阪急十三駅は、神戸・宝塚・京都の3線が各方面に分岐する駅として重要な役割を担っている。他路線への乗り換えもスムーズに行えるように工夫されている。古地図を見ても十三駅を中心に3路線が扇のように広がっており、阪急電鉄のネットワークの広がりを象徴している。

当時から十三駅の北西にあった武田薬品大阪工場は、現在も敷地を広げて存在している。

阪急十三駅 宝塚線ホームの320形

宝塚線のホームに停まっているのは、神戸線用の900形を小型化して宝塚線用に製造した320形の電車。宝塚線の近代化に貢献した後、能勢電鉄に譲渡され、1986(昭和61)年まで活躍した。

撮影:荻原二郎

阪急十三駅駅前風景 東口

十三駅東口には「十三駅前通」と「十三東駅前商店街」の2つのアーケード商店街があり、西口の商店街に比べて下町らしい雰囲気だ。パチンコ屋や串カツ屋、立ち飲み屋も多い。

淀川河川公園

写真手前の淀川河川敷きは国営公園で、地区によってはスポーツ施設も整っている。淀川の向こうには、梅田界隈の高層ビル街が見える。

阪急十三駅付近を3線が並行して走る

大阪梅田駅ー十三駅間は私鉄唯一の3複線で形成されている。写真は、淀川方面から臨むもので、主要3線が並行して走るのが見える。

なにわ淀川花火大会

毎年８月に行われる「なにわ淀川花火大会」。最寄り駅の十三駅は当日の午後以降は混雑するため、15時以降には、十三駅の東改札口、６号線ホーム中央部、2･3号線ホーム北端にそれぞれ臨時改札口が設けられる。

十三の歓楽街

十三駅は、夕方以降になると駅前の繁華街へ繰り出す人たちで賑わう。路地には小さな店がひしめき合い、飲食店や飲み屋街、パチンコ店などが密集している。夜はネオンが輝き、歓楽街ならではの活気であふれる。

十三渡し跡

十三大橋北詰のすぐ西側、淀川北岸の堤防上にある「十三渡し跡」の碑。かつて淀川は下流で多くの河川に分流。その一つ中津川の南北を渡し船が行き来していた。十三は北岸船着き場周辺の地名。一度消滅したが阪急が駅名を「十三駅」としたことで地名も復活した。

神津神社

阪急十三駅より東約200mのところに鎮座する神津(かみつ)神社は、当初は旧地名から小島八幡だったが、その後、神崎川と中津川の間にあった８ヵ村が合併。川の名前の一文字をとって神津村となり、神社も1911(明治44)年に現社名になった。境内に十三戎神社があり、毎年１月の十三戎祭は賑わう。

トリビア

「十三」という地名の由来

「十三」という地名の由来には諸説あり、まず、大阪が条里制に基づいて飛田新田を開発した時、その辺りを一条とし、北へ九条や十八条と名付け、十三あたりが十三条となるという説。また、有力とされているのが「摂津国の上流から数えて十三番目の渡し」であったからというもの。上方落語の定番である「池田の猪(しし)買い」という噺にも、主人公の男が「大坂(大阪)を出発し、十三の渡しを渡って能勢街道を一路、池田まで買いに行く」と語られている。渡し場のそばでは焼き餅屋が数軒あったそうだ。

みくに
三国
Mikuni
HK 41
しょうない Shonai HK 42
じゅうそう Juso

三国

神崎川を渡る手前が三国駅
かつては急カーブ区間として有名
駅の高架化でスピードアップした

開業年 1910(明治43)年3月10日

所在地 大阪府大阪市淀川区新高三丁目6番33号

キロ程 大阪梅田から4・4㎞

駅構造 高架駅1面2線

乗降客 23、532人(通年平均)2023年

十三駅で神戸線や京都線と分かれた電車は、神崎川を渡って三国駅に着く。神戸線とは対照的に宝塚線はカーブが多い路線で、特に三国駅は、平成12年に高架駅に生まれ変わるまでは「神崎川橋梁から駅までは時速30㎞」と制限された急カーブ区間であった。

しかし、これはマイナス要素だけではなく、戦前は一面が菜の花畑だったことから〝お花見電車〟と人気を呼んだ。近年は、鉄道ファンが好んだ撮影スポットだった。

また、かつて三国駅周辺には、宝塚線と箕面線用の動力供給用発電所として「三国発電所」があった。

神崎川の鉄橋を渡る電車からは、モクモクと煙を出す発電所が見え、「箕面有馬電車唱歌」の3番に、「菜種の花の道ゆけば　眼にも三国の発電所　煙の空をあとに見て　牛立、三屋、服部の」と歌われている。

高架駅になった三国駅の周辺はその後どんどん様変わりして行った。

阪急三国駅

当時は木造の簡素な造りの駅舎だった。周辺は建物も少なく、見晴らしが良かったため、駅北側の神崎川鉄橋を渡ってくる電車が見えたという。それを見てホームに走り込む乗客もいた。

提供:阪急電鉄

駅ビルと一体化した阪急三国駅

旧駅より西側に約70m移転、2000(平成12)年11月に駅ビルと一体化した新三国駅。その後の再開発で2009(平成21)年には、駅東口にロータリーが完成、駅前の再開発が終了した。

古地図探訪

1952（昭和27）年

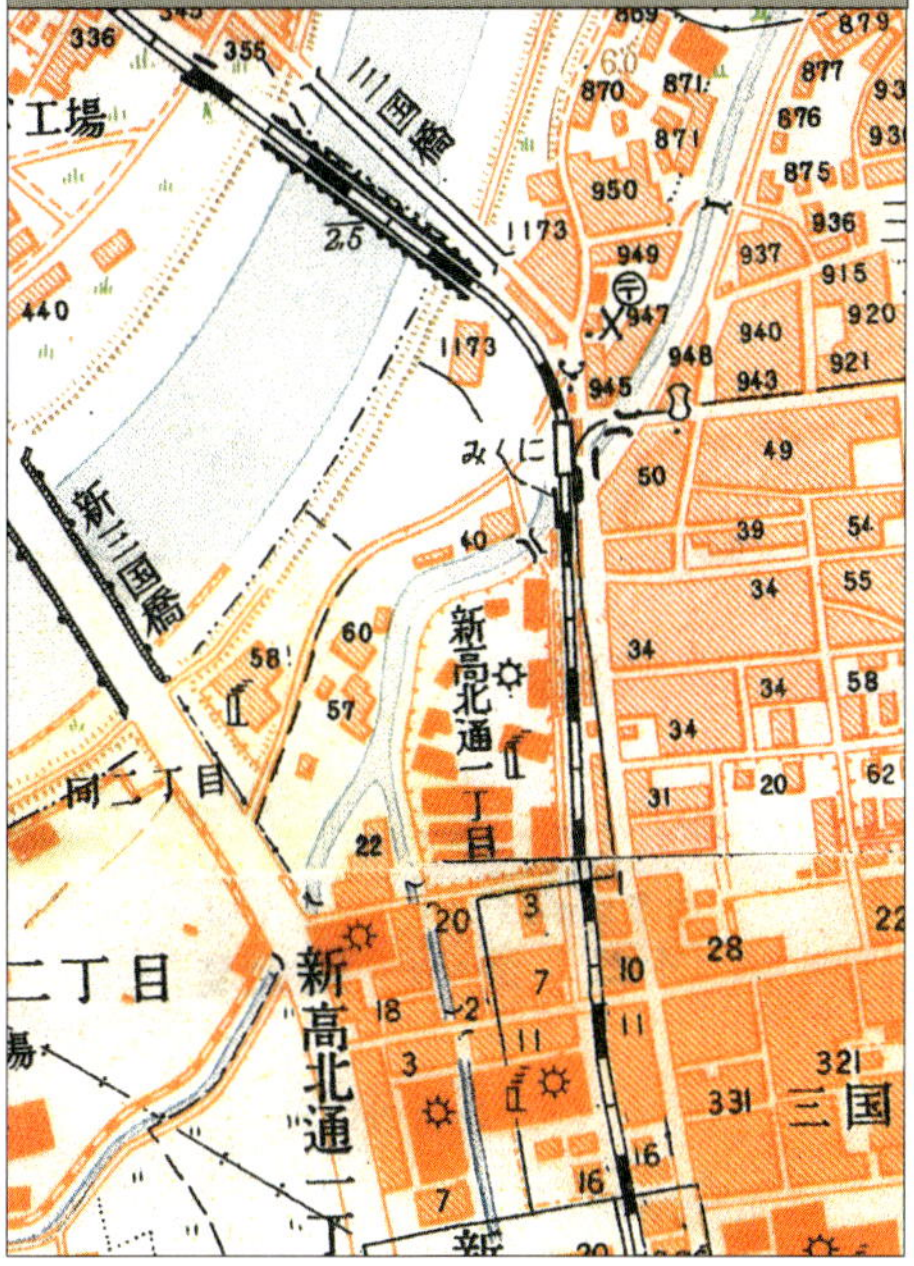

▼ 48年後

2000（平成12）年

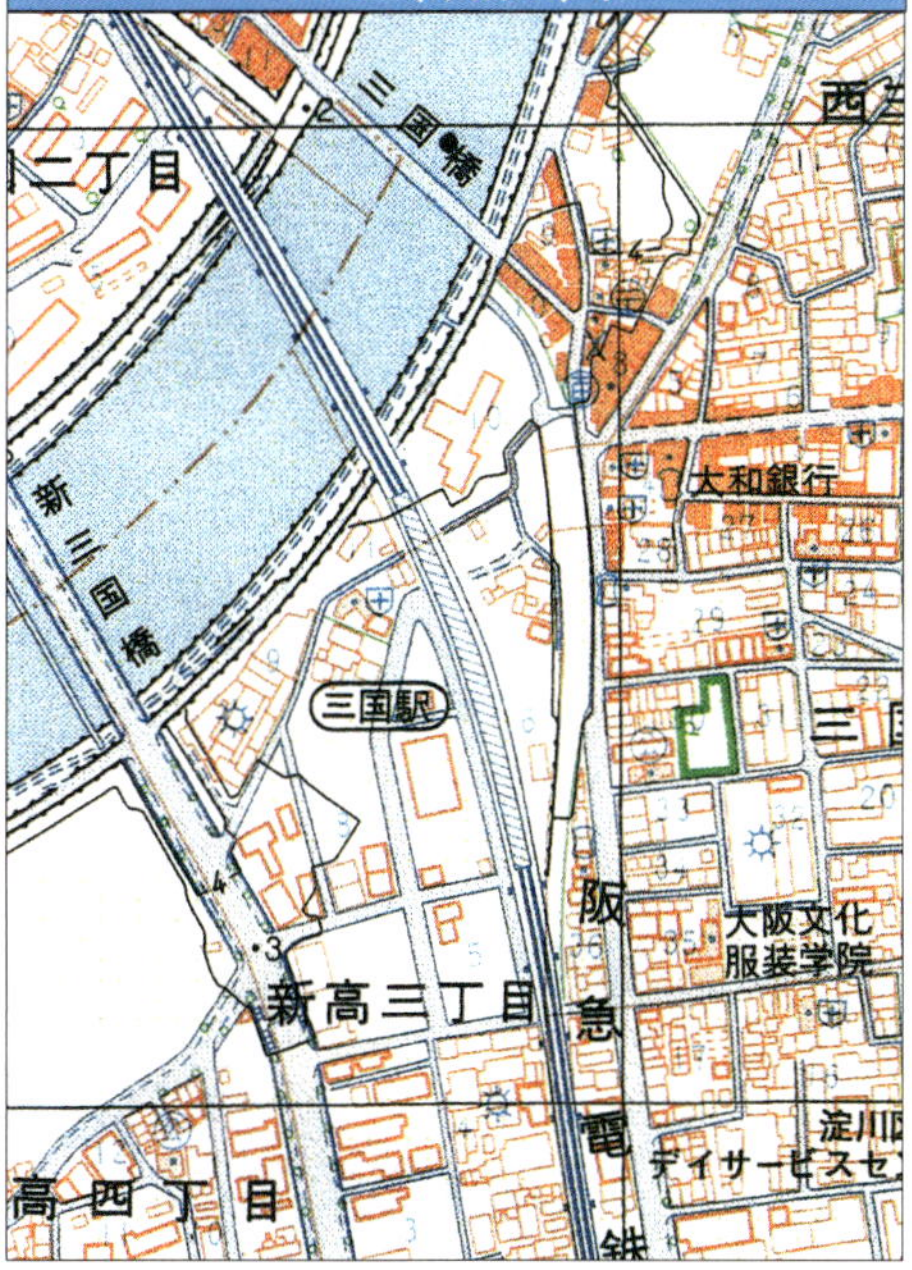

地図左に流れる神崎川は淀川とは別水系であったが、三国川を開削し、淀川につながった。以来、河口の神崎川辺りは賑わいを見せるようになった。神崎川に最初に架けられた三国橋のたもとには「三国の渡し」を示す石碑がある。下の地図では新しく架けられた橋と三国駅に変わっている。

高架下に改札や商業施設がある

2000（平成12）年に上り線も高架線へ切り替えられた三国駅。ホームが3階、改札・コンコースは2階にある。また、高架下には商業施設の「ヴェール阪急三国」が誕生した。

阪急三国駅を出発する阪急電車

いままさに三国駅を出発しようとしている電車は、アルミ製車両で屋根にアイボリー塗装が施された6000系。車掌が直線化で見通しが良くなったホームの安全確認をしている。

三国橋

神崎川に架かる三国橋。この当時は、車や自転車、人も一緒に行き交っており、現在のように車と人が分離されていない。まだ交通量が今ほど多くなかったのんびりした時代だった。

（北摂アーカイブスより） 提供：豊中市

大阪梅田駅に向かう急行7000系

阪急三国駅を出て大阪梅田方面へ向かう急行の阪急電車の7111。7000系は6000系をベースに改良を加えた宝塚・神戸線用の車両。マルーン塗装にアイボリーの屋根がアクセントになっている。

神崎川に架かる新三国橋

昭和30年代に撮影された新三国橋(昭和7年架橋)。この橋は国道176号線が神崎川を渡るために架けられた。庄内駅方面に向けて走る三輪トラックは、懐かしい昭和時代の象徴だ。
(北摂アーカイブスより) 提供:豊中市

トリビア

昔は急カーブの駅だった!

(北摂アーカイブスより) 提供:豊中市民

高架工事のため2000(平成12)年3月19日に閉鎖された旧三国駅は、駅そのものがカーブしており、また、すぐ北側には半径100mの急カーブがあった。

このため、電車は制限速度30km/hで、レールをきしませながら走行した。この話は鉄道ファンの間では有名だったという。高架化工事が完成後は、曲線が緩和された新駅・新線に切り替えられ、急カーブは過去のものとなった。

早朝の神崎川

神崎川は、大阪府の北部から兵庫県の東南部まで流れる淀川水系の一級河川。名前は沿岸の地名「神崎」に由来する。下流部は「三国川」とも言われた。写真は早朝の神崎川の風景。

三国発電所

かつて鉄道会社は自前で発電所を持ち、「三国発電所」も1910(明治43)年の宝塚線と箕面線開通時に、唯一の動力供給発電所として建てられた。箕面電車唱歌でも歌われている。

提供:阪急電鉄

三国の渡し跡

三国橋のたもとに説明板とともに建つ「三国の渡し跡」碑。この説明板によると、太平記の記述から「三国の渡しは1362(正平17)年にはすでにあった」と推測できるそうだ。

サンティフルみくに

三国駅東の駅前ロータリーからすぐのところにあるアーケード商店街「サンティフルみくに」。東に向かっておよそ500mほど続く。3つの商店街で構成される地元密着型の商店街。

自敬寺

奈良時代(天平勝宝年間)に行基により「仏生山金光寺」として創建された由緒ある禅寺。本尊の阿弥陀仏は行基の自作。2017(平成29)年、創建300年を記念して本堂が新しくなった。かつて隣接していた大阪市最古の民家「渡邊邸」(大阪府有形文化財)の写真や資料を保存するなど、地域のメモリアルを大切にしている。 提供:自敬寺

しょうない
庄内
Shonai
HK 42
はっとりてんじん Hattori-tenjin HK 43
みくに Mikuni

庄内

地元の熱意で実現した請願駅
〝庶民の台所〟の街で知られる
大阪音楽大学の最寄り駅

開業年 1951(昭和26)年5月15日
所在地 大阪府豊中市庄内東町一丁目10番1号
キロ程 大阪梅田から6・0km
駅構造 地上駅2面4線
乗降客 24、630人(通年平均)2023年

阪急庄内駅の開設は、1951(昭和26)年5月16日だ。宝塚線では最後の駅で、地元の請願駅として設置された。

庄内は大阪に近いため、特に昭和30年代から人口が急増。周辺はアパートや文化住宅が林立し、迷路のような路地も出現する。1969(昭和44)年頃の流行歌「庄内ブルース」では、バーやキャバレーで働く女性のベッドタウンとして歌われた。

「庄内」という地名の由来も艶っぽい。鎌倉時代の初め、この地に後鳥羽上皇の愛人で白拍子亀菊の本所・椋橋荘があり、その庄内というのが地名の由来という。椋橋荘の地頭が亀菊の命に従わなかったことが「承久の乱」(承久3年)の一因になったと伝えられる。

駅のすぐ東には、安さと新鮮さで知られる豊南市場があり、商店街も多い庶民の街だ。また、大阪音楽大学の最寄り駅でもあるだけに、大きな楽器のケースを抱えた学生が音大通りやオペラ通りを行き来する姿が見られる。

阪急庄内駅

地上駅の阪急庄内駅は東西の出入口から階段を下り、地下の改札口を通って地上のホームに出る。三角屋根の駅舎は開業当時と同じで、西出口の駅舎と同じデザインで統一されている。

- 大阪梅田
- 中津
- 十三
- 三国
- 庄内
- 服部天神
- 曽根
- 岡町
- 豊中
- 蛍池
- 石橋阪大前（箕面・牧落・桜井）
- 池田
- 川西能勢口
- 雲雀丘花屋敷
- 山本
- 中山観音
- 売布神社
- 清荒神
- 宝塚

古地図探訪

1952(昭和27)年

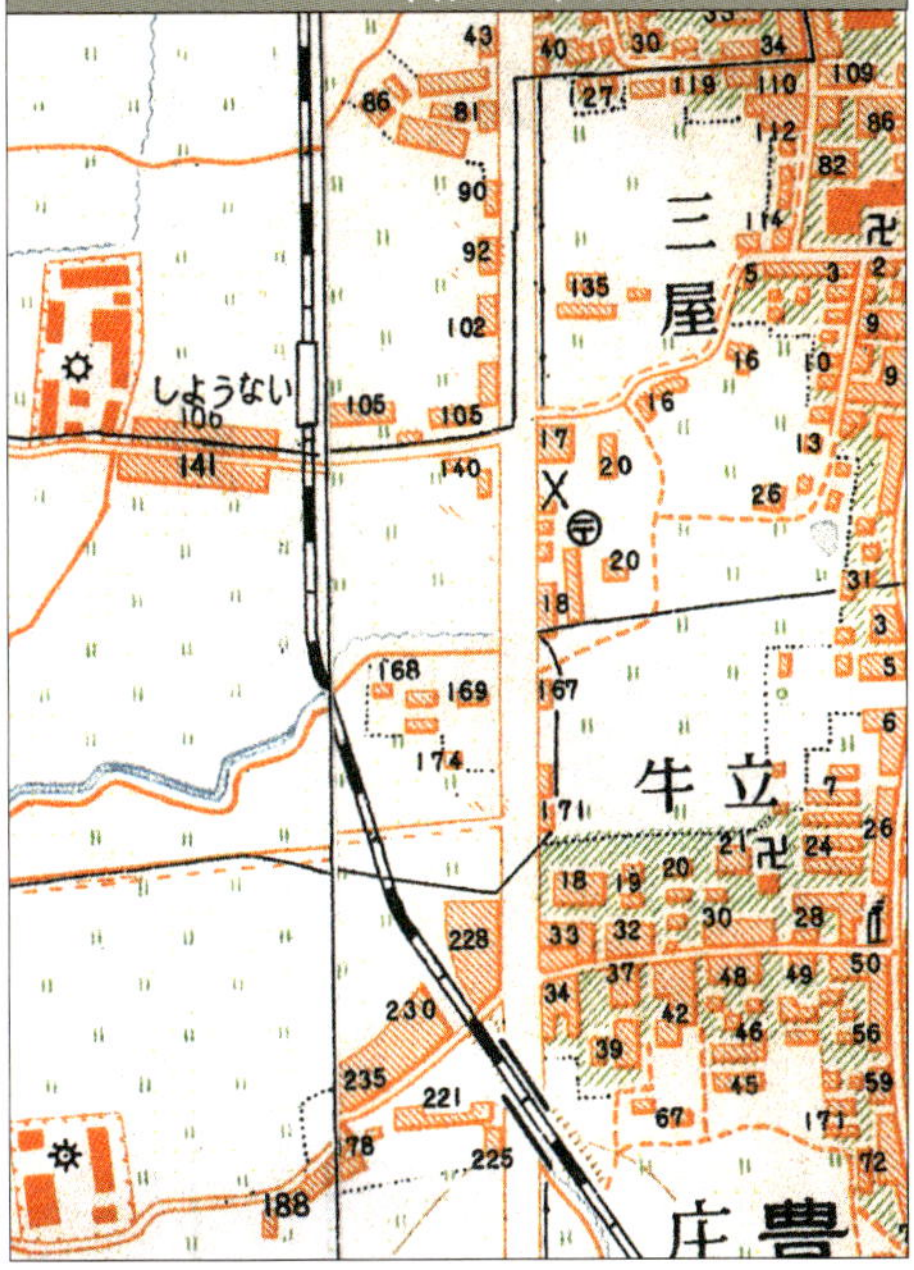

▼ 48年後

2000(平成12)年

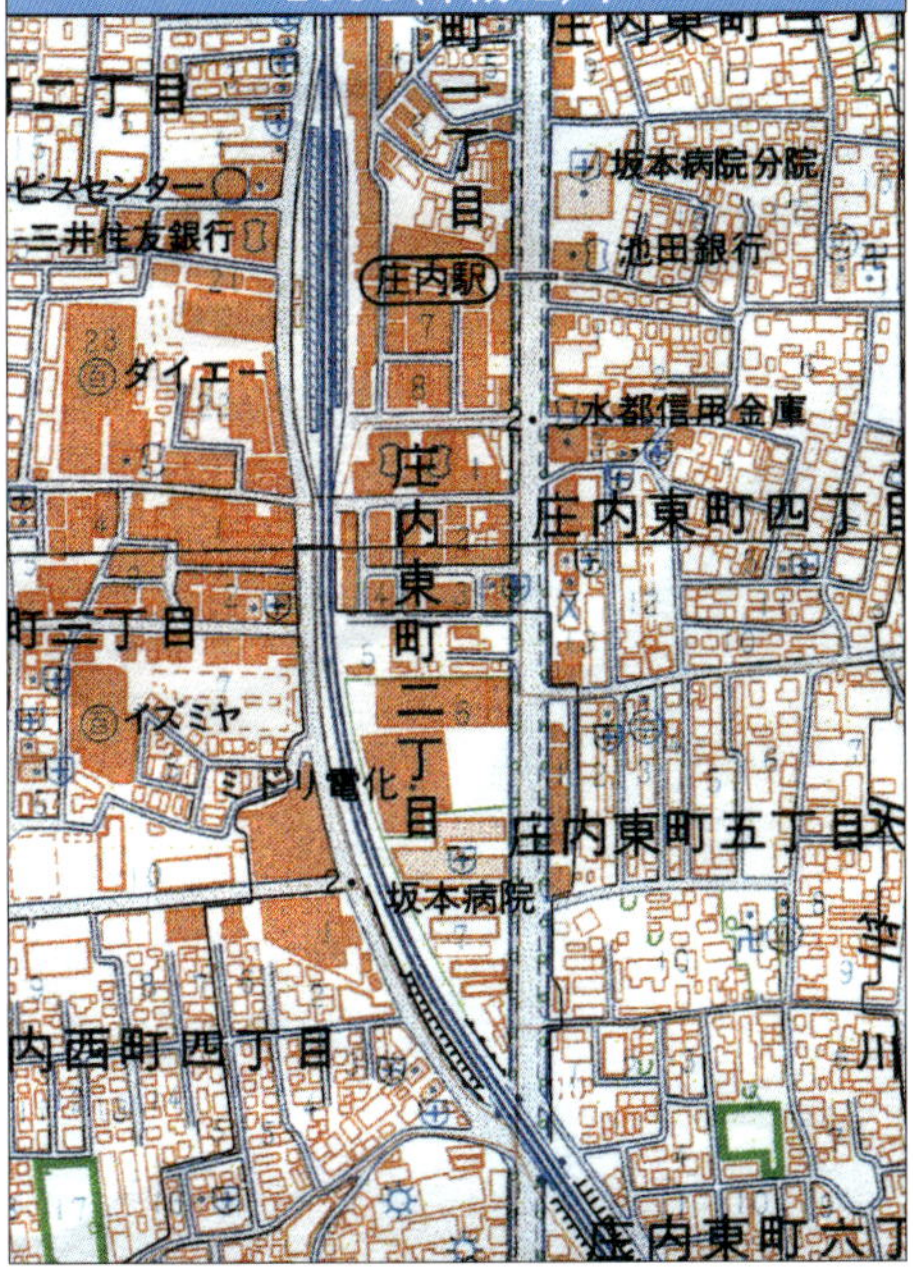

野田・三屋・牛立・菰江・洲到止・島江・庄本・島田の各村が合併して庄内町となり、1912(大正元)年、村の鎮守を一緒に祀る庄内神社ができた。神社は現在も鎮座する(地図範囲外南西方向)。この地には1935(昭和10)年に地元の要望で造られた市内初の高架橋(阪急線の牛立鉄橋)がある。

踏切から見た阪急庄内駅構内

1951(昭和26)年5月に三国駅と服部駅(現・服部天神駅)の間に新設された庄内駅は地上駅で、複雑な待避線を有する島式ホーム(2面4線)である。高架化の駅が多い中、昭和の雰囲気が漂う。

新駅誕生を祝う子どもたち

待ち焦がれた駅の誕生に人々は大喜びだった。写真は日の丸の小旗を振りながら行列をつくって練り歩く子どもたち。見守る大人たちの嬉しそうな様子も伝わってくる。
(北摂アーカイブスより)

提供:豊中市

新設・庄内駅の祝賀風景

「祝・新設 庄内町」の看板が掲げられ、お祭りムードの新設・阪急庄内駅構内。この駅が地元住民からの強い要望で開設されたのは、1951(昭和26)年5月16日と、沿線の駅では最後となった。
(北摂アーカイブスより)

提供:豊中市

ホームに停車する64形車両

63〜66号形が宝塚線で使われていた。神戸線開業 1920（大正9）年に際して製造された 51 形電車（全長 15m の木造車）の一つで、64 号は 1921（大正 10）年に造られた。昭和 20 年代後半からは、箕面線での運用が中心となった。

豊中市内初の高架橋・牛立鉄橋

1935（昭和10）年 5 月に架けられた牛立鉄橋は、阪急本線の三国〜庄内間にあり、国道 176 号線を跨ぐ橋梁だ。牛立の名は、この辺りの地名が豊島郡牛立村だったことに由来する。（北摂アーカイブスより）

提供：豊中市

阪急庄内駅構内に入るラッピング電車

庄内駅に停車するのは、車両前に「くまのがっこう」のオリジナルヘッドマークを飾ったラッピング電車。2022（令和 4）年の 4 月から 7 月に運行された。「くまのがっこう」は子どもたちに人気の絵本シリーズ。

阪急庄内駅周辺の空撮

駅開業時は豊中市と合併前の庄内町で、駅前に田圃が広がり、民家もなかった。その後、公営住宅や大阪音楽大学、さらにアパートや文化住宅も建ち、人口は急増。写真は成熟した街になった庄内駅周辺。（北摂アーカイブスより）

提供：豊中市

阪急庄内駅東口付近

人口の増加とともに急速に市街化が進み、駅前には市場や映画館、商店街が出来た。街が賑やかになる一方で、駅前には放置自転車が急増。人や車の通行の妨げになっていた。（北摂アーカイブスより）

提供：豊中市

駅前には地域密着型の商店街が

写真は、庄内駅東口前より北方向に伸びる「庄内銀座通り商店街」。周辺にはこのほか、多彩な地域密着型の商店街が目白押し。庄内駅前は沿線で最も庶民的な雰囲気が漂う。

大阪音楽大学への通り

庄内駅は大阪音楽大学の最寄り駅。通称・音大通りは、大阪音楽大学のザ・カレッジ・オペラハウスの南側に。また、北側には「オペラ通り」と名付けられた通りもある。

豊南市場

「庄内」と言えば「豊南市場！」と言われるほど、北大阪では有名な市場。生鮮品や年末には正月用の食材を求めて遠方からも買い物客が訪れる。市場を抜けると国道176号線に出る。

トリビア

地元から請願された駅

1951（昭和26）年5月に、地元民の熱意で開設された阪急庄内駅。当時、三国駅から次駅の服部駅（現・服部天神駅）間は3kmもあり、その中間点での駅の設置は切実だった。

開設してしばらくは1日5千人ほど（81駅中56番目）の乗降客だったが、1958（昭和33）年頃から「大阪に近い」ということで人口が急増。6年後の乗降客数は6万3千人と沿線で4位にまでなった。その頃の庄内地区は、アパートや文化住宅が林立し、迷路のような路地が出現した。

はっとりてんじん
服部天神
Hattori-tenjin
HK 43
そね Sone HK 44
しょうない Shonai

服部天神

もとは服部天神宮の敷地だった。ホームに御神木の楠の大木が…駅前踏切に全国初の点字ブロックが

開業年　1910（明治43）年3月10日
キロ程　大阪梅田から7・5km
所在地　大阪府豊中市服部元町一丁目1番1号
駅構造　地上駅2面2線
乗降客　21、264人（通年平均）2023年

以前は「服部駅」だったが、2013（平成25）年12月に「服部天神駅」に改称された。この駅の大阪梅田行きホームには、屋根を貫いて楠の大木がそびえている。これはもともと駅の敷地が服部天神宮内にあり、境内にあった御神木をそのまま残して駅を造ったからだ。

2007年（平成19）年には、この御神木の楠に、神棚としめ縄が設置された。以降、毎年8月24日に服部天神宮の夏天神祭の宵宮に合わせて、構内では安全祈願祭が執り行われている。服部駅からすぐの宝塚寄りに、速度制限（時速55㎞）のかかったカーブがあり、これの安全祈願も目的にしている。

服部天神宮は、少彦名命と菅原道真公が祀られ、「足の神様（脚気天神）」としても知られる。また、長岡天満宮・松山神社とともに阪急沿線3天神の1社でもある。近くには、大阪最古の能舞台が現存する住吉神社もあり、駅周辺は歴史の香りが漂う地域だ。

屋根の上に御神木の楠が見える…

服部天神駅ホームにある楠の大木は、もともと服部天神宮の境内にあったもので、御神木なので駅の建設時には移転させずそのまま残された。駅のシンボル的存在だ。

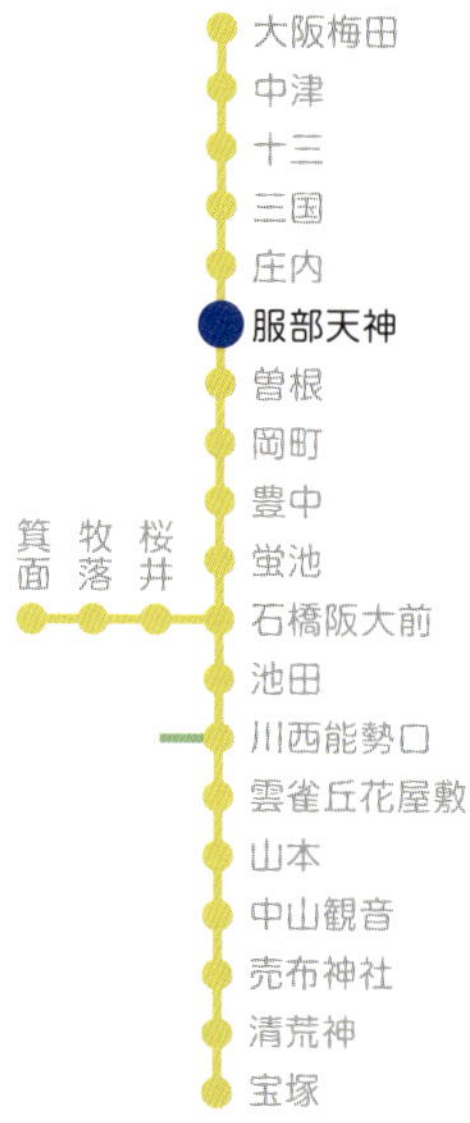

古地図探訪

1952(昭和27)年

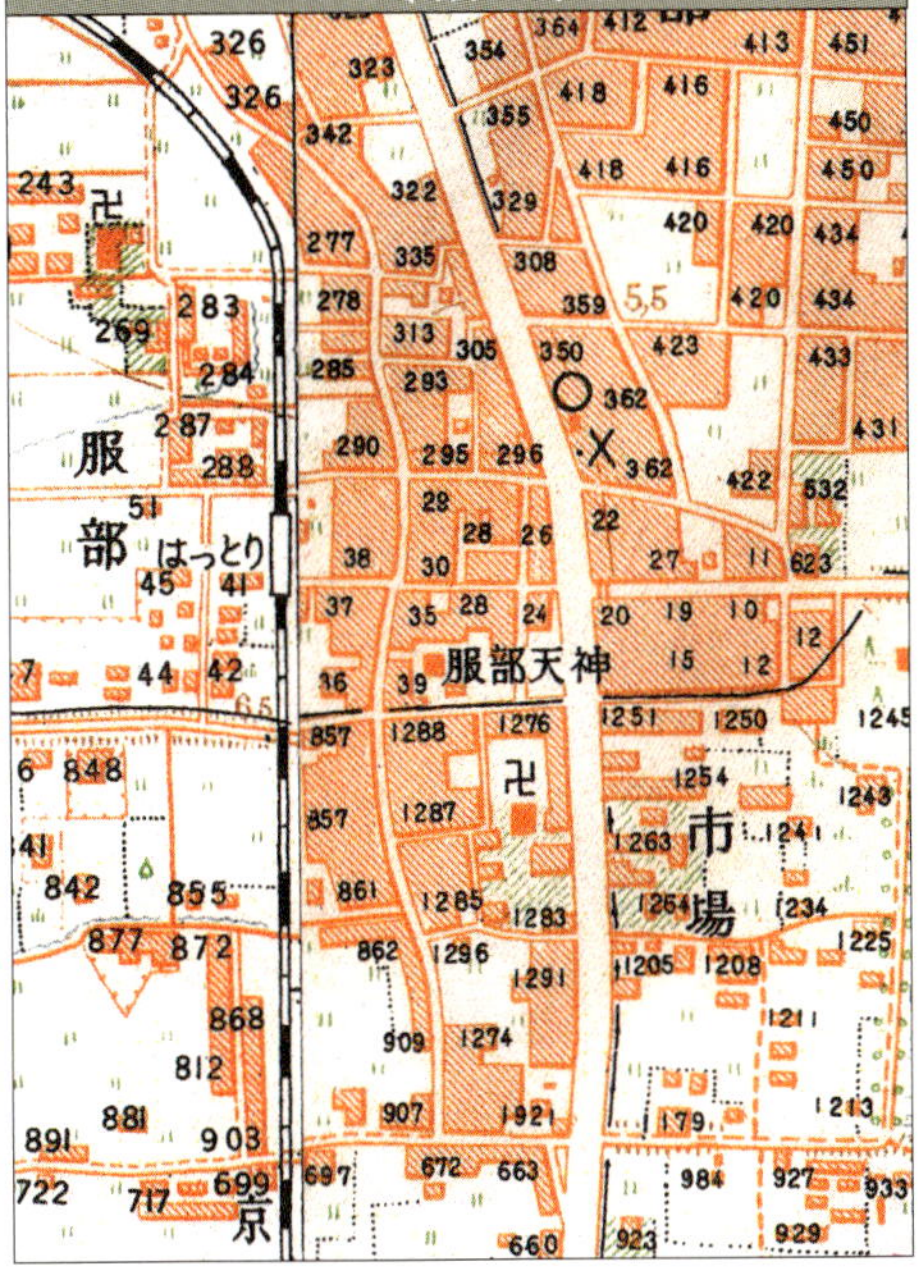

▼ 48年後

2000(平成12)年

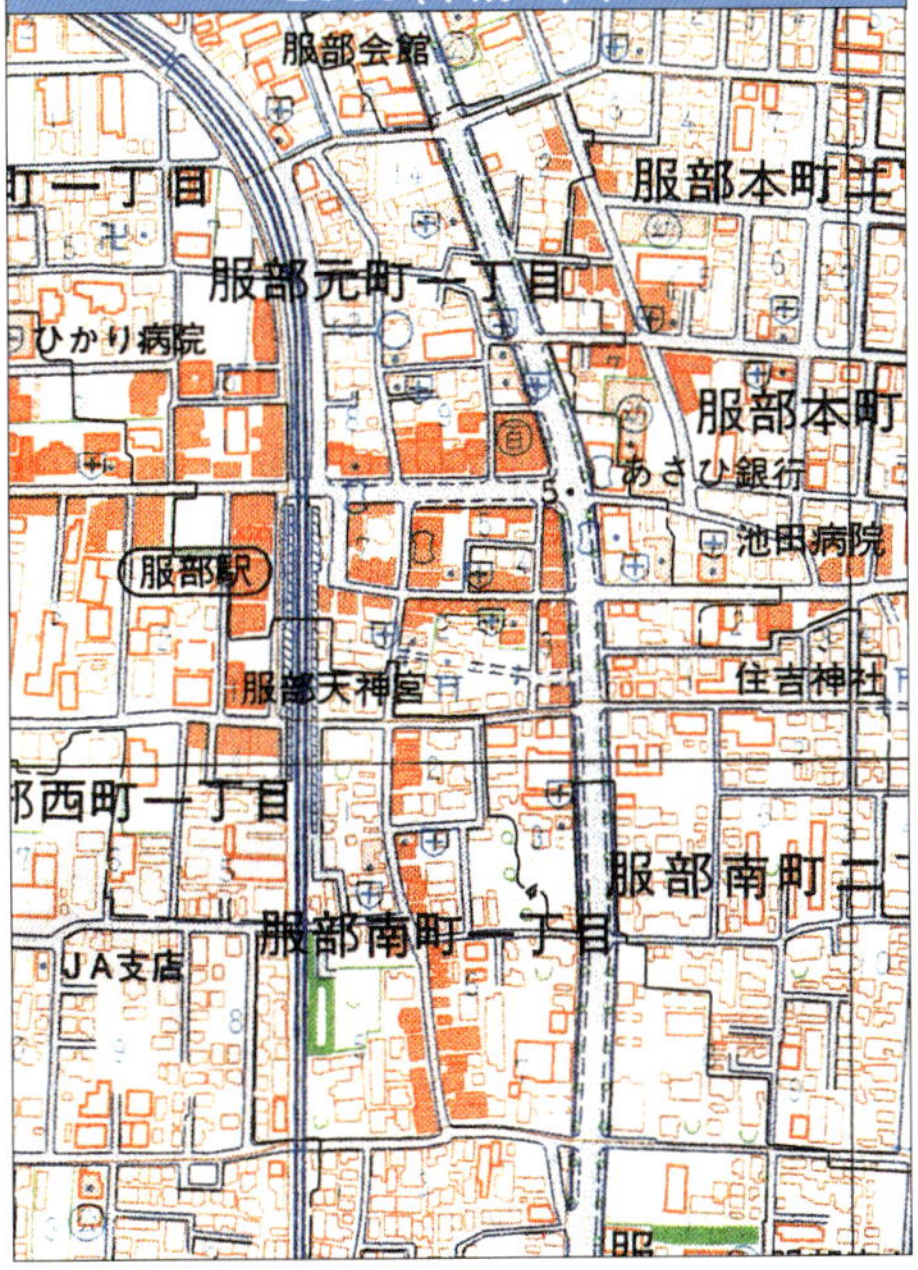

地図を見ると、阪急宝塚線と国道176号線が南北に貫く。この頃は碁盤目状の街並みであった。江戸時代に入り能勢街道に沿う宿場町になり、その後、門前町としても繁栄した名残りと思われる。駅の東側に服部天神と住吉神社が、300mほどの距離で鎮座している。

現在

駅北側の踏切に全国初の点字ブロック

点字ブロックというのは「視覚障害者用誘導表示」のこと。この写真では分かりにくいが、通常は黄色のところ、服部踏切内は〝際立つ白〟で45cm四方のものを使っている。全国初だという。

昭和54年

阪急服部駅

駅前通りが街の中心になっている昭和時代の服部駅(現・服部天神駅)。この頃にはすでに現在と同じようなオーニングテントが使われていたようだ。駅前には空車の阪急タクシーが待機中だ。

提供:阪急電鉄

現在

阪急服部天神駅東口

駅の構造は相対式ホーム2面2線の地上駅。上りの大阪梅田行きと下りの宝塚行きホームは分かれており、それぞれに改札口が設けられている。写真は下り線用の服部天神駅東口。

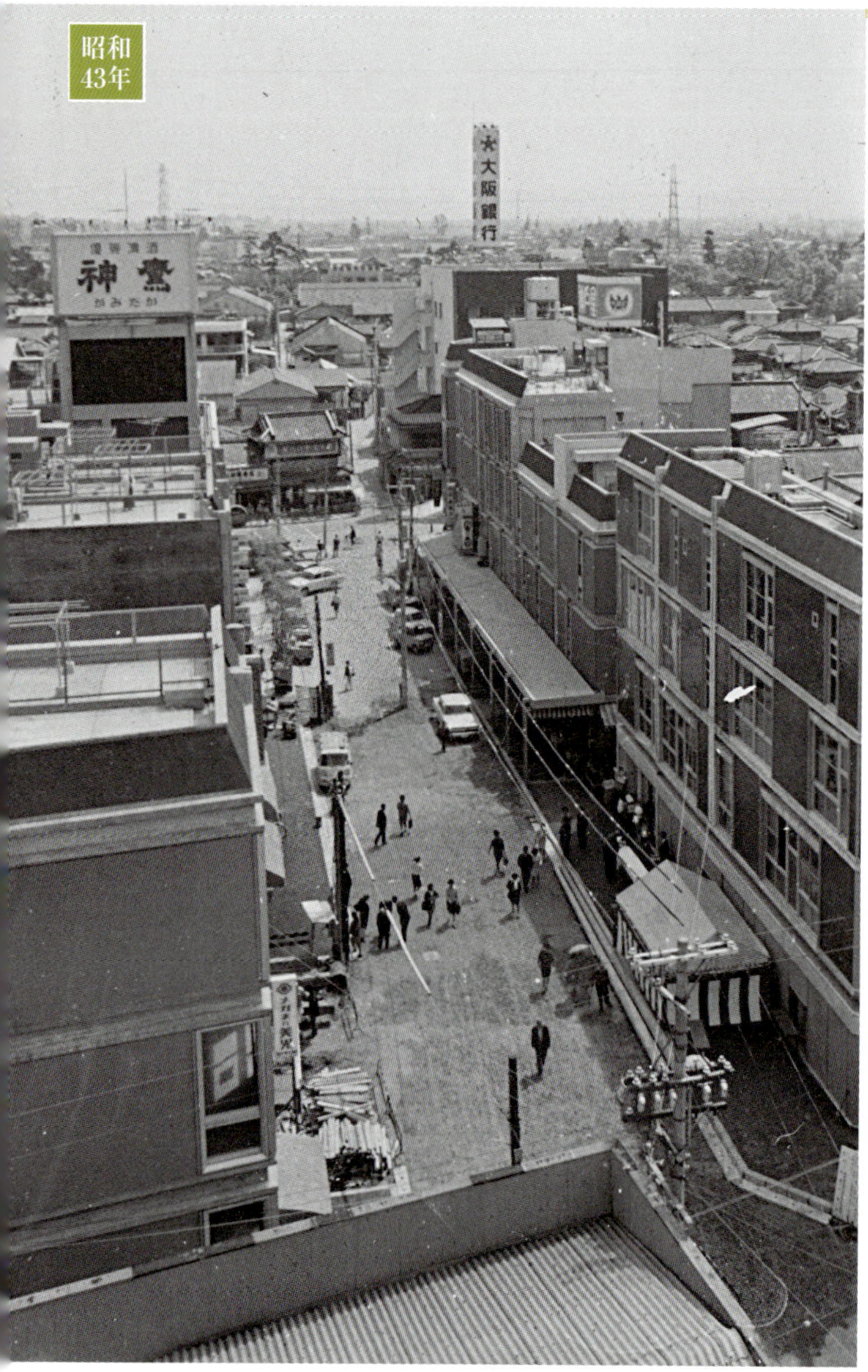

阪急服部駅東側の防災街区ビル

豊中市では、「広々とした燃えない町をつくろう」と、1964（昭和39）年から防災街区造成事業に着手している。写真は、第3期工事の1期分で3棟が出来上がった防災街区ビル。（北摂アーカイブスより）　提供：豊中市

飯野藩浜屋敷跡

天竺川と名神高速道路の高架が交差する付近（浜3丁目）に、江戸幕府から大坂城の見張り番を任されていた、飯野藩の屋敷跡がある。石碑のそばには、大坂夏の陣での功績も称えた「説明書き」が添えられている。（北摂アーカイブスより）

提供：地域フォトエディター

服部住吉神社

服部住吉神社は、服部天神宮と並んで服部を代表する神社だ。1961（昭和36）年に本格的に復興された。明治建立の大阪で最古の能舞台（登録有形文化財）がある。写真左は境内社の住吉稲荷神社。

足の神様「服部天神宮」

**少彦名命と菅原道真公が祀られている服部天神宮は、
阪急沿線3天神の1社で、足の神様(脚気天神)としても広く知られている。**

昔、日本に渡って来た泰の人々は、この地域に住みつき、機織の技術などを伝えていた。人々は医薬の祖神である少彦名命を崇拝し、小さな祠を建てて祀っていた。

それから数百年後の901(延喜元)年に、無実の罪をきせられた菅原道真公が九州太宰府に左遷させられる途中、この地で持病の脚気が悪化し、歩けなくなった。これを知った村人が、村にある少彦名命を祀る小祠で平癒の祈願を勧めた。

その勧めに従った菅原道真公は、祠の近くにある五輪塔に気付き、これが同じように左遷されてこの場所で亡くなった藤原魚名公の墓であることを知る。そこで祈願の時に魚名公の霊も弔った。その後不思議なことに足の痛みは完治する。このことが全国に喧伝され、江戸中期から末期にかけては社殿も造営され、大いに賑わったという。現在も「足の神様(脚気天神)」として広く信仰を集めている。

境内の手水舎の前にある大きなゲタの案内板。さすが「足の神様」を祀る神社らしいサービス精神だ。

手水舎の中には、服部天神宮のご祭神でもある「菅原道真公」の銅像がある。奥にはぞうり堂も。

国道176号線から見た「足の神様 服部天神宮」の参道。新春の準備なのか、たくさんの提灯が下がっている。

トリビア

駅は天神宮の境内にある?

現在、服部天神駅のある場所は、1910(明治43)年に箕面有馬電気軌道が開設されるまでは、服部天神宮の境内地だった。

そしてここに駅が出来ることを知った地元の人たちは、「ご神木である楠だけは残してほしい」と強く要望。当時の関係者で話し合った結果、ご神木は伐採されずに残されることに決まった。

のびのびと駅にそびえる楠の大木は、箕面有馬電気軌道開業時から現在に至るまで枯れることなく、樹齢は100年を越える。

そね
曽根
Sone
HK 44
おかまち Okamachi HK 45
はっとりてんじん Hattori-tanjin

曽根

開業時の駅周辺は田園地帯だった 大正から昭和にかけて邸宅が建ち “西の芦屋、東の曽根”と言われた

開業年 1912(明治45)年5月30日
所在地 大阪府豊中市曽根東町三丁目1番1号
キロ程 大阪梅田から8・7km
駅構造 高架駅2面4線
乗降客 21、422人(通年平均)2023年

大阪から曽根へは、急な上り坂になるが、それは昔、この辺りまでが海だったからだ。そして海岸に点在する地形を「磯根」と称し、これが「曽根」になったという。

曽根駅は、宝塚線が開通して2年後の1912(明治45)年5月に開業している。当時の駅周辺は田園地帯であった。

沿線を開発するに当たり、創業者の小林一三は、「住宅地開発には、有力寺院が不可欠だ」と、当時は中津にあった東光院(萩の寺)を「曽根へ移転したい」と要請。それが希望通りになった。

また大正末期から昭和にかけて、立派な邸宅が相次いで建ち、「西の芦屋、東の曽根」と言われるようになった。

1935(昭和10)年には、駅の東側に北大路魯山人の「大阪星岡茶寮」が造られ、関西財界人に愛されたが、戦争で焼失した。魯山人は開店準備のために1年間東光院に滞在し、その記念というべき魯山人作の陶器の観音像が今も寺宝として残されている。

阪急曽根駅 駅前風景

2000(平成12)年に高架工事が完了した阪急曽根駅。2階がホーム、1階にコンコースがある。高架下には翌年に商業施設の「ティオ阪急曽根」がオープン。駅前広場も整えられている。

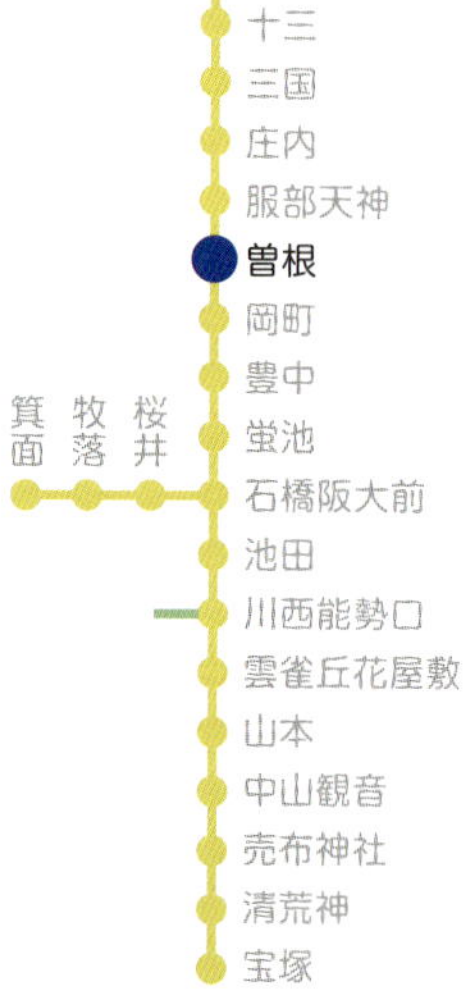

古地図探訪

1967(昭和42)年

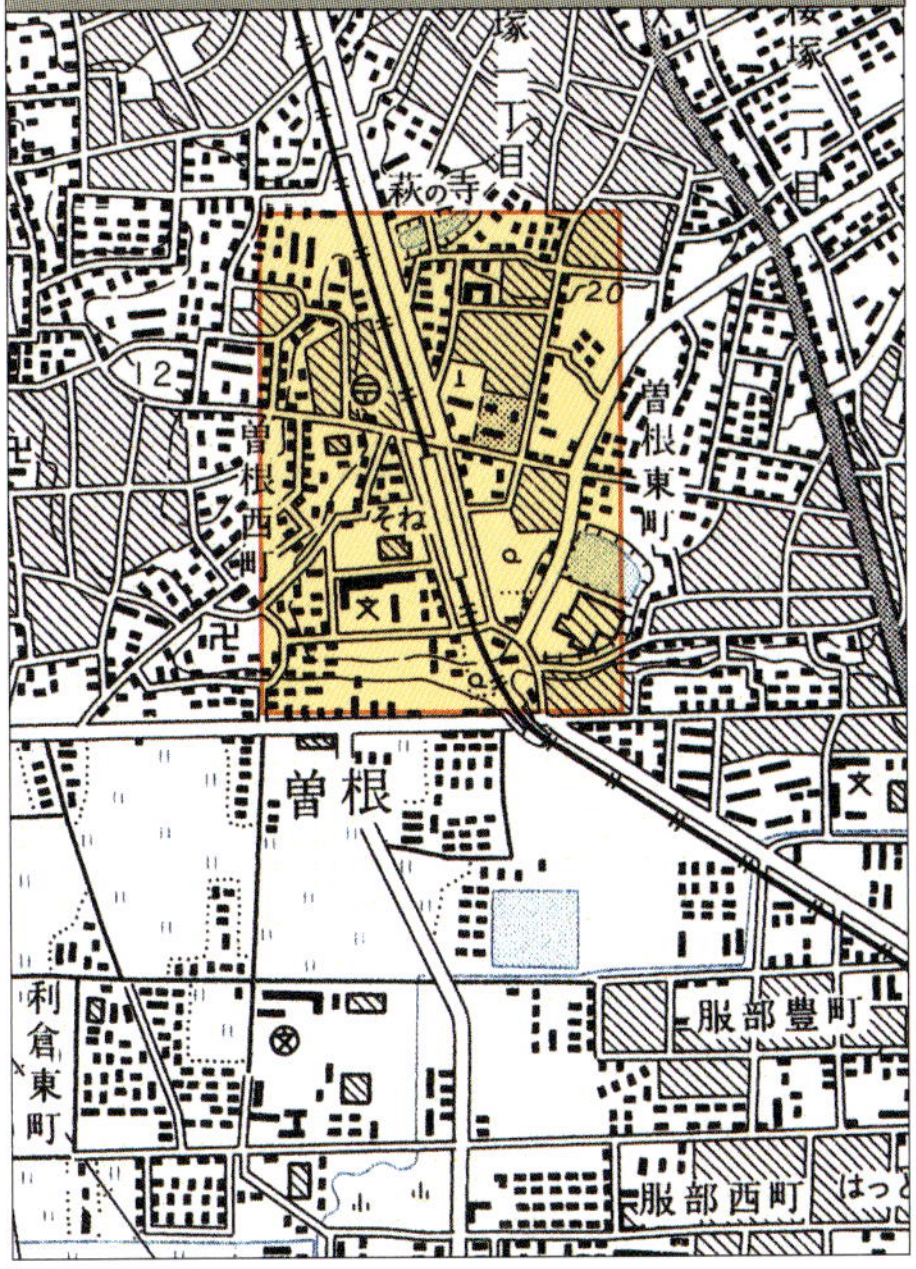

▼33年後

2000(平成12)年

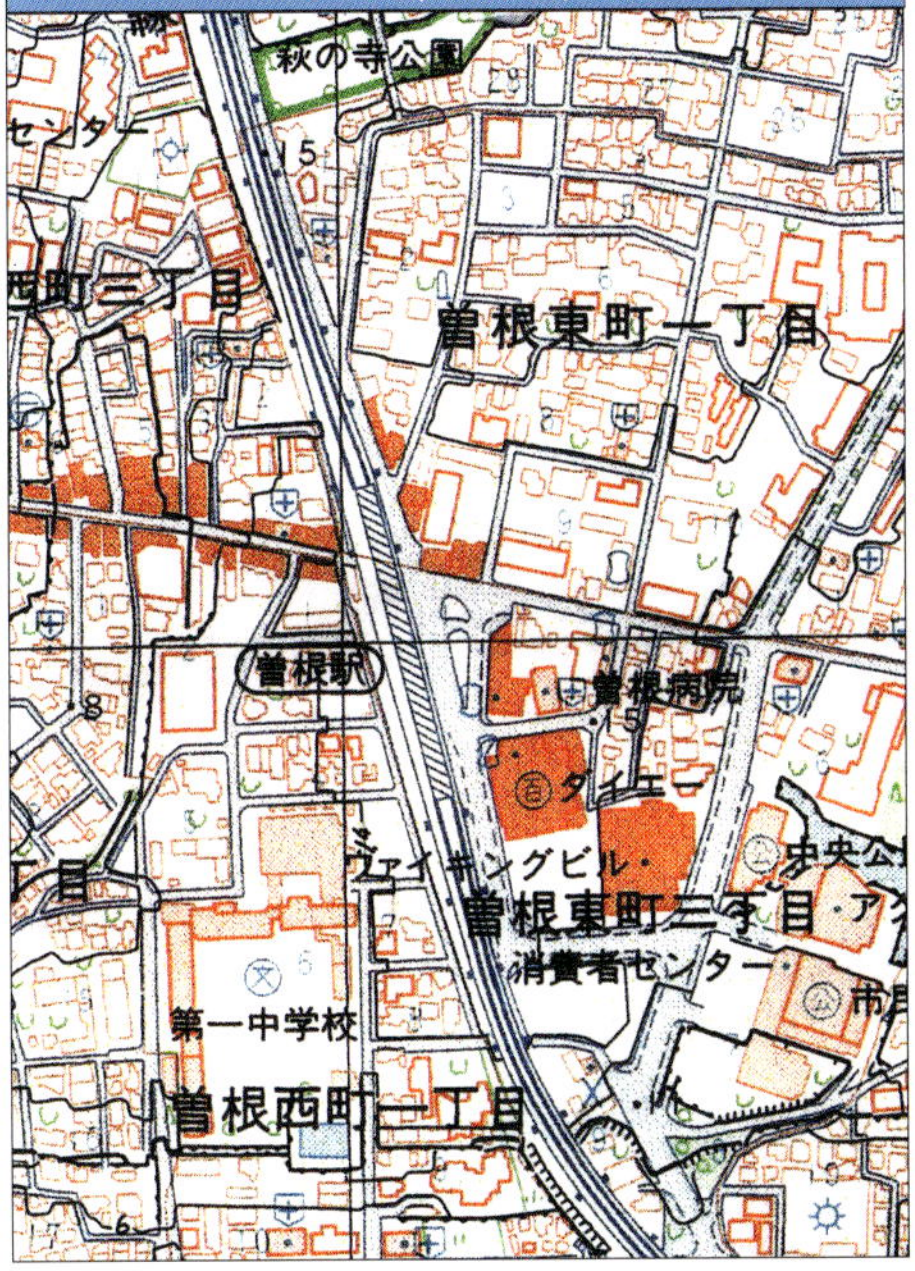

田園地帯の曽根もこの頃には、駅を中心にゆったりとした住宅地が形成されている。地図中央部に大阪・中津から移転した東光院が〝萩の寺〟として鎮座する。地名として残る原田・曽根・岡山・福井は、豊中地区で村を形成して居を構えていた原田七郷の名残りである。

阪急曽根駅

「阪急曽根駅」の駅名標が掲げられた、現在の曽根駅。2000(平成12)年に待避設備を持つ島式2面4線の高架駅となった。写真正面は1階のコンコースにある改札口。

阪急曽根駅前

1967(昭和42)年頃の阪急曽根駅の駅前風景。2000(平成12)年には高架化されて現在の高架駅になるので、これはまだ地上駅だった頃の懐かしい風景。車両のカタチを見ても時代を感じさせる。

(北摂アーカイブスより)

提供:豊中市立克明小学校

阪急曽根駅付近を走る準急電車 撮影:諸河 久

写真の1100形は、宝塚線用の車両として1956(昭和31)年から1961(昭和36)年にかけて製造された電車。神戸線用の1010形と同じグループの車両だ。

阪急曽根駅周辺空撮写真

曽根は豊中市中部に位置する地区で、千里丘陵の南端に当たる。北側で岡町地区、南側で服部地区と接する。写真は1985(昭和60)年頃に空撮された阪急曽根駅周辺。宝塚線が南北に貫いている。

(北摂アーカイブスより)

提供:豊中市

長興寺住吉神社

服部緑地の西に鎮座する「長興寺住吉神社」。水の神様として後柏原天皇の1514(永正10)年に、室町将軍家からも雨乞いの祈願をされたと伝わっており、600年の歴史を持つとも謂われる由緒ある神社。

東光院(萩の寺)

曽根駅から北へ300mのところにある東光院は、735(天平7)年に行基が開創した名刹。境内には秋が見ごろの萩の花が随所に植えられ、別名「萩の寺」と呼ばれる。もとは中津にあったが当地に移転された。

高校野球発祥の地

高校野球と言えば舞台は甲子園だが、球史の前身は阪急電鉄が建設した豊中グラウンド(玉井町3丁目)から始まった。豊中市はグラウンドの一角にメモリアルパークを整備。「高校野球発祥の地記念公園」として1988(昭和63)年にリニューアルオープンさせた。写真は公園内に飾られたレリーフの一部。

トリビア

伊丹空港連絡線構想…

数年前に「伊丹空港に阪急電鉄が鉄道乗入れを検討中…」というニュースが全国紙などで流れた。伊丹空港には大阪モノレールが乗り入れているが、この路線は大阪の中心部とはつながらないので、空港と都心を直結する路線の実現は朗報だ。

その構想とは、宝塚線曽根駅から分岐し、地下を通って伊丹空港を結ぶもの。路線長約3~3・5㎞、予算は約1、000億円から数千億円と、記事によりばらつきはあるが、実現すれば梅田~伊丹空港間の鉄道最短ルートとなるだけに具現化が待たれる。

豊中市と吹田市にまたがる「服部緑地」

1950（昭和25）年開設の服部緑地は、豊中市と吹田市にまたがる126.3haの広大な公園。植物園・日本民家集落博物館などの施設があり、スポーツ施設も充実。

曽根駅から東へ２㎞のところに、正式名を「大阪府営服部緑地」という服部緑地がある。この緑地は、久宝寺・大泉・鶴見と並んで、府下４緑地の一つで、面積は約１２６・３ヘクタールと、甲子園球場の33個分という広大な敷地を有する。

豊中市と吹田市にまたがり、天竺川、高川に囲まれ、松林や竹林、10以上の池がある丘陵地に広がる大規模な緑地で、各種スポーツおよび文化施設も多彩に揃っている。

天竺川・高川沿いの松並木が「とよなか百景」に、北部の竹林が「千里丘陵の竹林」として「21世紀に残したい日本の自然１００選」に選ばれた。

主な施設としては、都市緑化植物園、野外音楽堂、日本民家集落博物館、円形花壇、梅林、野球場、こどもの楽園、スポーツ広場、乗馬センター、テニスコート（18面）、バーベキュー広場、ウォーターランドなど。夏期には、スライダーを備えた屋外プールもオープンする。日本民家集落博物館には重要有形民族文化財が展示されている。

園内のほぼ全域が風致地区に指定されており、日本の都市公園１００選や日本の歴史公園１００選にも選ばれている。

入園は無料だが、公園内部にある日本民族集落博物館など一部の施設と、駐車場は有料。駐車場は敷地内に４ヶ所あり、行楽客で賑わう時期には臨時の駐車スペースが増設される。

府下４緑地の一つで面積は約126.3haと、甲子園球場の33個分の広大な敷地を有する服部緑地。

日本各地の代表的な民家を移築・復元し、関連の民具と合わせて展示している野外の日本民家集落博物館。

緑地の中央部にある回転大花壇は直径150mもある。1959（昭和34）年に当時の皇太子殿下のご成婚を記念して造られ、緑地のシンボル的存在。

1964（昭和39）年撮影の写真だが、この頃には、池にボートを浮かべてのんびり遊ぶ姿も見られた。

おかまち
岡町
Okamachi
HK 45

とよなか Toyonaka HK 46　そね Sone

岡町

開業年 １９１０(明治43)年3月10日
キロ程 大阪梅田から9・5km
所在地 大阪府豊中市中桜塚一丁目1番1号
駅構造 高架駅1面2線
乗降客 15、600人(通年平均)2023年

能勢街道と伊丹街道が交わる地
近くに神社や古墳群も多い…
原田神社の本殿は国重要文化財

１９１０(明治43)年の開業当初、岡町駅は服部駅とともに豊中市内で最初にできた駅だった。当時の人たちにとって、電気で走る列車は、驚き以外の何ものでもなく、「豊中の伝説と昔話」には、初めて走る電車を村中総出で見物に行き、大騒ぎする様子が面白く記されている。

駅近くの原田神社の参道は、能勢街道と伊丹街道が交わる地点で、かつては大いに賑わった。現在は、岡町商店街と桜塚商店街の接点になる場所だ。

この商店街のそばに木々に囲まれた原田神社がある。今から１３００年余り前の天武天皇の時代に創建された由緒ある神社で、本殿は国の重要文化財。9月から10月にかけての「獅子神事祭」も北摂有数の秋祭りとして知られる。

また、阪急岡町駅の周辺には「桜塚古墳群」が残っている。現存する大石塚古墳・小石塚古墳・大塚古墳・御獅子塚古墳・南天平塚古墳の5墳が、１９５６(昭和31)年に国の史跡に指定された。

阪急岡町駅西口

阪急では最古の駅で地上だった岡町駅も、1994（平成6）年11月に上り線が高架化。1997（平成9）年11月に下り線が高架化された。駅ビルには2000（平成12）年に商業施設「ティオ阪急岡町」がオープンした。

大阪梅田
中津
十三
三国
庄内
服部天神
曽根
岡町
豊中
蛍池
石橋阪大前
池田
川西能勢口
雲雀丘花屋敷
山本
中山観音
売布神社
清荒神
宝塚

箕面　牧落　桜井

古地図探訪

1967(昭和42)年

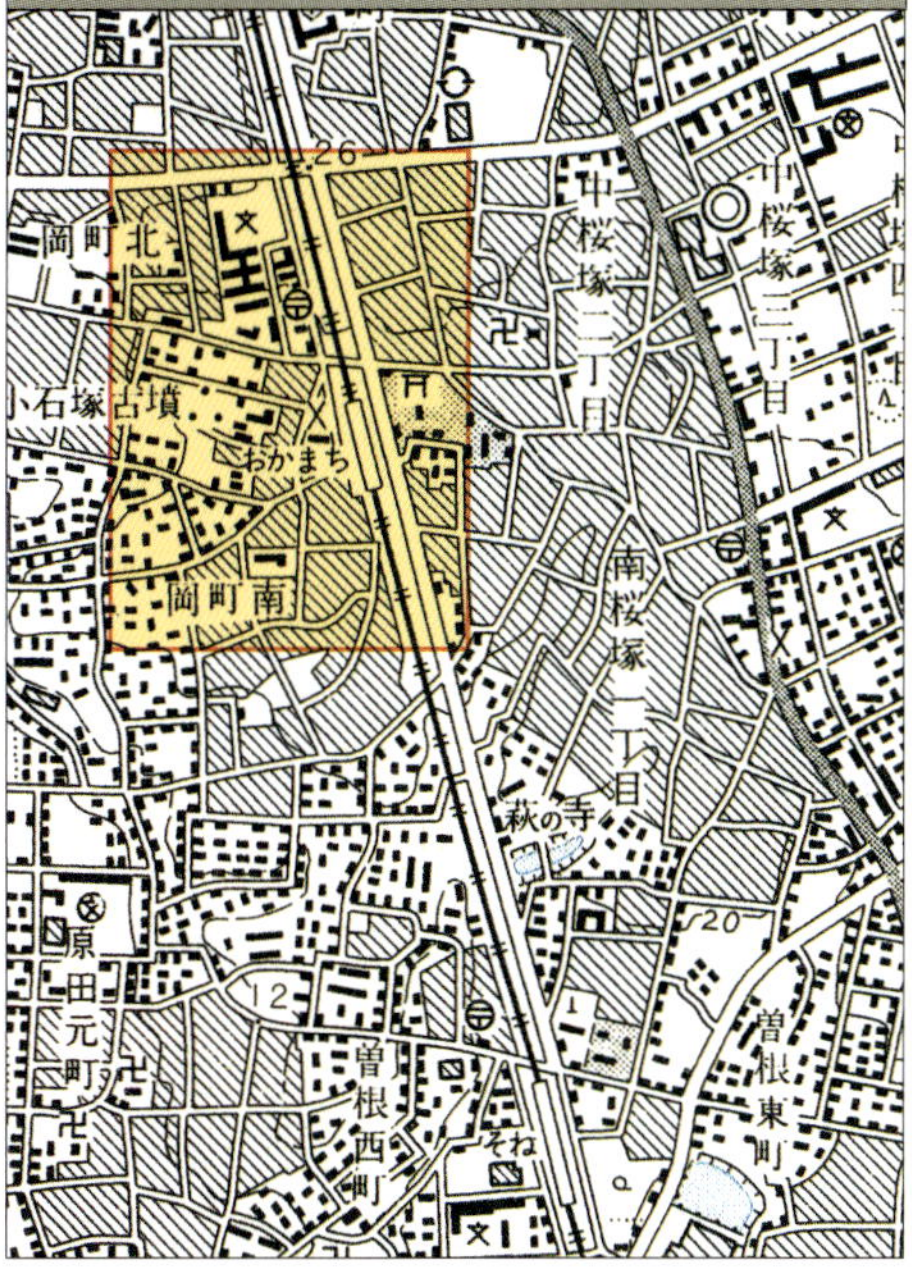

▼33年後

2000(平成12)年

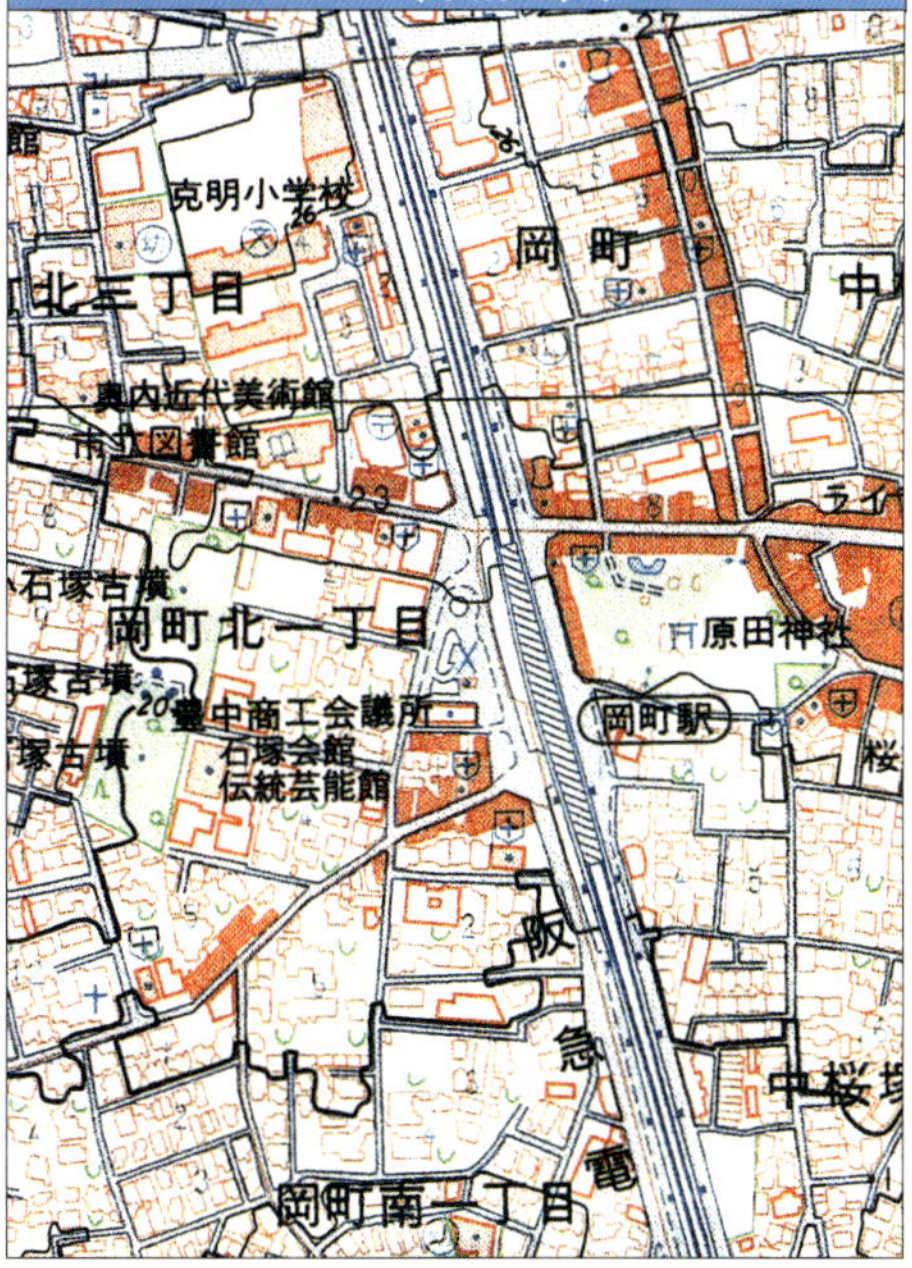

駅東側に原田神社があり、現在岡町商店街のアーケード道となっている能勢街道が南北に通っている。岡町駅西側の郵便局のマークは当時の豊中郵便局。その後中央公民館が建ち、老朽化で撤去された跡地に豊中市立岡町図書館が建つ。周辺には国史跡に指定された桜塚古墳群も点在。

府道伊丹豊中線の踏切

阪急宝塚線の高架化に伴い、新伊丹街道の踏切がなくなったのは、1997(平成9)年11月のこと。踏切があった頃はラッシュ時間帯の交通渋滞の車の列は、東側は国道176号線を越え、西側は府道大阪池田線まで続いていた。(北摂アーカイブスより)　提供:豊中市

阪急岡町駅西側

1910(明治43)年3月、宝塚本線の営業開始と同時に開業した阪急岡町駅は、阪急では最古の駅の一つであった。写真は1967(昭和42)年に撮影された地上駅時代の阪急岡町駅。ゆったり配された駅前ロータリーとともに駅舎もすっきりした印象だ。

(北摂アーカイブスより)　提供:豊中市

阪急岡町駅ホームに810形

試運転で走る810形は、宝塚線への大型車両投入の最初の車両として、1952(昭和27)年に造られた。車両はロングシートの600V専用車で、台車が新型になり、後期車には蛍光灯照明が採用された。　提供:阪急電鉄

阪急岡町駅周辺の空撮

1985(昭和60)年頃の岡町駅周辺の空撮写真。中央に原田神社を囲む緑の神苑が目立っている。神社の東側に岡町商店街、桜塚商店街があり、その先に豊中市役所が見える。阪急宝塚線の西側を並行して走る道路は阪急西側北線。(北摂アーカイブスより)　提供:豊中市

岡町商店街は旧能勢街道…

阪急岡町駅周辺は、古くから原田神社の門前町として賑わった。ちょうど能勢街道と伊丹街道の結節点で、現在の岡町商店街付近に当たる。アーケードの入口にもそれが記されている。

能勢街道

この頃の能勢街道は、大坂と北摂の池田を結ぶ幹線道路で、岡町は大変賑わったと言われている。現在も周辺には岡町商店街や桜塚商店街などがある。(北摂アーカイブスより)

提供:杉本写真場

岡町駅北側踏切

正面の道路は旧伊丹街道。直進するとすぐ右側に岡町図書館がある。右側のマンションは「岡町駅前レジデンス」。この道路沿いには、医院、画材屋、宝飾店、レストランなどが並んでいた。

（北摂アーカイブスより）　提供：豊中市

原田神社

天武天皇の時代（672〜686年）に創建された。1578（天正6）年、荒木村重の乱で兵火により焼失。本殿は1652（慶安5）年に再建される。毎年10月9日には境内でどんど焼きと獅子神事が行われている。

桜塚古墳群

桜塚古墳群は、豊中台地の中央、標高約20〜25mの低い段丘上にある古墳群。岡町から桜塚一帯に4世紀頃から5世紀末にかけてつくられた。東西1.2km、南北1kmの範囲に分布する、北摂でも有数の古墳群。

トリビア

原田神社本殿は国重要文化財

岡町商店街の中にあり、能勢街道に面している「原田神社」。創建は4〜5世紀頃と言われる由緒ある神社だ。

中でも1652（慶安5）年に再建された本殿は、全国でも類例の少ない五間社流造の形式で、正面に千鳥破風と軒唐破風をつけ、屋根は檜皮葺。脇障子や手挟など彫刻の見事さも見どころ。材料や工法ともに江戸時代前期の建築で、細部の意匠に工夫が見られる。1993（平成5）年12月に国重要文化財に指定された。

1688（貞享5）年の石鳥居は市指定文化財。秋に行われる「獅子神事祭」は市指定無形民俗文化財。

とよなか
豊中
Toyonaka
HK 46
ほたるがいけ HK 47 Hotarugaike
おかまち Okamachi

豊中

開業年 1913（大正2）年9月29日
キロ程 大阪梅田から10・5km
所在地 大阪府豊中市本町一丁目1番1号
駅構造 高架駅1面2線
乗降客 42、199人（通年平均）2023年

住宅開発が積極的に進められ、高度経済成長期に人口が急増 駅の高架化、駅前整備で発展

まだ藁葺き屋根の農家が点在する中で豊中駅が誕生したのは、宝塚線（箕面有馬電気軌道）開通から3年目の1913（大正2）年9月だった。以来、沿線の農村地帯は積極的に開発が進められた。

高度経済成長期には千里ニュータウンが建設され、豊中市の人口は急増。1969（昭和44）年に駅前を整備、当時では珍しい2階建て人工広場が造られた。

1997（平成9）年には、まず曽根駅から豊中駅までの高架化工事が始まり、3年後に豊中駅の高架化が完了した。この工事で駅は西側に移動し、これまでの急カーブが緩和された。これによりホームも延長される。また高架化に伴い、駅前には周辺道路と連続立体交差する新しい人工広場が完成。豊中市を代表する表玄関駅となった。

「豊中」の地名は、1889（明治22）年に摂津国豊島郡新免村他5ヵ村が合併、豊中村となった時から始まる。豊島郡の中央にあることから名付けられたという。

阪急豊中駅　提供：杉本写真場

旧能勢街道に平行して走る国道176号線から見た阪急豊中駅。地上駅なので道路からホームが見え、車の往来もまだ少なく、まだのんびりしたムードが漂っていた。（北摂アーカイブスより）

阪急豊中駅

2000（平成12）年11月に高架化が完了。ホームは3階、南北の改札口・コンコースは2階にある高架駅となった。駅前広場も連続立体交差化で公園のようにきれいに整備された。

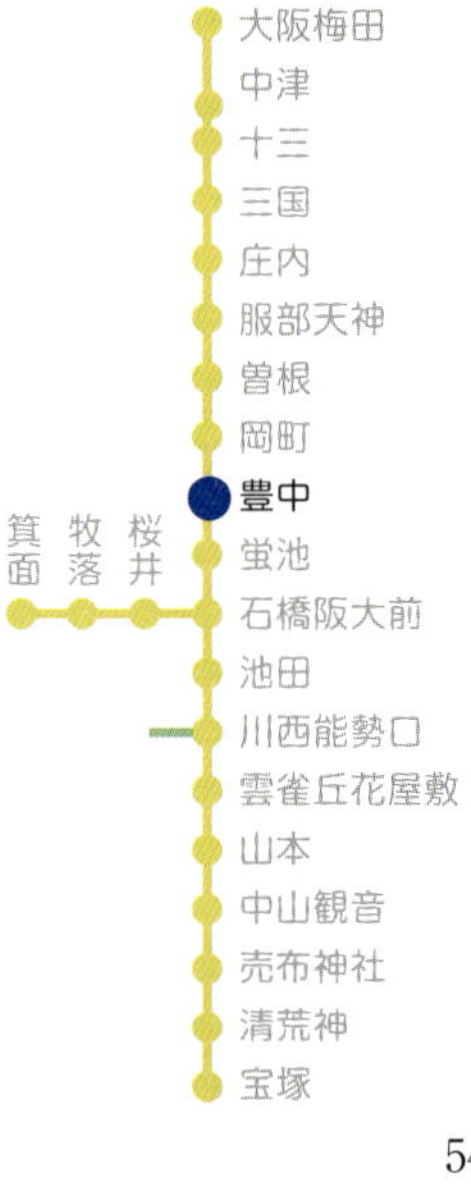

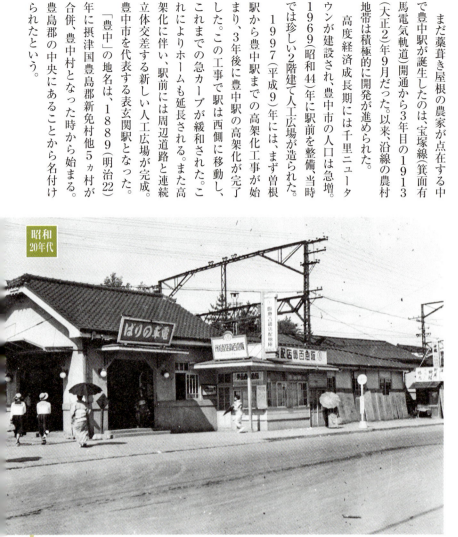

1967(昭和42)年

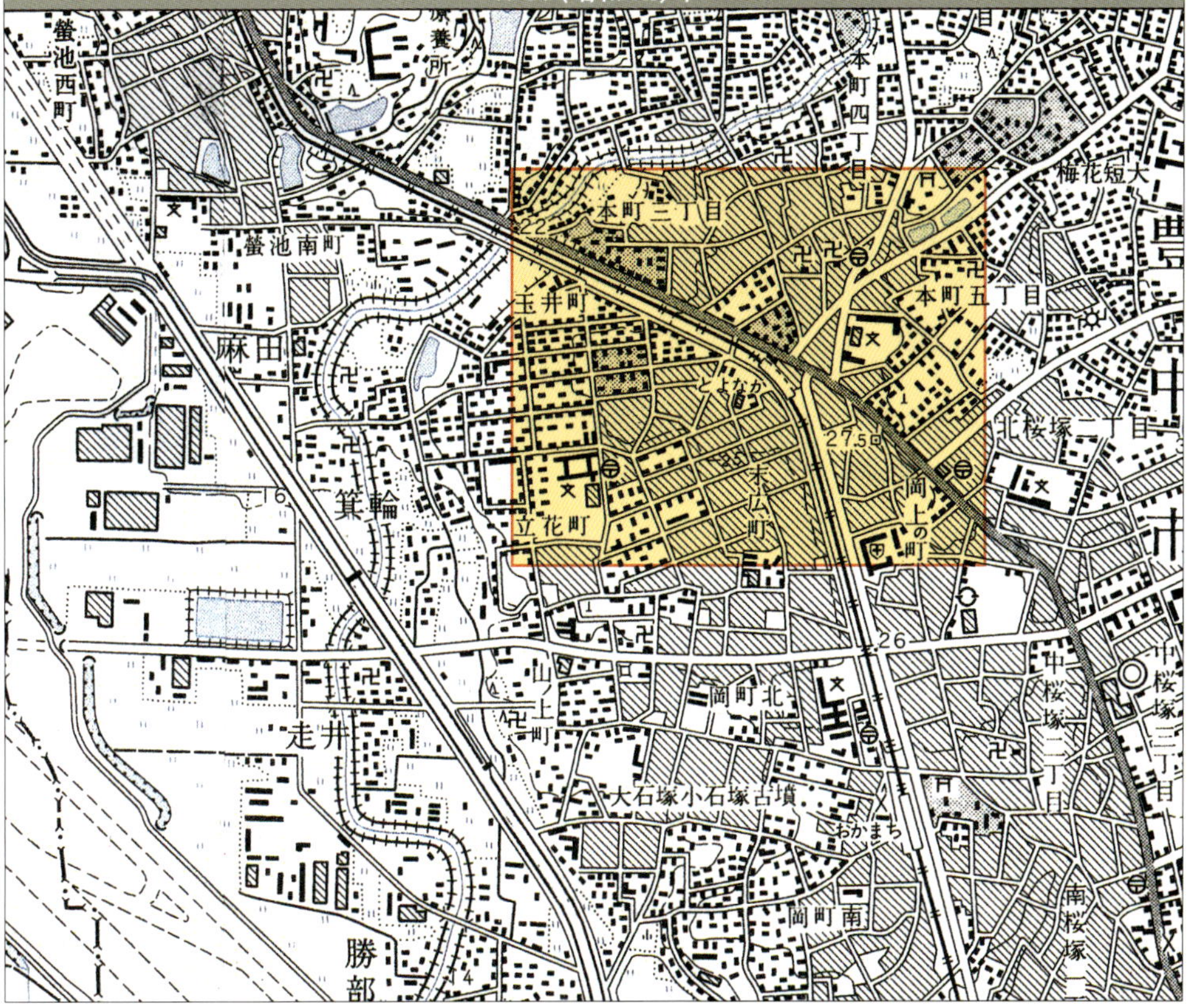

▼33年後

2000(平成12)年

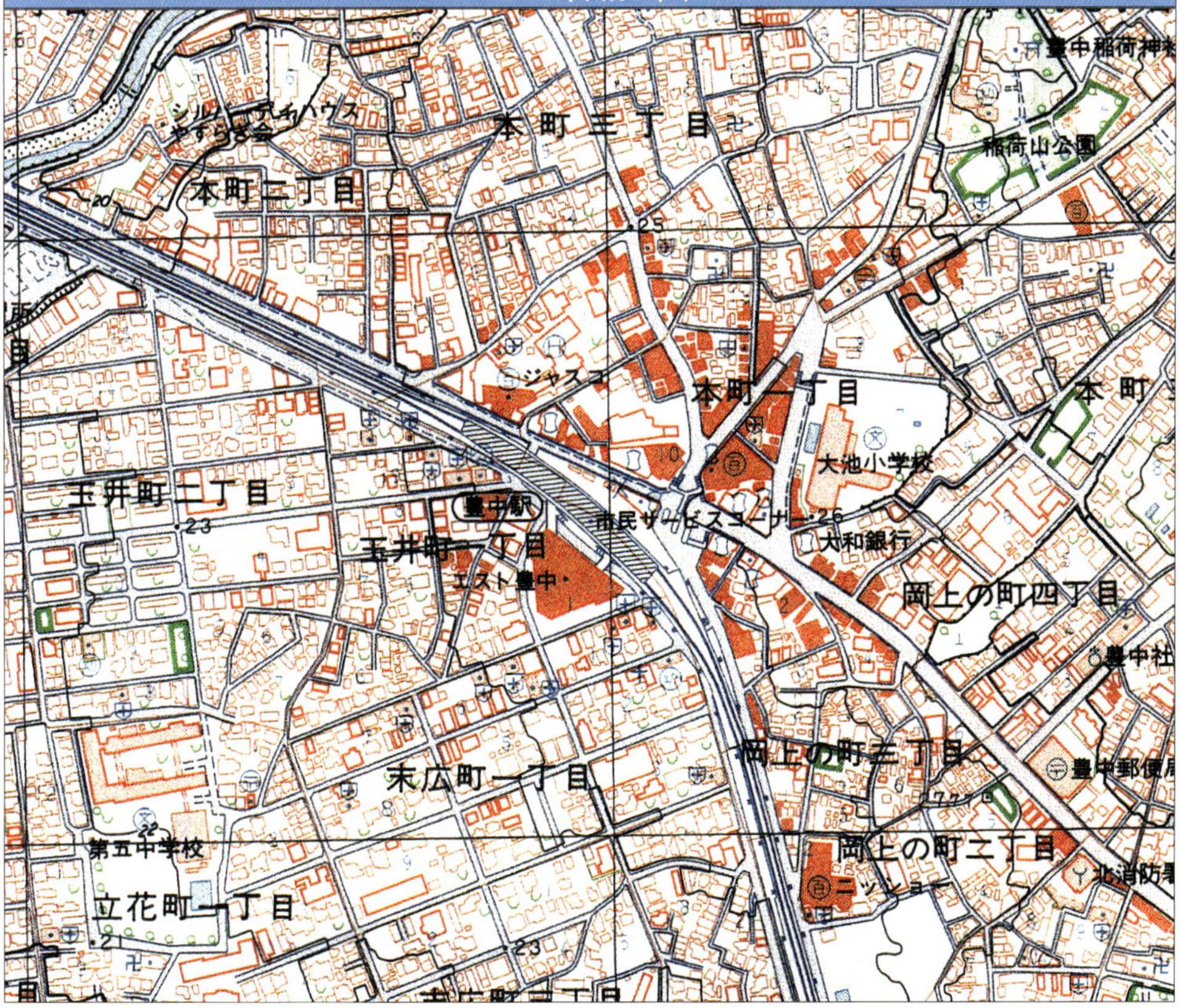

この頃になると、豊中駅周辺はほぼ市街地化している。大きな変化はないように見えるが、駅周辺は新しく商業施設ができるなど再整備されているのがわかる。大阪市北区中津をスタートした旧能勢街道は岡町を過ぎたあたりまでは地図上でも確かめられるが、ここ豊中駅周辺では道路が整備され寸断されている。阪急宝塚線は1997(平成9)年に豊中駅～曽根駅間が高架化された。

空から見た阪急豊中駅周辺

写真は、1975(昭和60)年頃の豊中本町付近。別方向から走ってきた阪急宝塚線と国道176号線が阪急豊中駅で並行するのが見える。家々が建ち並び、大阪都市圏の衛星都市・ベッドタウンとして発展した豊中市の成熟度がうかがえる。(北摂アーカイブスより)　提供:豊中市

阪急豊中駅南交差点の風景

2000(平成12)年11月に高架化が完了した阪急豊中駅。この工事で駅は西側に移動し、これまでの急カーブが緩和された。写真は駅を出たばかりの電車が高架の上を疾走する様子。高架下は豊中駅の南交差点。駅西出口からすぐのところだ。

ホームに全鋼鉄車３両連結

この車両は前列が381(昭和11年製造)、中列が516、後列が517(昭和15年製造)の3両連結(全鋼鉄車)。長さは15.16m。1945(昭和20)年10月より進駐軍列車となった。(北摂アーカイブスより)
提供:豊中市民

阪急豊中駅上りホーム

梅田(現・大阪梅田)方面行きの上りホームで電車を待つ大勢の人々。当時は、ホーム自体がゆるいカーブを描いていたのがよくわかる。女性の装いからも時代を感じることが出来る。(北摂アーカイブスより)

提供:杉本写真場

豊中付近を走る51形

撮影:亀井一男

神戸線が開通した大正９(1920)年に製造された木造３扉全長 15 メートルの本格的高速電車(51系)の一つ。51～62は正面半円形の５枚扉で、当時の関西私鉄では多く見られたスタイル。

豊中稲荷神社

"北摂のおいなりさん"と呼ばれる豊中稲荷神社。社伝には「行基により建立された金寺の鎮守社として創建された」とある。織田信長の命で摂津国一円の社寺が焼き払われ時に宝物を焼失した。その後再建され、1970(昭和45)年には再建 320 年を迎え、社殿などを一新した。

金禅寺三重宝篋印塔

本尊釈迦三尊像と秘仏十一面観音像を祀る。本堂前の石造三重宝篋印塔は鎌倉時代の作で国の重要文化財。この寺の前身は天平の頃に行基が建立した大寺で支院が千坊もあり、金寺千軒または金寺千坊と呼ばれていたという。

撮影:上野又勇

トリビア

高校野球発祥の地の新名所「豊中ミュージアム」がオープン

豊中市は「高校野球発祥の地」で知られ、すでにメモリアルパークもあるが、さらに新名所として「豊中ミュージアム」が、２０２４(令和６)年12月に開設された。このミュージアムは、老朽化した豊島公園野球場(愛称:豊中ローズ球場)のリニューアルオープンに合わせて、同球場の1階に設けられたもの。

かつて阪急豊中駅西側にあった豊中グラウンドから始まった高校野球の歴史を伝えるパネルや、全国の甲子園出場校のサイン、ユニフォーム、大阪府大会のペナントなど貴重な資料が盛りだくさんに展示されている。

豊　中

力の豊中は、ベッドタウンとして人気を呼ぶ。

写真はいずれも「北摂アーカイブス」より

皿池公園（昭和50年）
写真は、鎌倉時代から集落が広がっていた皿池（南桜塚）周辺。皿池は、田畑を潤す貴重な水源だった。昔は、日照りが続くと恵の雨を求め、同池で身を清めた祈祷者が、住吉神社（長興寺北）で雨乞いの儀式を行ったという。　提供：豊中市

本通り豊中駅西口方面を望む（昭和10年）
撮影場所は、1935（昭和10）年当時の豊中市玉井町。桜が咲く広い通りを、のんびり散歩する親子連れや、白い割烹着姿で子どもを見守る母親の姿も微笑ましい。現在の玉井町付近も駅の裏側で静かな住宅地が広がる。　提供：豊中市民

梅花学園の交差点（昭和42年）　提供：豊中市
写真は、振り返ると梅花学園の円形校舎が見える交差点。左側に道標があるが、これを東に行くと下り坂になる。昔、坂の辺りにクルマタヌキが棲んでいて、タヌキに化かされた話も…。それゆえ坂の名前は「車坂」と呼ばれるようになったそうだ。

１９１０（明治43）年３月、阪急宝塚線の前身・箕面有馬電気軌道が開通し、豊中エリアの沿線は住宅地として開けはじめた。市内の駅は、最初は服部駅・岡町駅の二つだったが、翌月に蛍池駅が出来た。また、住宅地の発展に伴い、１９１２（明治45）年５月に曽根駅、１９１３（大正２）年10月に豊中駅が開設される。そして、１９５１（昭和26）年５月には、地元民の要望で庄内駅が増え、現在の６駅になった。市街地は駅を中心にしだいに発展して行く。

豊中は、大阪市に近い地の利と、起伏に富んだ丘陵地帯が魅力的で、早くから絶好の住宅地として近隣地域の人々から熱い視線が注がれた。

また、文教都市の名声が高まるにつれ、人口は急激に増え、市街地も大きく広がって行った。

ことに戦後の発展はめざましいものがあり、公営・私営の住宅が建ち並び、学校・道路・上下水道等都市施設の整備なども充実。さらに、千里丘陵のニュータウン建設や、名神高速道路・阪神高速道路・新御堂筋・中央環状線等の開通とも相まって、昭和の豊中は、急速に発展を遂げた。

ここに紹介する写真は、古き佳き時代だった「昭和の豊中」だ。

昭和の

大阪に近い地の利、起伏に富む丘陵地帯が魅

東豊中1丁目交差点(昭和41年)

人々が並んでいるのは東豊中1丁目交差点にあるバス停・東豊中団地停留所。1960(昭和35)年に団地の入居が始まると、阪急豊中駅と同停留所間を往復する路線バスは増便された。周辺にはさまざまな店舗がオープンした。　提供:豊中市

長興寺の区画整理地区(昭和43年)

長興寺は地名。昔、豊中にあった長興寺村から来たもので、村名の由来である長興寺はすでに廃絶している。写真は、1966(昭和41)年、服部緑地付近の天竺川西側一帯で行われた区画整理の様子。工事では複雑な形で並ぶ田畑を整理し、縦横に道路を造り、側道も設けた。　提供:豊中市

豊中まつりの民謡踊りパレード(昭和44年)

豊中まつりは、当時の市民会館(曽根東町)の完成を記念し、1968(昭和43)年11月に開催されたのが始まりだ。催しの一つの民謡踊りのパレードは、公民分館など23団体・約千人が参加。豊中音頭に合わせて踊りながら原田神社(中桜塚)を中心に練り歩いた。その後も創意工夫を重ね、豊中の夏の風物詩になっている。

提供:豊中市

ほたるがいけ
蛍池
HK 47
Hotarugaike
いしばし はんだいまえ HK 48 Ishibashi handai-mae
とよなか Toyonaka

蛍池

近郊にある池が駅の名前に
駅の西側に麻田藩の陣屋跡
大阪国際空港への連絡駅

開業年 1910（明治43）年4月25日

所在地 大阪府豊中市蛍池東町一丁目5番1号

キロ程 大阪梅田から11.9km

駅構造 地上駅2面2線

乗降客 37,721人（通年平均）2023年

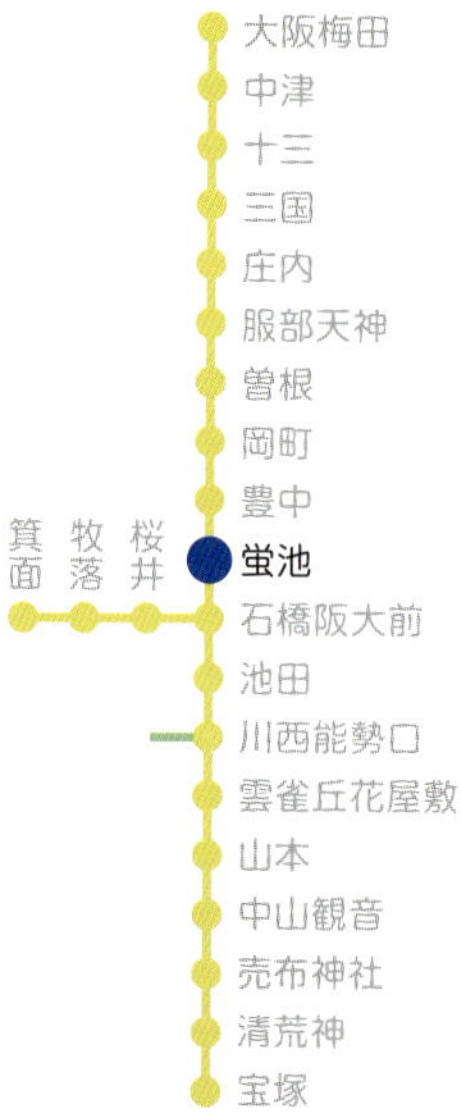

もともと駅が誕生した地は「麻田」と称されていた。なので本来なら「麻田駅」となるところだが、創業者・小林一三の一存で「蛍池駅」になった。

社員が隣村の刀根山地区に蛍狩りで知られる蛍池を発見。「この風雅な名こそ、新駅名にふさわしい！」ということになったそうだ。

蛍池公民館前に「麻田藩史跡」の石碑があるが、蛍池駅の西側一帯は、大坂夏の陣後に徳川家康に召し抱えられた麻田藩主青木一重の陣屋跡。1871（明治4）年の廃藩置県後も、地名は麻田県だった。その後、麻田の地名はだんだん影が薄くなり、1947（昭和22）年には、地名も蛍池に改称されている。

阪急蛍池駅は、大阪国際空港（伊丹空港）の連絡駅。1997（平成9）年に延伸開業した大阪モノレール（大阪高速鉄道）線で空港と直結している。幹線道路などのインフラ整備も整い、多方面のアクセスにも便利なエリアである。

阪急蛍池駅

1994（平成6）年9月に橋上駅舎化された阪急蛍池駅。相対式ホーム2面2線を有する地上駅である。外観のブルーのアクセントカラーが目を引く。駅舎内には改札口が1ヵ所とコンビニエンスストア（アズナスエクスプレス）がある。

古地図探訪

1967（昭和42）年

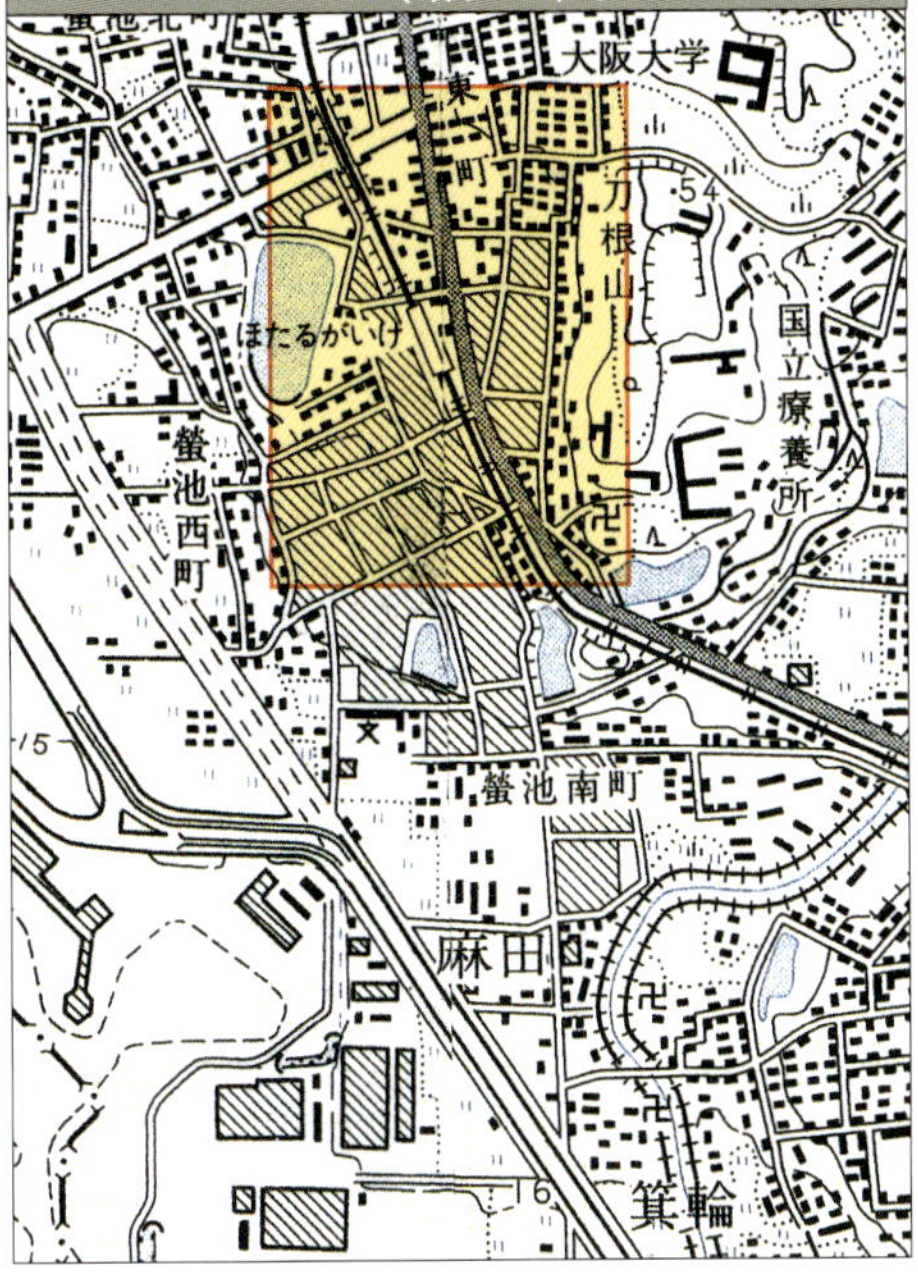

▼33年後

2000（平成12）年

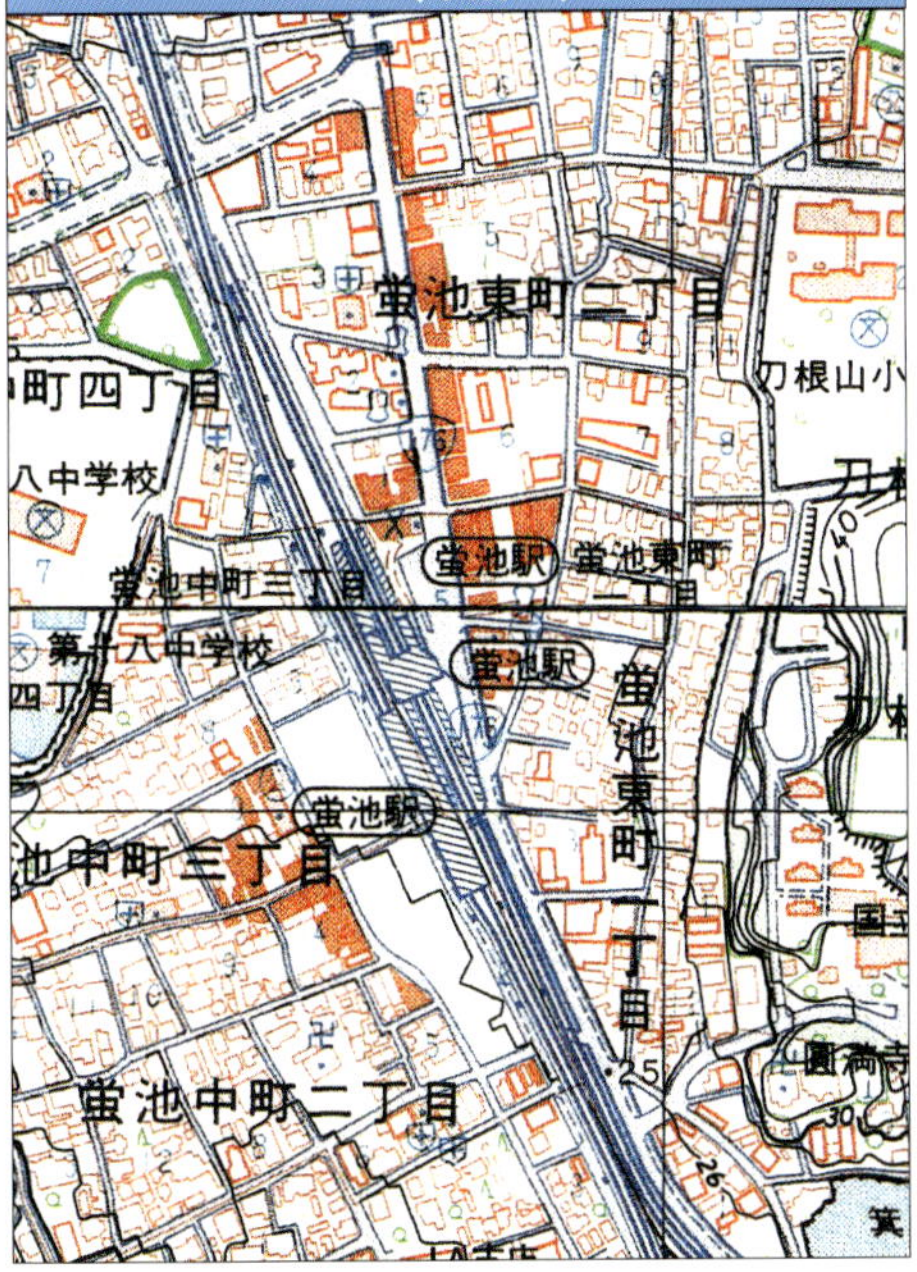

現在、大阪モノレールが通っている西側一帯は、麻田藩の陣屋跡で、地名も「麻田」。当時は駅前だけ住宅地として拓けていたが、周辺は田園風景が続き、そのまま伊丹飛行場につながっていた。駅東側に国立療養所があり、さらに東に地名の由来となった「蛍池」がある。

阪急蛍池駅周辺の空撮

蛍池はかつては2万7千868㎡あり、現在の5倍以上の広さだった。今の形になったのは1984（昭和59）年のこと。当時、住宅開発が進み、人口が急増したためだ。山所池を埋め立てて、第十八中学校が新設された。池の景観を活かすため、南側約5千㎡を残し、その上に浮御堂式という珍しい建て方の体育館を建設した。（北摂アーカイブスより） 提供：豊中市

宝塚線の8000系と大阪モノレール

下を走るのは阪急宝塚線の8000系。この電車は阪急創立80周年を記念して開発された車両。1989（平成元）年1月から営業を開始した。上を行くのは大阪モノレールの大阪高速鉄道1000系の電車。第一期車のシンプルなオリジナル塗装車だ。

阪急蛍池駅

蛍池駅が1994（平成6）年に橋上駅舎化される前の駅前の様子。この頃はまだ大阪モノレール線の駅も開業されていなかった。駅前に阪急タクシーが客待ちをしているのが見える。交通量も今ほど多くないのんびりした時代だ。

提供：阪急電鉄

大阪国際空港への三叉路（今・昔）

昭和30年代に撮影された写真は、車よりも自転車や歩行者が目立つ産業道路（現・国道176号線）の三叉路。ゲートの矢印は大阪国際空港を指している。空港入口までの道添いには駐屯米兵向けの店が並び、テキサス通りと称された。同じアングルで2015（平成27）年に撮影された三叉路は、さすがに車の往来が多い。撮影場所は豊中市蛍池東町。（北摂アーカイブスより）

写真左／提供：杉本写真場　写真上／撮影：谷川正彦

延年山圓満寺

南蛍池の丘に建つ延年山圓満寺は、729（天平元）年に行基が建立した金禅寺という大伽藍の一宇であったとされる。戦国時代の戦乱で焼失した後、麻田藩初代藩主青木一重が再建したと伝えられる。地元では紅葉の名所として知られている。

阪急蛍池駅踏切から南を望む

かつての蛍池駅には、反対側のホームに行くための構内踏切があり、そのすぐ北側にある「蛍池上り入駅踏切道」との間には、不正・危険行為を防止する目的で三角錐の太い材木が敷き詰められていた。（北摂アーカイブスより）　提供：吉村和利

トリビア

蛍池という駅名の由来は

撮影：谷川正彦

１９８０（昭和55）年2月に阪急電鉄の広報課が出版した冊子「阪急電車　駅めぐり」から抜粋すると、『……駅名が麻田では面白くない！もっと良い名を捜せ！』と小林一三の命で、付近を訪ね歩いていると、隣村の刀根山地区に〝蛍池〟という池があることが分かりました。当時は蛍狩りも盛んで、この風流な名こそ、新駅にふさわしいということになりました」とある。

蛍池駅が出来てからというもの、元の地名の麻田は次第に影が薄くなり、１９４７（昭和22）年には町名までが蛍池になったという。

通称は伊丹空港の「大阪国際空港」

空港名に"国際"と付いているが、国際線は後発の関西国際空港に譲り、国内線用の基幹空港に。厳しい制約が功を奏し、様々な賞を受賞！

大阪国際空港は、大阪府の豊中市、池田市、兵庫県の伊丹市にまたがる空港で、通称は伊丹空港か大阪空港で知られる。

空港名に〝国際〟と付いているが、実際は、１９９４(平成６)年の関西国際空港が開港するまでで、現在は国内専用の拠点空港(基幹空港)だ。この大阪国際空港は、関西国際空港と神戸空港とともに「関西３空港」と呼ばれる。空港の運営は関西エアポートが実施している。

前身は、１９３９(昭和14)年に開設された大阪第二飛行場で、１９７０年代に国際線が多数就航する国際空港として発展した。

しかし、騒音などの公害問題で住民の訴訟問題が続き、地元の自治体などによって空港廃止を求める事態に追い詰められた。

その後、１９９０(平成２)年には空港存続が認められ、１９９４(平成６)年に全ての国際線が新たに出来た関西国際空港に移転。国内線用の空港として存在し、現在に至っている。

滑走路は長短２本が整備され、周辺の市街地の環境対策として、運用時間を制限、空港周辺には緩衝緑地などを設けている。

この厳しい制約は逆に定時運航面で優れた実績を挙げた。２００８(平成20)年１月にアメリカの経済誌・フォーブス電子版が発表した世界の空港の効率性に関する番付で、「定刻通りに出発出来る効率的な空港」第１位に選ばれている。以来、定刻運航賞や出発実績賞など様々な賞を受賞している。

敷地は大阪府の豊中市と池田市、兵庫県の伊丹市と、2府県3市にまたがる「大阪国際空港」。ターミナルビルと事務所などは主に豊中市、滑走路などは池田市と伊丹市に配されている。

写真は「昭和 10 年代の大阪第二飛行場の管制塔」。大阪第二飛行場は、1939(昭和14)年1月17日に開場された。(北摂アーカイブスより)
提供：鹿島友治先生寄贈

滑走路のすぐ横に隣接する、長さ 1.2km、幅 80m の「伊丹スカイパーク」(大阪国際空港周辺緑地)。迫力ある航空機の離着陸を間近で見ることが出来る。

1968(昭和43)年頃の大阪国際空港。昭和 40 年代の初め頃は、まだターミナル近くで旅客機を見学することが可能だった。(池田50 年写真集(市制施行記念誌)より)

蛍池・遊びのプロジェクト

昔のように3世代で同居する家が少なくなり、テレビゲームやスマホなどの普及で、子どもたちの遊びが様変わりした。そんな中、小学生たちに工作や昔遊びの楽しさを教えようとする、高齢者中心のボランティアグループが話題だ。主に豊中市蛍池地区で活動しており、グループの名は「蛍池・遊びのプロジェクト(HAP)」。「退職したら、地域でボランティアをやろう!」と話していた仲間たちが2009(平成21)年に結成、すでに16年目を迎える。目指すのは、地域に根ざした世代間交流だ。代表の山田博治さんにお話を伺った。

設立のきっかけは?

山田　退職後のある日、地域活動全般を担う校区福祉協議会から「世代間の交流を図りたい」という目的で相談を受けたのが始まりです。そして、子どもたちの育成に興味を抱く、同年代の有志を募り、現在の骨格が出来上がりました。

この会に所属するメンバーが携わっていた分野は、ボーイスカウト指導者・広告・電気・通信・福祉・教育・消費者センター・青年海外協力隊など多岐にわたっています。

「蛍池かるた」が有名ですね?

山田　活動当初から2年間かけ〝地元かるた〟の制作に挑戦し、豊中市の「夢基金制度」の助成交付を受け、豊中市第1号の郷土かるた「蛍池かるた」を完成させました。これがHAPの活動の大きな柱になっています。

かるたの活用状況などは?

山田　現在も地元小学校・子ども園・高齢者施設で活用されています。また毎年正月になると病院の

地域の歴史、文化、社寺、名所、風物詩などを織り込んだ言葉を考え、カラーの挿絵を添えている「螢池かるた」

遊びを作り、楽しむ　16年目を迎えた

かるたに登場する地域の名所などを訪ねる「まち探検」も行っている。案内するのはHAPのメンバー

市民ギャラリーに拡大判が展示され関係者を元気づけています。

蛍池かるたは、「NPO日本かるた協会（群馬大学内）」に登録され、作成時の独自の手法が関係者に注目された。長崎県島原市三会地区「三会かるた」の製作にも協力している。

工作などの指導も？

山田　HAPは、手作りおもちゃの指導も得意分野で、小学校の工作クラブを受け持ち、毎日新聞系「作って遊ぼう」コーナーの連載で「クリオネ金魚」「がりペラ」など親子で楽しめる工作が紹介されました。

これら様々な遊びを企画・提供することで、地域の子どもたちに喜んでもらい、大人たちにも活気を生み出したいです。

目的達成のために、地元小学校や校区福祉協議会、健全育成会、消防分団など各種団体とも連携している。

地元小学校の授業にも参画？

山田　1年生は「かるた遊び」、2年生は「昔あそび」、3年生は「町探検」などが、年間カリキュラムとして組まれました。中でも3年生の総合学習「かるたde町たんけん」は人気で、「HAP特別企画」として、保護者や住民からも支持される注目の行事となりました。「郷土の歴史等を学ぶユニークな試み」として読売新聞に特集記事で紹介もされています。

現在は、これまでの活動に加え、〝豊中まつり〟への参画、他の小学校区の「子ども教室」で工作体験を提供する活動も続けている。

活動は16年目を迎えました…

山田　メンバー一人ひとりがリーダー…という考えでやって来ました。高齢者中心で、活動内容もユニークなことから注目もされました。NHKテレビの「おはよう日本」や「ニューステラス関西」、関西テレビの「となりの人間国宝さん」、テレビ朝日の「せのぶら」、読売テレビの「街角トレジャー」などでも紹介されました。

HAPの活動が広く認知され、「退職後に、何かを始めたい…」と考えておられる方たちの刺激になれば幸いだと思っています。

蛍池・遊びのプロジェクト（HAP）メンバー全員の集合写真（2024（令和6）年12月の「HAP忘年会」で）

いしばし はんだいまえ
石橋阪大前 HK 48
Ishibashi handai-mae
いけだ Ikeda HK 49　ほたるがいけ Hotarugaike

石橋阪大前

宝塚本線と箕面線が分岐する駅
阪大豊中キャンパスの最寄り駅
「石橋のいわれ石」が存在する

開業年　1910（明治43）年3月10日
所在地　大阪府池田市石橋二丁目18番1号
キロ程　大阪梅田から13.5km
駅構造　地上駅3面5線
乗降客　38,806人（通年平均）2023年

2019（令和元）年10月に駅名が改称されるまでは〝石橋駅〟だった。石橋は池田市及び豊中市の地名で、箕面市の南端部も接し、広義では周辺一帯を指す。

地名「石橋」の由来については、池田市役所が発行する「池田・昔ばなし」の中に記されている。

それによると〝石橋〟は、石橋駅西側の商店街の通り（旧能勢街道）と市道（旧西国街道）との交差点西側の溝に架かっていたという。現在も石橋南小学校校門のそばに「石橋のいわれ石」が説明板とともに置かれている。

駅名の「阪大前」は、近くの待兼山にある大阪大学豊中キャンパスのことで、この駅は学生の乗り降りが多い。

箕面線は石橋―箕面間の折り返し運転だが、朝夕のラッシュ時には、梅田・箕面への直通電車が運転されている。

駅南西に〝亀之森〟と呼ばれる住吉神社がある。この神社は蛍池にゆかりの麻田藩士・青木氏の祈願所でもあった。

箕面線に停車中の610系電車

箕面線（3号線）に停車している610系（621）の電車は、かつて阪急電鉄に在籍した小型の通勤形電車。写真は宝塚線の梅田側から箕面行きの直通電車。　撮影：荻原二郎

現在

駅名標も「石橋阪大前駅」に変更

2019（令和元）年10月1日に、駅名が「石橋駅」から「石橋阪大前駅」に改称される。これに合わせて駅舎の駅名標も新しく変えられた。

古地図探訪

1967（昭和42）年

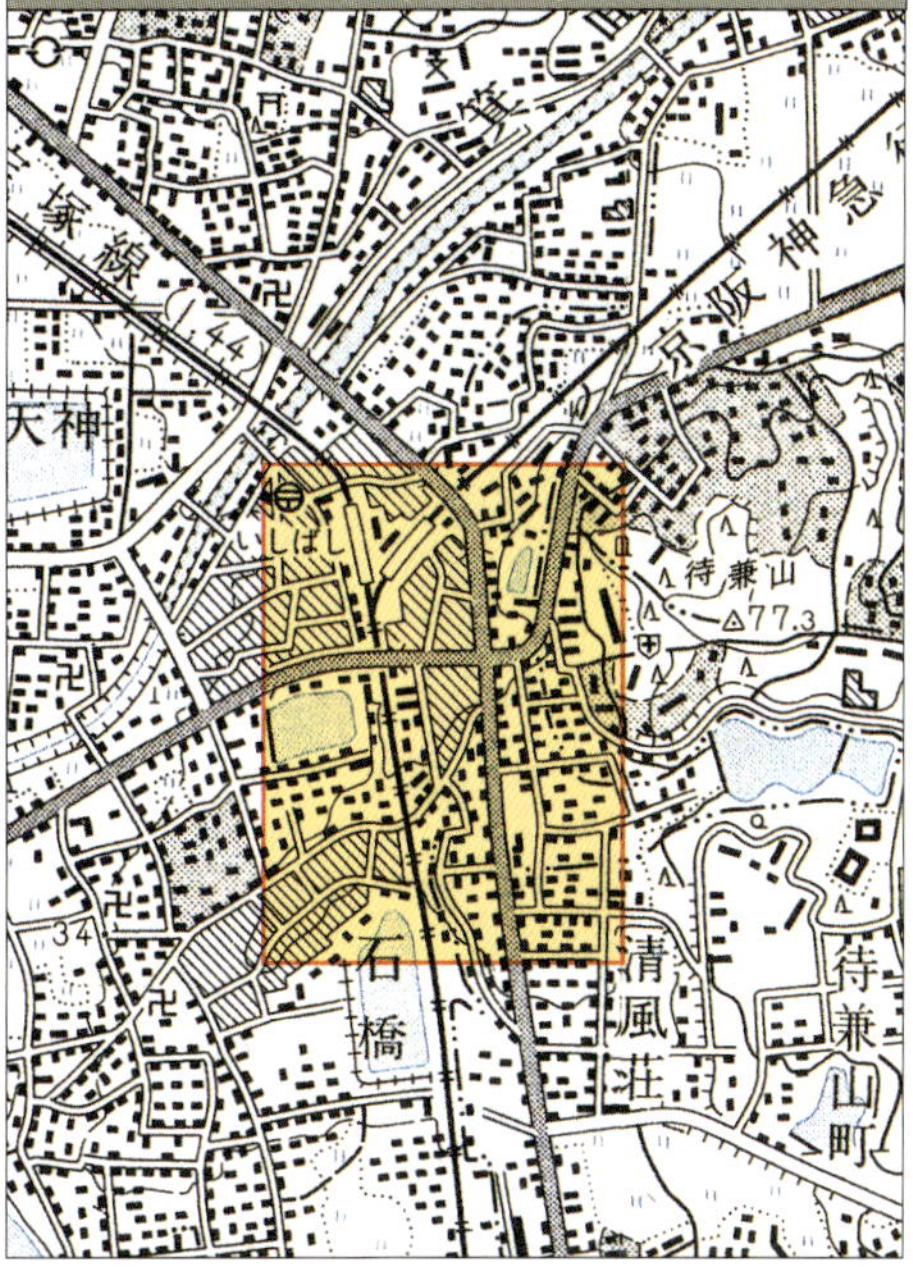

▼ 33年後

2000（平成12）年

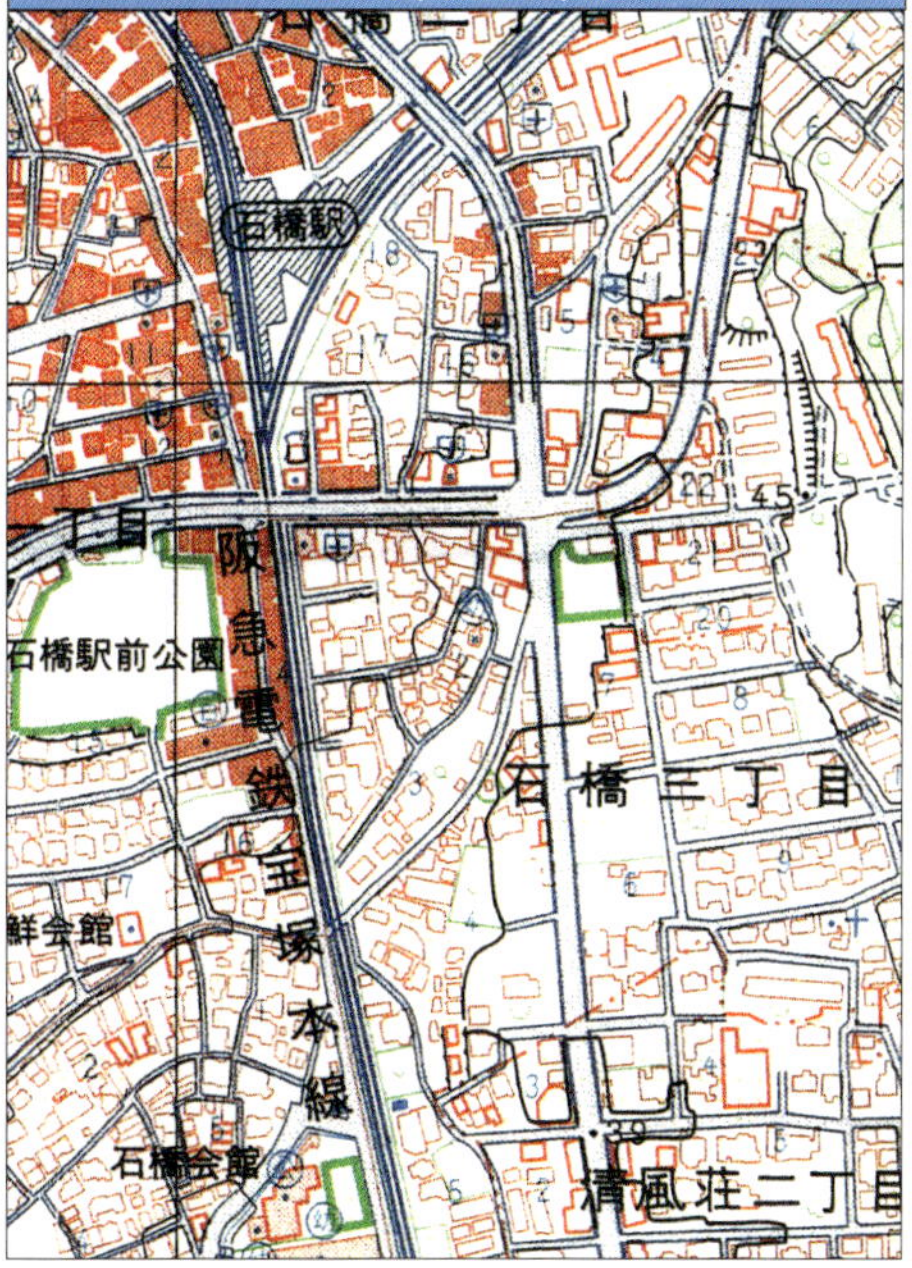

阪急宝塚線と並行する旧能勢街道と、現在市道になっている旧西国街道が交わる場所には、地名の由来である「石橋」が架かっていた。駅東の「待兼山」とその南にある池（中山池）周辺は、現在の大阪大学豊中キャンパスだ。地図の中央、石橋駅から分かれる鉄路は阪急宝塚線（左）と箕面線（右）だ。

大きくカーブする箕面線ホーム

石橋阪大前駅の箕面線ホームは、特殊な形をしている。5号線のホームは直線だが、宝塚本線ともつながる3号線、4号線のホームは大きく弧を描いている。手前が箕面方面。

宝塚線6000系

石橋阪大前を発車したばかりの宝塚線の6000系電車。この電車は、阪急が1976（昭和51）年に導入した通勤形電車の量産型。神宝線用として製造されている。

阪急石橋駅西改札口付近

箕面線の乗り換え駅として1910(明治43)年に開設された石橋駅(現・石橋阪大前駅)。乗り換え駅だけに人々の往来も多く、西改札口の駅前付近は早くから小さな商店がひしめき合っていた。(池田50年写真集(市制施行記念誌)より)

阪急石橋阪大前駅西改札口

阪急石橋阪大前駅宝塚方面行きの1号線のホームに直結している西口改札付近。改札口を出ると商店街(サンロード)だ。左右には昔からあるお菓子屋さんなどの店が並んでいる。

約45万年前のマチカネワニの化石も発見された
「大阪大学・豊中キャンパス」

待兼山にあるので"待兼山キャンパス"とも。造成で発見されたマチカネワニの化石は、豊中市のシンボルキャラクター「マチカネくん」になった。

豊中市の待兼山にある大阪大学の豊中キャンパスは、石橋阪大前駅東口から徒歩約20分のところにある。池の埋め立てや待兼山に連なる丘陵部の造成により徐々に拡張、整備されて来た。

その過程の１９６４(昭和39)年に、約45万年前の大きなマチカネワニの化石(約８ｍ)が発掘される。この化石は豊中市市制施行50周年時のシンボルキャラクター (マチカネくん)となり、現在も市民に愛されている。

整備が一通り落ち着いた後、長らく経年劣化の古びた学舎群となっていたキャンパスも、２０００年代になって研究棟・福利棟の建て替えや改装、新築が進んだ。現在のキャンパス内には中山池、乳母谷池、待兼池の３つが残っており、この池で釣りを楽しむ人もいる。

大阪府豊中市待兼山町に所在する大阪大学の豊中キャンパスの正門

先史時代の出土品から最近の先端研究の機器や標本まで、大阪大学が有する様々な学術資料を管理・公開している「大阪大学総合学術博物館」

亀之森住吉神社

池田市住吉に鎮座する由緒ある神社で、陸・空・海の航行など交通安全の守護神が祀られており、西日本の空の玄関である大阪国際空港の産土神でもある。神使の"亀"は延命長寿の象徴でもある。

水月公園

石橋阪大前駅と池田駅のほぼ中央に位置する公園で花の名所。梅や花菖蒲の咲く初春から初夏にかけてが賑わう。園内には友好都市・中国蘇州市から贈られた中国建築物の & 斎芳亭もある。

待兼山

豊中市、池田市、箕面市にまたがる千里丘陵の山で、標高 77.3m。豊中市には「待兼山町」という地名もあり、その大半の面積を大阪大学豊中キャンパスが占めている。古くは歌枕にもなった由緒ある山だ。

石橋駅前商店街

石橋阪大前駅西口改札を出ると、正面にサンロード、右手に写真の赤い橋通り、左手に阪大下通りが伸びている。赤い橋通りは、箕面川に架かる"赤い橋"(箕面川橋)がその名の由来。

西国街道踏切道

西国街道と能勢街道旧道・新道が交差する西国街道踏切道。"石橋のいわれ石"が見つかったのはこの辺りだと言われている。

トリビア

駅名由来の石

池田市立石橋南小学校の校庭の一角に「石橋のいわれ石」が保存されており、そばには説明板が立つ。

説明文を読むと、「この石は石橋駅南の最初の踏切を通る旧西国街道と旧能勢街道が交差する西側の小川に架かっていた石の橋で、明治40(1907)年ごろまでは幅2間(約3・6m)長さ1間の一枚岩でした。現在の「石橋」という地名はこの石の橋からおこったといわれています」とある。

また、石の中央にある丸いくぼみについての伝説にも言及している。

いけだ
池田
Ikeda
HK 49

かわにし のせぐち Kawanishi-noseguchi HK 50
いしばし はんだいまえ Ishibashi handai-mae

池田

阪急が私鉄初の郊外住宅を開発し、創業者の小林一三も居を構えた街 他の地域にはない文化施設も多い

- **開業年** 1910（明治43）年3月10日
- **所在地** 大阪府池田市栄町1番1号
- **キロ程** 大阪梅田から15・9km
- **駅構造** 高架駅1面2線
- **乗降客** 40、645人（通年平均）2023年

阪急池田駅は、阪急電鉄の登記上の本店所在地で、創業者の小林一三もこの地を気に入って居を構えただけに、歴史と文化の香りがする興味深い街だ。

駅西側の室町は、阪急が沿線開発の一環で私鉄では初めて郊外住宅の開発を行った地で、古くからある呉服神社を中心に、まるで神社を囲むようなゆったりした区画で街並みがつくられた。

いいことばかりではなかったようで、小林一三の著書『逸翁自叙伝』には、失敗談も書かれている。

市内には、小林の没後、収集した美術品をもとに「逸翁美術館」、蔵書を集めた「阪急学園―池田文庫」が造られた。また、旧宅は現在「小林一三記念館」になっている。ゆかりの地だけに小林に関連する文化施設が多く、小林の墓も五月山中腹の大広寺にある。

地上駅だった阪急池田駅も1979（昭和54）年に高架工事が着手され、今ではターミナルビルの明るい大規模駅になった。

昭和7年

阪急池田駅のホーム

まだ市制施行前の阪急池田駅ホーム。「教育のまち池田」で注目される池田市だが、当時から電車通学をする児童たちの姿が目立っていた。（池田 50 年写真集（市制施行記念誌）より）

現在

阪急池田駅

7年の歳月と 130 億円を費やした3kmにわたる連続立体化は、1986（昭和 61）年に完成。駅前再開発事業も行われ、周辺道路の混雑を緩和し、池田のイメージを一新した。

大阪梅田
中津
十三
三国
庄内
服部天神
曽根
岡町
豊中
蛍池
石橋阪大前（箕面 牧落 桜井）
池田
川西能勢口
雲雀丘花屋敷
山本
中山観音
売布神社
清荒神
宝塚

1967（昭和42）年

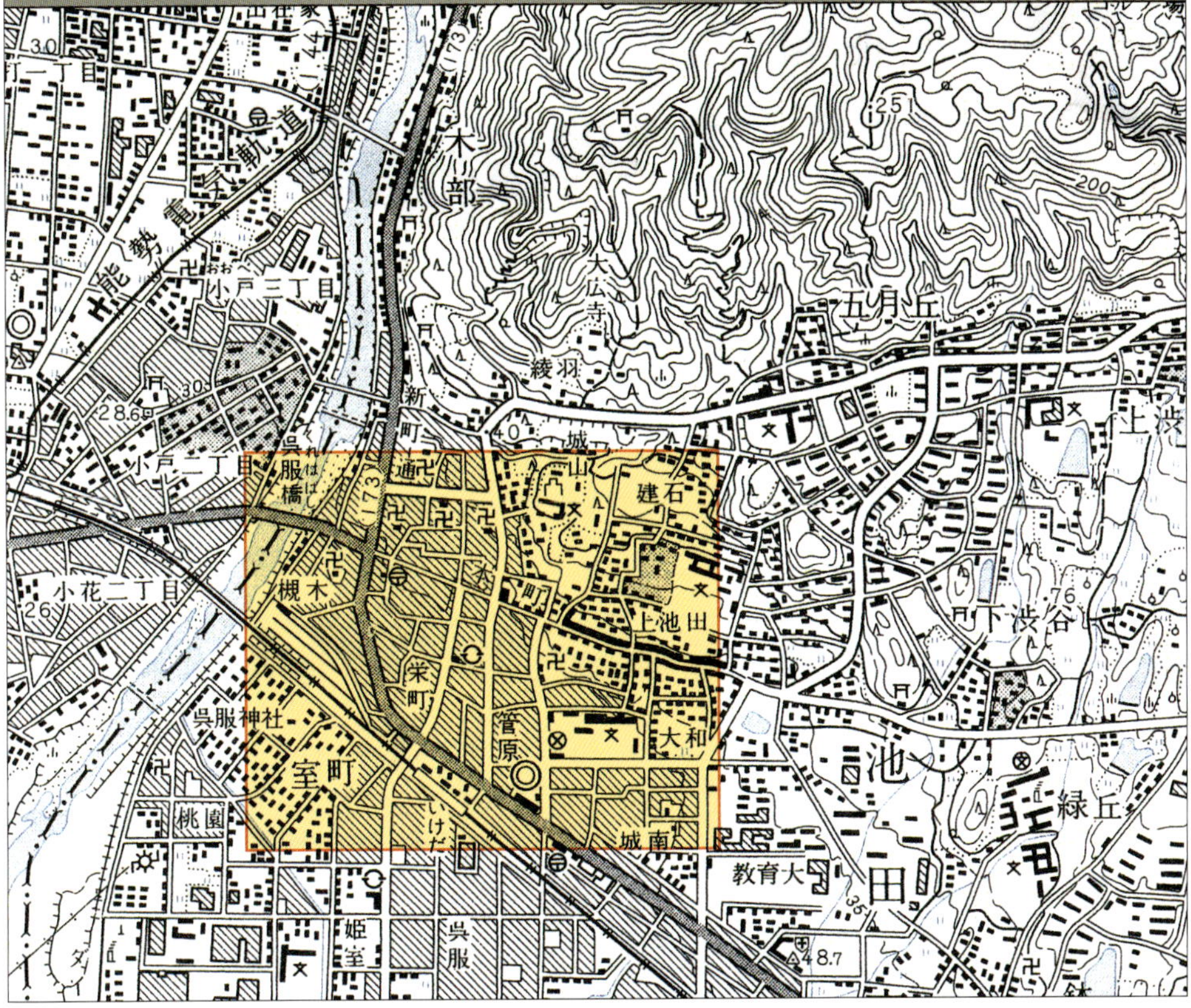

▼ 33年後

2000（平成12）年

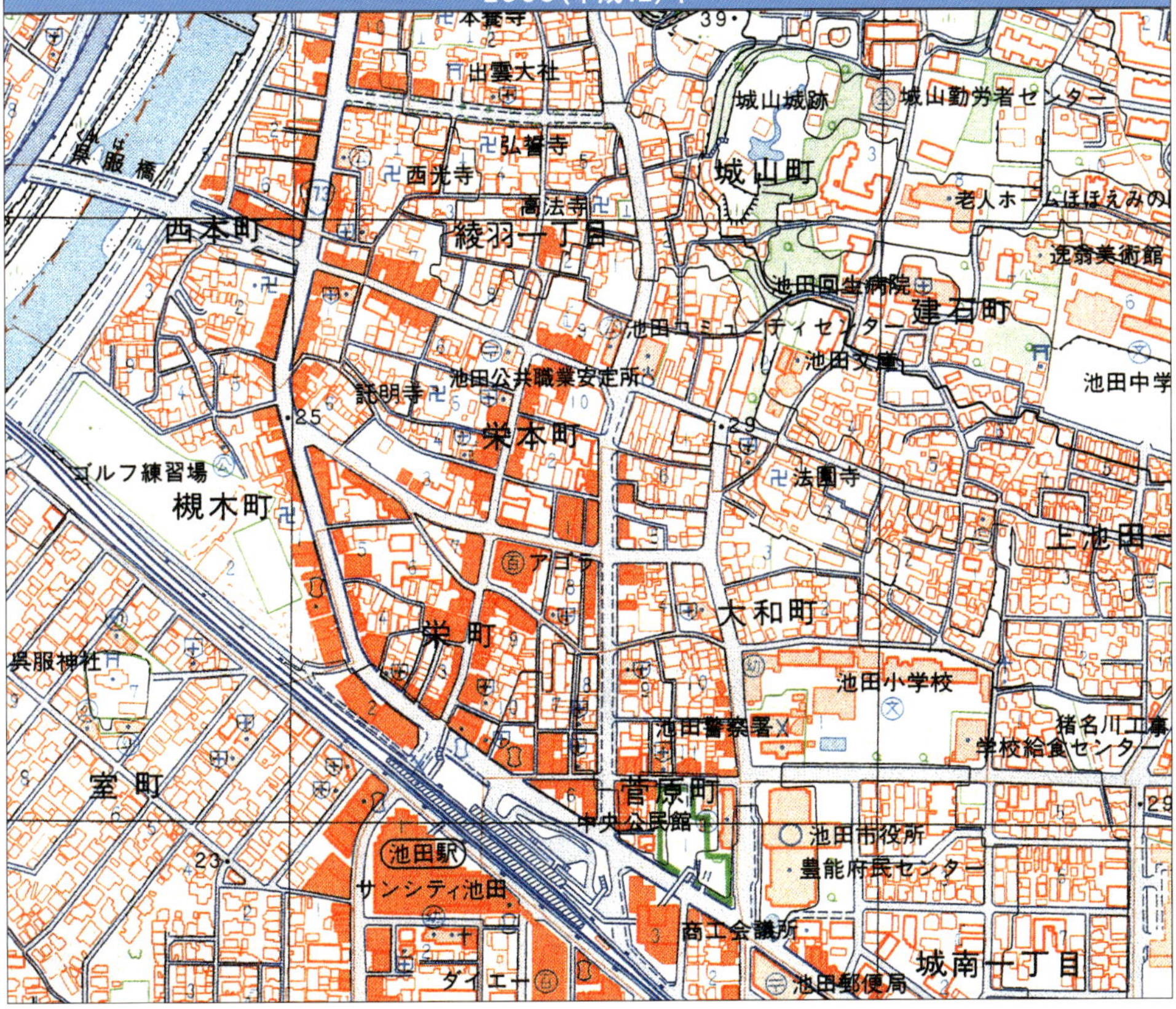

阪急宝塚線と並行していた旧能勢街道（国道176号）は呉服橋前で分かれ、一方は川西方面へ（池田以北で能勢電鉄妙見線と並行）。もう一方は国道173号線として妙見山麓へつながっている。池田駅の西側、呉服神社周辺に広がるのは、電鉄会社が日本で初めて開発した郊外型分譲住宅「池田室町住宅」だ。線路の反対側に池田車庫があったが、現在はマンションが建ち並ぶ。

五月山秀望台からの眺望

1958（昭和33）年に整備された五月山ドライブウェイを走って行くと、大きな鳥居が建つ秀望台に着く。ここからは池田市街と阪神高速、五月山の西側を流れる猪名川流域が一望できる。夜景も美しい。

駅前を走行する阪急電車

写真右は、まだ高架化される前の阪急池田駅前。建設中の府市合同庁舎も見える。通りを走る車もレトロな形で時代を感じさせる。（池田50年写真集（市制施行記念誌）より）
写真左はきれいに整備された現在の阪急池田駅前。

トリビア

インスタントラーメン発祥の地

池田市は、日清食品の創業者、安藤百福が1958（昭和33）年に、世界初のインスタントラーメン「チキンラーメン」を発明したインスタントラーメン発祥の地。

館内では、様々な資料が展示されており、チキンラーメンを手づくりできる体験工房もある。

当初は「インスタントラーメン発明記念館」だったが、2017（平成29）年9月に「カップヌードルミュージアム大阪池田」に改称。

さらにインスタントラーメンの歴史を通じて、発明・発見の大切さを楽しみながら学ぶことが出来、幅広い年齢層が楽しめる体験型食育ミュージアムとして工夫されている。

カップヌードルミュージアム外観

カップヌードルミュージアム内で体験できる"手作りカップヌードル"

池田に遺る小林一三の関連施設

小林一三記念館・逸翁美術館・池田文庫は貴重な資料の宝庫！

阪急電鉄の創業者、小林一三は、鉄道だけでなく住宅開発や宝塚歌劇、阪急百貨店、東宝をはじめとした数々の事業を起こし、政界にも進出した。

自身が興した事業の多くは、成功の目途がつくと、信頼できる後進に任せ、鮮やかに身を引き、また新たな事業にチャレンジする。起業家としてのロマンとダンディズムにあふれる才能は、多分野にわたる事業に遺憾なく発揮された。

また、小説・脚本・随筆・演劇論・経営論など、膨大な著作物も残す。茶人としての一大境地も開き、収集した茶道具美術品は一大コレクションとして逸翁美術館に収集されている。さらに、各界各層との交流の記録・書簡の数々は池田文庫に収められている。小林一三記念館・逸翁美術館・池田文庫は、まさに資料の宝庫と言える。

池田という地を愛し、日本の実業界や演劇界に多大な影響を与えた小林一三は、1957（昭和32）年1月25日、池田市の自邸で惜しまれながらその波乱に満ちた人生を閉じた。享年84歳。

小林一三記念館

小林一三の旧邸である洋館・雅俗山荘を中心に、小林一三の事績を紹介する施設として、2010（平成22）年に開館した。雅俗山荘はもともと逸翁美術館として開館したが、2009（平成21）年に美術館が新設されたことに伴い、「小林一三記念館」として生まれ変わった。

逸翁美術館

小林一三の旧邸（雅俗山荘）に5,000点に及ぶ個人コレクションを収蔵。国指定の重要文化財15件、重要美術館認定物件19件。与謝蕪村・呉春・円山四条派のコレクションが名高い。

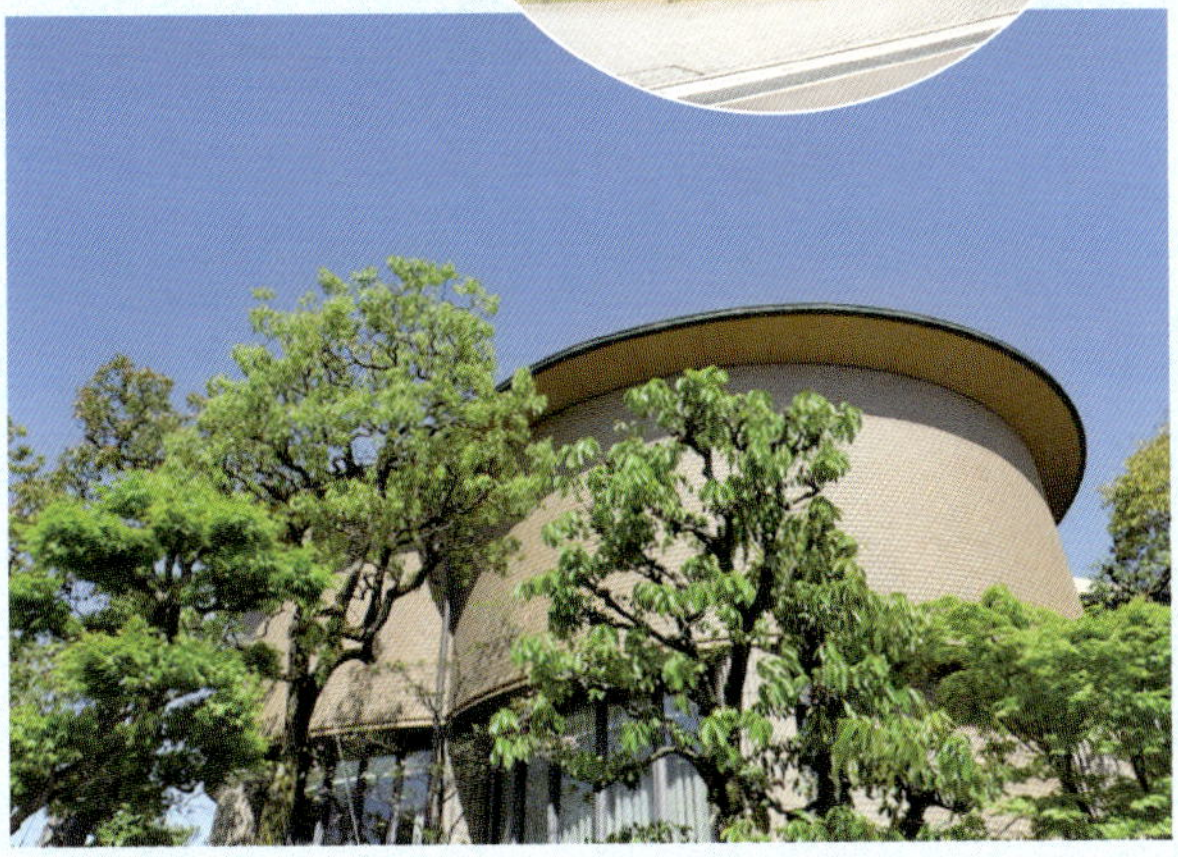

池田文庫

1949（昭和24）年に開館した池田文庫には、現在約27万冊の図書・雑誌が収められている。収蔵図書の多くは映画・演劇・美術・文学に関するもの。また、宝塚歌劇・阪急電鉄のポスター類、芝居錦絵などの品々も所蔵されている。

大広寺

池田市のシンボルである五月山（315m）の中腹にある大広寺は、池田城主・池田充正が創建。その後荒廃したが慶長年間に池田知正によって再建された。牡丹の名所で知られる。阪急電鉄創業者の小林一三夫妻の墓もある。

池田呉服座

池田呉服座は大衆演劇が観劇できる施設。江戸時代の芝居小屋の建築様式を残す貴重な建築物として、重要文化財にも指定されている。地元に愛され続ける劇場で、池田市の歴史・文化を感じることが出来る。

五月山の日の丸展望台

池田市中央部の五月山に上ると、池田市や伊丹市、大阪平野部から大阪湾への眺望が開ける。秀望台よりも上にある日の丸展望台（海抜約 315m）は眺望がさらに素晴らしい。大阪国際空港（伊丹空港）へ降りる飛行機の航行照明も楽しめる。

池田八坂神社

978（天元元）年の創建。1579（天正7）年伊丹城主荒木村重が謀反した際に織田信長によって本殿が焼失したが、1610（慶長15）年に池田光重によって再建された。桃山時代の華やかな特色があり、数少ない遺構として 1971（昭和46）年に重要文化財に指定された。

池田室町住宅

池田は、阪急電鉄が沿線開発のために私鉄初の住宅を開発した地としても知られている。中でも有名なのが、日本最古の郊外型民間住宅地「池田室町住宅」。箕面有馬電気軌道の開通と併せて開発された。（池田 50 年写真集（市制施行記念誌）より）

桜咲く五月丘団地

桜で有名な五月山の南側に位置する五月丘団地。このエリアは 1951（昭和16）年に風致地区に指定され、建物の新築・改築に厳しい基準が設けられている。そのため住宅街としての風格が保たれている。近くには五月山公園、五月山動物園もある。（池田 50 年写真集（市制施行記念誌）より）

見どころスポット ▶▶▶▶ 池田

呉服神社

日本書記にある「呉織・穴織伝承」を受け継ぐ神社。応神天皇の時代、呉織(クレハトリ)・穴織(アヤハトリ)という姉妹がこの地に住みつき、機織・裁縫の技術を伝えたとされる。「呉服」は絹布類を指す。服飾関係者の信仰を集めている。

茶臼山古墳

池田市の五月山丘陵に築造された古墳で、形状は前方後円墳。大阪府指定史跡に指定され、出土品は池田市指定有形文化財に指定されている。現在は史跡整備の上で史跡公園「茶臼山公園」として公開されている。

池田城跡公園

五月山の南にある池田城跡。池田城は、室町時代に豪族として勢力のあった池田教依が築いた城。1579(天正７)年、荒木村重の謀反で信長に攻められ落城、焼失した。現在では空堀や石組みの遺跡を一部残すだけで、城の面影はほとんどない。

池田駅前ロータリー

時間とお金をかけて整備された駅前広場らしく、緑地もふんだんに配され、ゆったりしている。また、バス乗り場は駅寄りに、タクシーは降車場も指定するなど、安全性への配慮がうかがわれる。駅への歩道橋も完成度が高い。

サカエマチ１番館、サカエマチ２番館

阪急池田駅の北側にある商店街。アーケードや店には色とりどりの旗が飾られ、にぎやかで明るい雰囲気。池田市の今昔が凝縮されており、能勢街道・西国巡礼道に近いので、歴史も身近に感じることが出来る。

かわにし のせぐち
川西能勢口 HK 50
Kawanishi-noseguchi
ひばりがおか はなやしき Hibarigaoka-hanayashiki HK 51
いけだ Ikeda

川西能勢口

能勢電鉄への乗り換え駅で知られる能勢電沿線の開発で通勤客が急増駅前の大規模再開発で大変身した

開業年 1913(大正2)年4月8日
所在地 兵庫県川西市栄町20番1号
キロ程 大阪梅田から17・2km
駅構造 高架駅3面5線
乗降客 39、291人(通年平均)2023年

川西能勢口駅は、能勢電鉄への乗り換え駅として知られている。元の駅名は「能勢口」だったが、1965(昭和40)年に「川西能勢口」に変わった。

能勢口駅が設置されたのは1913(大正2)年4月8日で、5日後の4月13日には、能勢電鉄の能勢口～一ノ鳥居(現・一の鳥居)間6・4kmが開通した。

能勢電鉄は当初、日蓮宗の関西一の霊場である能勢妙見宮への参詣客を運ぶために敷設されたが、阪急と連絡することで大都市大阪と結ばれ、沿線産物などの輸送力に弾みがついた。

昭和40年代に沿線の宅地開発が進み、次第に通勤電車の役割を強めて行った。

1996(平成8)年には高架駅舎供用開始。駅前再開発で南口は広大な2階駅前広場に直結、川西阪急や北側の飲食店や物販店など集客施設が充実した。

1997(平成9)年から、ラッシュ時には日生中央と梅田を結ぶ直通特急・日生エクスプレスが走るようになった。

阪急川西能勢口駅ホーム

梅田行きの急行が川西能勢口駅に到着するところ。ホームで待つ女性客のファッションなどが時代を反映している。右端の子供たちは夏休みのお出かけか、楽しそうな様子だ。　提供:川西市

ペデストリアンデッキの広場

川西能勢口駅の南側には、JR川西池田駅にもつながるペデストリアンデッキが設けられている。広場の中央には川西の市花である「りんどう」をイメージしたモニュメント(光の風車)がある。

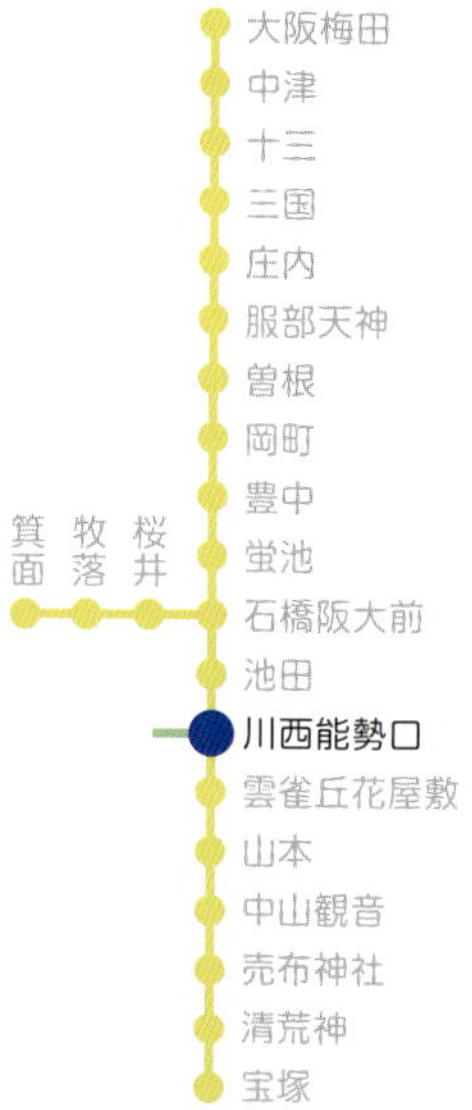

古地図探訪

1967（昭和42）年

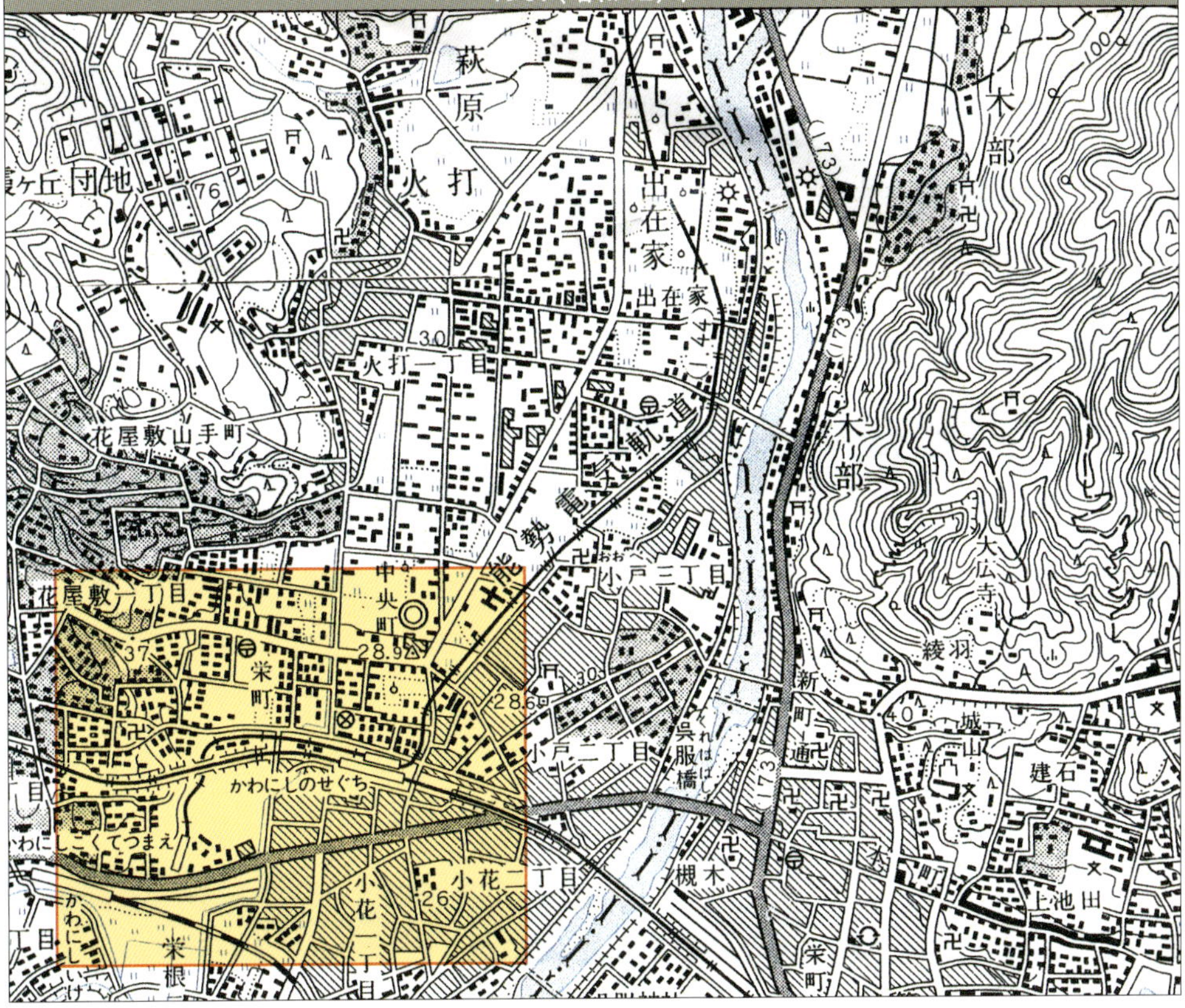

▼ 33年後

2000（平成12）年

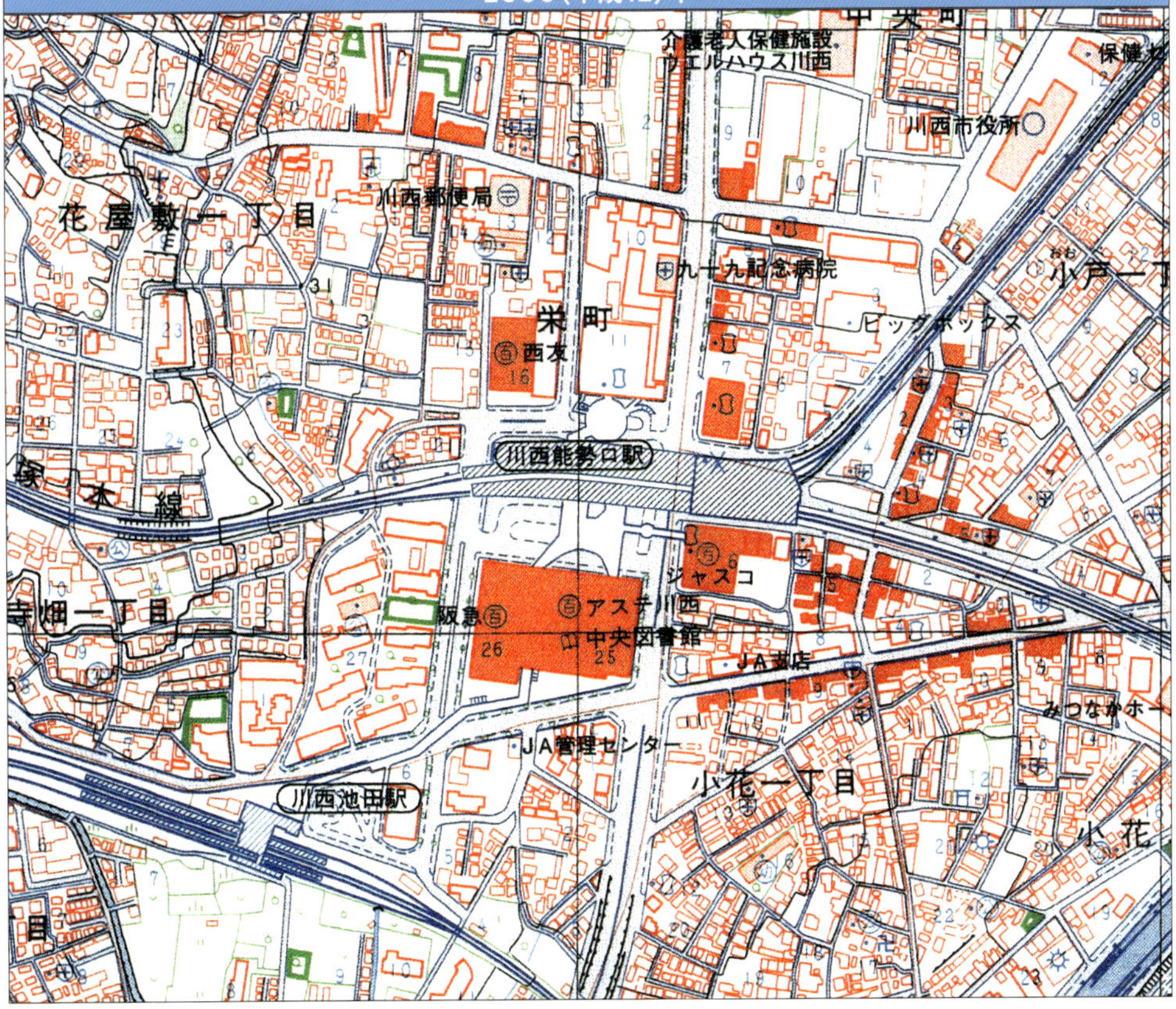

かつて能勢電鉄妙見線の起点は国鉄池田駅前の「池田駅前」だった。その後国鉄池田駅が「川西池田駅」へ改称。これに伴い能勢電鉄の駅名も「川西国鉄前」に。この線は1981（昭和56）年12月に廃止。その後の再開発でJR川西池田駅は現在地に移転し、阪急宝塚線・能勢電鉄の「川西能勢口」の3路線が駅ビルを介してつながった。駅周辺だけを見ても時代の変遷がよく分かる。

川西能勢口駅前(北側)

駅の北側にはかつては「モザイクボックス」、現在は「ラソラ川西」と呼ばれる商業施設がある。ペデストリアンデッキと直結しており、駅南側の川西阪急やアステ川西とも行き来でき、ショッピングには便利なエリアだ。

川西能勢口周辺　提供:川西市

当時、阪急宝塚線と能勢電鉄の改札口は別々になっていた。このため乗り継ぐには一度改札口を出て地下道を通り、もう一方の改札口から入り直す必要があった。両線の連絡改札口が設置されたのは1980(昭和55)年である。

川西能勢口駅全景

1996(平成8)年には、能勢電鉄も高架化され、阪急の駅と一体化。この日をもって正式な高架駅舎供用が開始された。南口は広大なペデストリアンデッキのある2階駅前広場に直結。JR川西池田駅ともデッキでつながった。

JR川西池田駅

摂津鉄道から阪鶴鉄道に所属、福知山線になったJR川西池田駅は、1951(昭和26)年に、池田駅から川西池田駅に改称した。島式2面4線のホームを持つ地上駅で、橋上駅舎を有する。約550m先の阪急川西能勢口駅と連絡している。

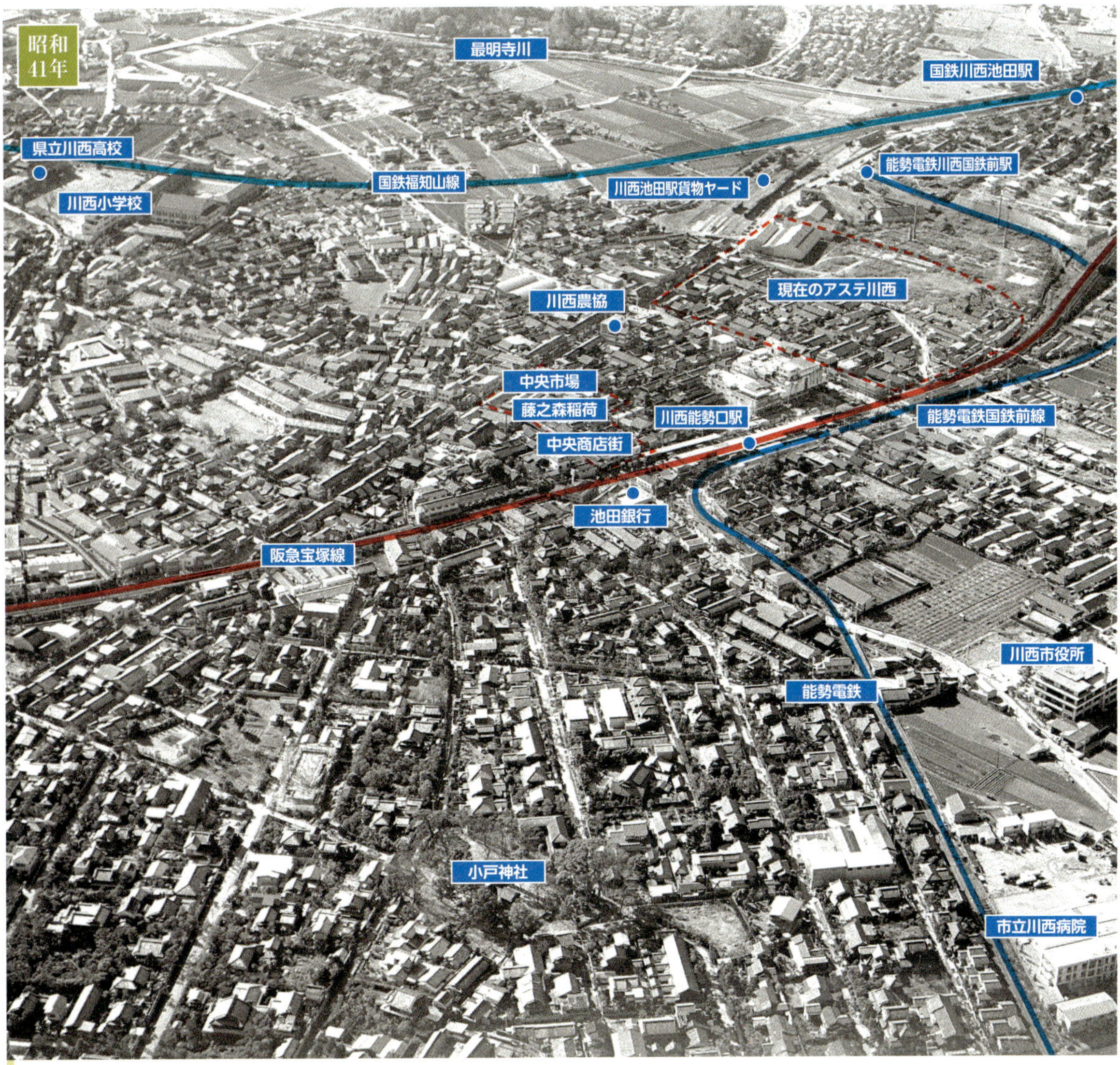

川西能勢口駅周辺の空撮　提供：朝日新聞社

東は池田市と箕面市、西は宝塚市と猪名川町、南は伊丹市、北は大阪府能勢町と豊能町に隣接する川西市の空撮写真。中央が阪急宝塚線の川西能勢口駅。まだ連続立体交差工事前で、駅は一体化されていない。能勢電鉄の「川西国鉄前駅」も存在していた。

トリビア

「三ツ矢サイダー」は川西生まれ？

三ツ矢サイダーの始まりは、川西市の平野地区にあった天然鉱泉で、湧き出ていたのは、能勢電鉄の平野駅から北へ約300mの場所だった。

この水は「平野水」と名付けられ、1884（明治17）年に、これを利用した清涼飲料水の製造工場が造られ、1907（明治40）年には、炭酸水にフレーバーエッセンスを使用した「三ツ矢印 平野シャンペンサイダー」（後の三ツ矢サイダー）の製造が開始された。最盛期の大正時代には、工場で約500人が働き、当時では大規模な工場だったと言われている。三ツ矢サイダーは、能勢電鉄の主要貨物でもあった。

三ツ矢サイダー発祥の地である川西市平野の工場跡に建つ「三ツ矢塔」は、能勢電の車窓からも見える。この塔は、実際に工場で炭酸ガスを捕集するために使われていた塔を復元したもの。

川西

マチノキオクカン

https://machinokiokucan.org

一庫温泉は有馬・平野と並んで「摂津三湯」と称され、大阪や神戸からの湯治客でにぎわった。河原では鮎釣りを楽しむ人々の姿が。(1958(昭和33)年／川西市提供)

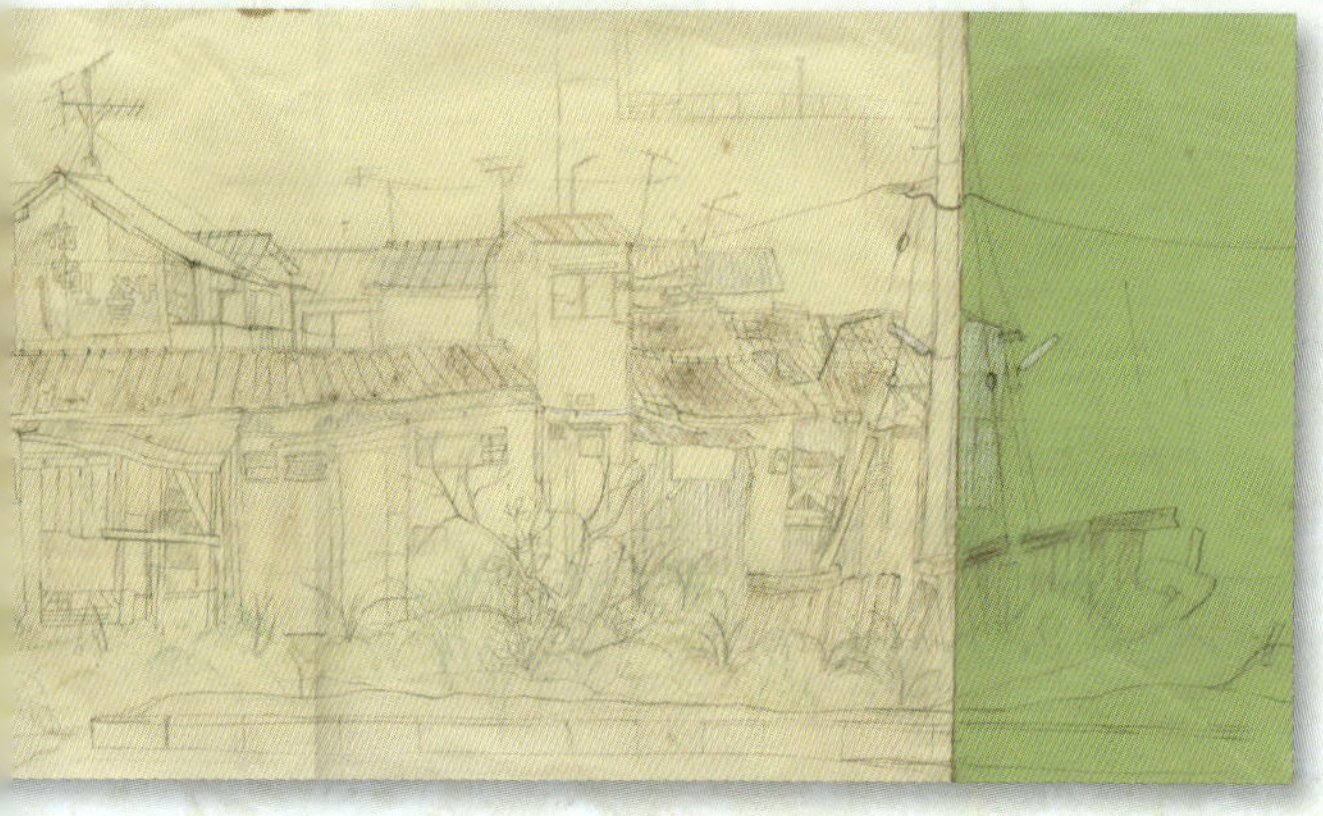

川西能勢口駅前が再開発される直前の街並みを描いたスケッチ。この数か月後に住宅は取り壊された。(井上美紀氏提供)

日本最初の旅客機を開発した日本航空史の偉人・福長浅雄氏は大正時代、川西市内での事業で財を成し、飛行機開発の足掛かりを得た。写真は川西でのデモフライトの様子。(1918(大正13)年／福長昇氏提供)

家に牛がいたのですか?

親しみを込めて〝のせでん〟と呼ばれる能勢電鉄妙見線の終着駅である妙見口駅にほど近い、とある民家で見せてもらった写真に驚いた。民家の庭先に黒い立派な牛がおり、その家のご主人らしき人に世話をしてもらっている。後ろではご婦人たちがその様子を穏やかに眺めている…

写真が写されたのは昭和30年代である。のせでんが走る川西は戦後もしばらくはのどかな農村であったが、高度経済成長期に山が切り拓かれてニュータウンがいくつも造成された。人口の急増に伴ってのせでんは複線化・大型化され、川西能勢口駅周辺は再開発されて商業ビルやマンションが建てられ、近代的な街に変身した。

街の変化があまりに急激だったせいか、ほんの数十年前まで農家と牛が仲良く暮らしていたことが忘れられている。しかし、川西が今のような姿になるまでには、様々な街の姿や人々の暮らしがあったのだ。

このままでは街の記憶が失われる…と危機感を抱いた私たちは、〝ちょっと昔の〟写真や地図、チラシ、ビデオなどを収集して保存・共有する、民間主体のデジタル・アーカイブ「マチノキオクカン」(＝街の記憶の缶詰)を立ち上げた。

昭和の

昭和30年代の農家にとって、牛は重要な働き手だった。家族と同様に愛情をこめて大切にしていた。牛も嬉しそうだ。（水口清氏提供）

一の鳥居駅近くの里山で、子供たちがレクリエーションのウサギ狩りを楽しむ。里山は今ではニュータウンだ。（1965（昭和40）年／川西市提供）

川西能勢口駅から川西国鉄前を結ぶわずか約600mの単線を行く50形。ダイヤは朝と夕方だけで、昼間は川西能勢口駅で休んでいた。（1980（昭和55）年ごろ？／川西市提供）

誰もが街の記憶を共有できる

対象とする史料はすぐ身近にあるものばかり。何気なく撮られたスナップ写真は、古写真と呼ぶほど古いものではないが、在りし日の街角の風景や人々の生活の様子を活き活きと伝える。住宅地図を見ると、今ではスーパーやモールに取って代わられた商店街に魚屋や履物屋、金物屋などが並んでいる。ちなみに八百屋は由美かおるさんのご実家だ。ビデオの中では、のせでんの川西能勢口駅と川西国鉄前駅を結んだ50形がけなげにトコトコと走っている。観光協会が発行したパンフレットには、今ではダム建設で水没した温泉地が紹介されている。

これらの史料は今、断捨離や終活の名の下で各家庭からどんどん捨てられていっている。捨てられる運命のおじいさんの古いアルバムを救い、写真をスキャンしてデジタルデータ化してアーカイブに収め、（もちろん、所有者の了解を得て）WEBサイトで公開することで、誰もが街の記憶を共有できるのである。そしてこれら記憶が、これから自らが住む街をどのように創っていくのかを考えるヒントとなることが、私たちマチノキオクカンの目標である。

マチノキオクカン　金渕信一郎

ひばりがおか はなやしき
雲雀丘花屋敷 HK 51
Hibarigaoka-hanayashiki
やまもと HK 52 Yamamoto　かわにし のせぐち Kawanishi-noseguchi

雲雀丘花屋敷

雲雀丘駅と花屋敷駅が統合される高級住宅地だった歴史を継承する地 池田から移転した平井車庫がある

開業年 1961（昭和36）年1月16日
所在地 兵庫県宝塚市雲雀丘一丁目1番10号
キロ程 大阪梅田から18・2km
駅構造 地上駅2面4線
乗降客 8、835人（通年平均）2023年

雲雀丘花屋敷駅は1961（昭和36）年1月に、花屋敷駅（1910（明治43）年3月開設）と、雲雀丘駅（1916（大正5）年8月開設、雲雀丘に改称）の2つが統合して新駅となった。

面白いのは、雲雀丘という地名は宝塚市、花屋敷は川西市、そしてホームの宝塚寄りの階段辺りが宝塚市と川西市の境界になっていることだ。

雲雀丘の開発は、実業家の阿部元太郎氏が、山麓部の土地約1万坪を分譲したのが始まりだ。斜面型の造成地にはモダンな洋風の住宅が建てられた。

一方、隣地である花屋敷地区は、東洋紡の社長をしていた河崎助太郎氏が花屋敷荘園住宅地として開発。その後も様々な実業家が参画し、一帯は、全国初のブルジョア住宅地を形成した。

駅周辺はこの大正時代に開発された住宅地が広がり、阪神間屈指の屋敷街である。隣りの山本駅との間には、池田から移転された平井車庫がある。

阪急雲雀丘駅
雲雀丘を理想の地として開発した実業家の阿部元太郎氏が設置した「雲雀丘駅」。改札口の右側にあるのは、ビリヤード台も置かれていたステンドグラス入りの待合室。（宝塚雲雀丘・花屋敷物語より）

阪急雲雀丘花屋敷駅
タクシー乗り場のある西出口付近。山麓に建つ洋館が並ぶ地域は急坂なので、上りはタクシーを利用し、下りは駅まで10分ほどの坂を歩いて行くという人たちが多い。

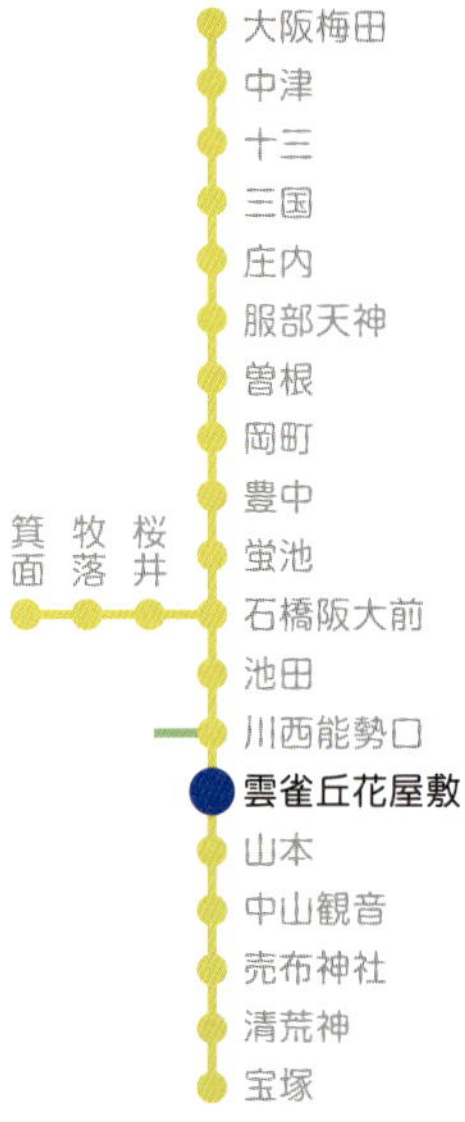

古地図探訪

1967（昭和42）年

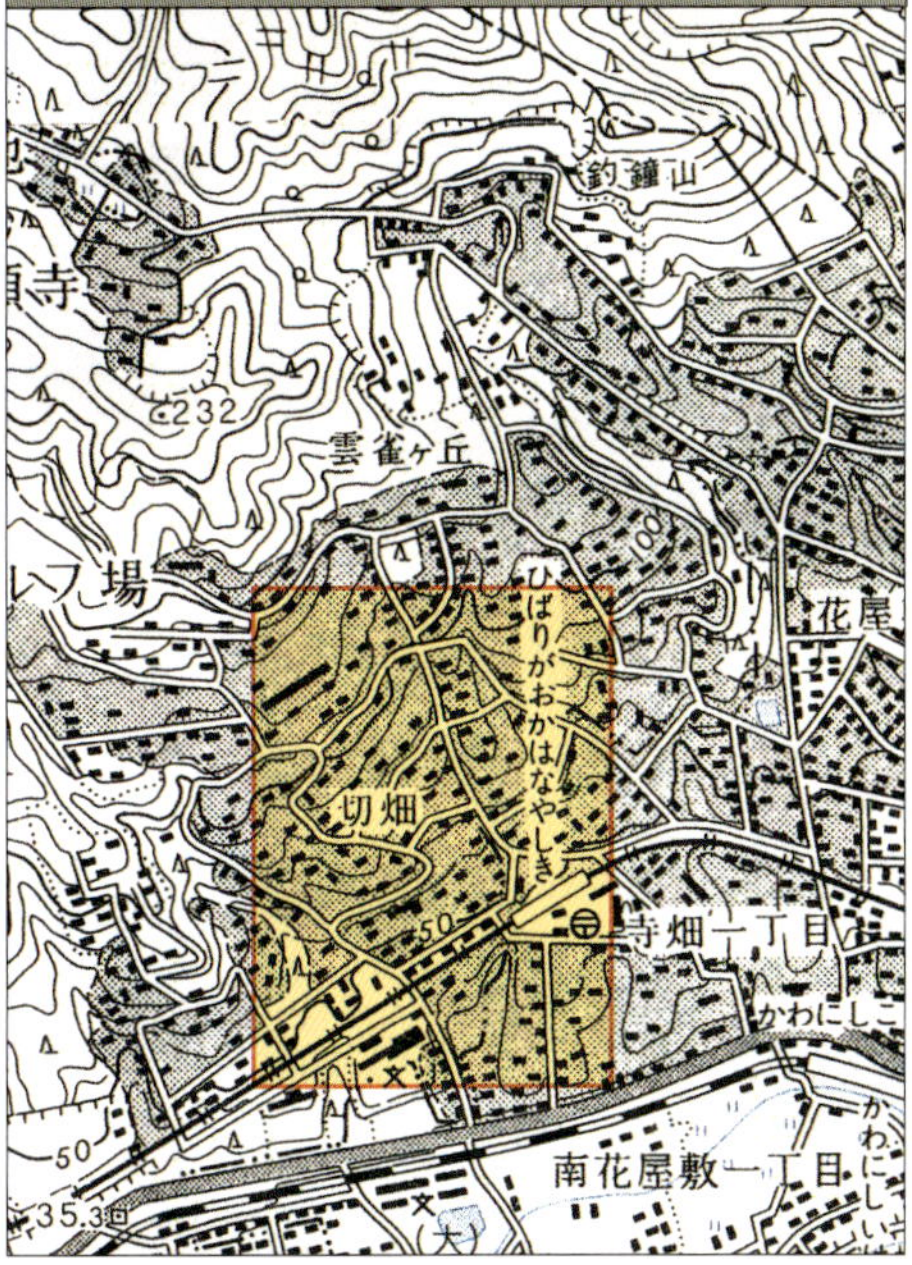

▼33年後

2000（平成12）年

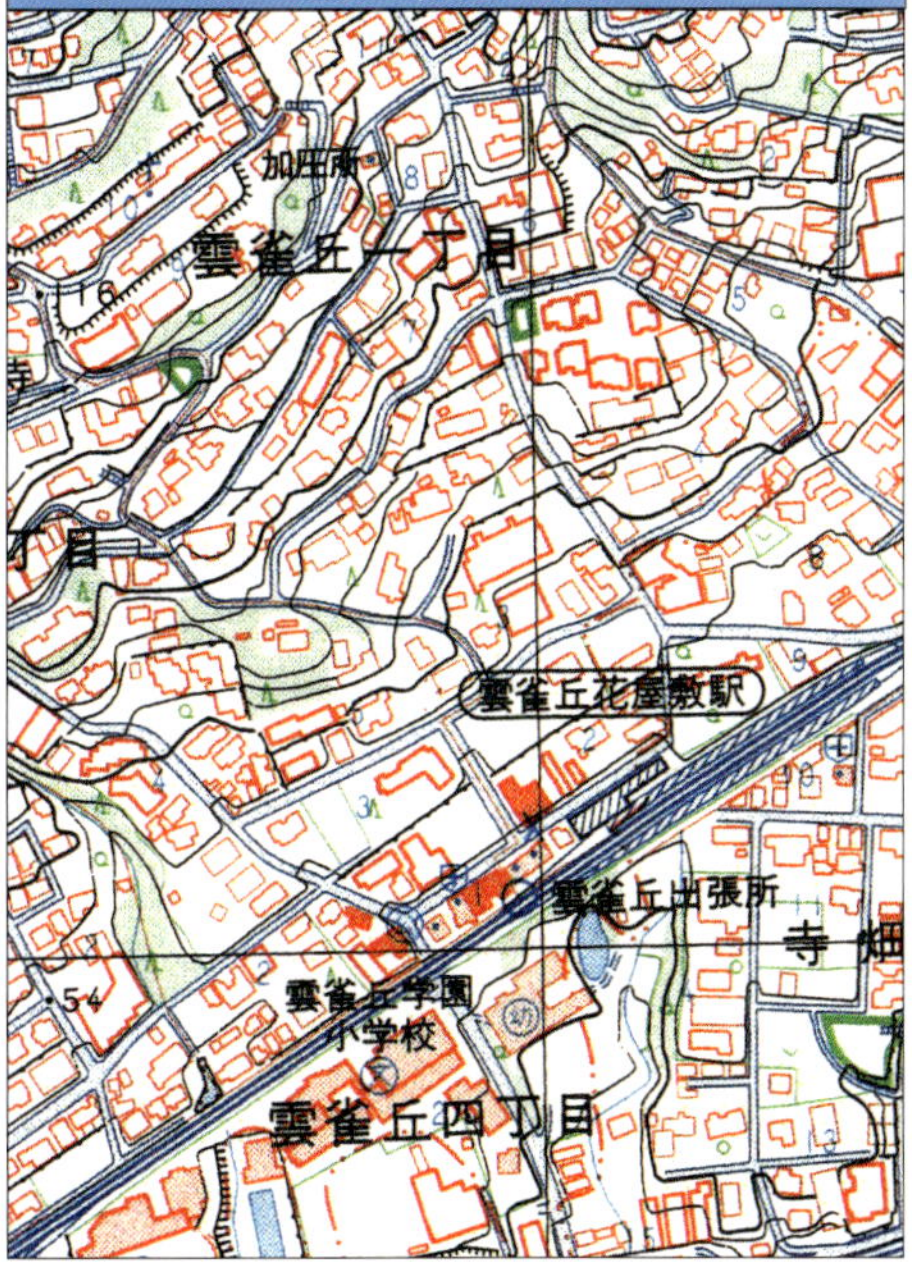

地図上に花屋敷と雲雀丘の地名があるが、この2地区は当時から高級住宅地として知られていた。それぞれの玄関口である駅もあったが、1961（昭和36）年にこの2つの駅が統合され、駅名は現在の「雲雀丘花屋敷」駅となった。反対側にある寺畑地域はJR川西池田駅に近い。

現在

阪急電車 雲雀丘花屋敷付近

大正時代にお屋敷街として開発された、雲雀丘花屋敷地域。その佇まいが息づく山麓の傾斜地に建てられた家々を背景に走るマルーン色の阪急電車。

現在

阪急雲雀丘花屋敷駅東改札口

改札口は、タクシー乗り場のある西改札口、バス乗り場がある東改札口、券売機がない南改札口の3ヵ所があり、このほかに学生専用改札口も設置されている。写真は東改札口。

阪急花屋敷駅

満願寺踏切のそばにあった花屋敷駅。雲雀丘駅と統合されて「雲雀丘花屋敷駅」が出来た後も、地元住民たちの希望により、1年以上営業が続けられた。（宝塚雲雀丘・花屋敷物語より）

大正期

唯一の全面高架式車庫で、脱線事故を想定した訓練線も設置。

平井車庫

雲雀丘花屋敷駅の西南1kmのところに位置している平井車庫（敷地約6万627㎡）は、阪急宝塚線の全車両約310両と能勢電鉄の約60両の管理や点検を行っている。

前身の池田車庫が手狭になったので、1969（昭和44）年9月に工事着工、1971（昭和46）年11月に竣工した。プログラム式列車運行制御装置（PTC）が新築時から導入されている。

阪急電鉄唯一の全面高架式車庫で、高架下も有効活用されている。また、脱線事故を想定した復旧訓練をするための専用線路もある。この訓練線は、平井車庫にのみ設置されているため、阪急神戸線や阪急京都線の作業員も訓練をするためにやって来るという。

平井車庫に宝塚線の車両が集合

平井車庫の敷地面積は約6万627㎡で、車庫には宝塚線の約310両と能勢電鉄の約60両の車両が集合。管理や点検が行われている。

平井車庫・検修庫

宝塚本線と箕面線に所属する全車両の全般検査、重要部検査以外の検査を行う。写真は検査中の3000系。

阪急雲雀丘花屋敷駅周辺を走る阪急バス

東改札口付近に「雲雀丘花屋敷駅前」の停留所があり150系統（満願寺線）が発着している。バス路線は、阪急川西能勢口駅、満願寺経由の愛宕原ゴルフ場行きなど。

満願寺

聖武天皇の命により諸国に満願寺を建立した勝通上人が、摂津国の満願寺として千手観音を本尊に創建した真言宗の寺院。平安時代中期に源満仲がこの寺に深く帰依し、以来源氏一門の祈願所として栄えた。

高碕記念館

1923（大正12）年に建築家ウィリアム・M・ヴォーリズの設計により建築された建物で、1929（昭和4）年より東洋食品研究所の設立者である高碕達之助の住居として使用されていた。宝塚市景観重要建造物に指定されている。 提供：宝塚市

時代先取りのまちづくり

電気や電話の配線を地下に埋め、トイレは水洗にして下水道を完備した街

トロリーバス

雲雀丘・花屋敷地区で温泉が発見され、駅から温泉地までのアクセスには、日本で初めてトロリーバスが運行された。（宝塚雲雀丘・花屋敷物語より）

宝塚市の長尾山東端の山麓部に形成された「雲雀丘・花屋敷」と呼ぶ住宅街は、大阪で土地経営をしていた実業家阿部元太郎が、神戸での土地開発を経て、自らの理想とするモダンな洋風住宅をつくろうと発意したことから始まった。山麓の土地1万坪を分譲し、長尾山を背に西摂平野を拓いた斜面型の造成地に、地元山本地区の造園技術を活かした庭園と、大正文化を象徴する邸宅を組み合わせて建てて行った。

電気や電話の配線を地下に埋め、トイレは水洗にして下水道を完備したことでも注目された。

（宝塚雲雀丘・花屋敷物語より）

雲雀丘を代表する風景

丘陵地の地形をそのまま活かした住宅地。緑の中にしゃれた洋館が点在し、しゃれた雰囲気を醸し出している。（宝塚雲雀丘・花屋敷物語より）

駅前の乗合自動車と阿部元太郎氏

当時の雲雀丘駅は、阿部が建設した私設駅で、駅前のメインストリートも広々としていた。（宝塚雲雀丘・花屋敷物語より）

トリビア

２つの駅だった「雲雀丘花屋敷」

もともと雲雀丘駅は、1916（大正5）年8月に、花屋敷駅と平井駅（現在は山本駅に統合）間に開業した駅だった。これには雲雀丘住宅地を開発した阿部元太郎の力が大きく働いた、と言われている。

しかし、車両の大型化と編成の増結を進めていた阪急電鉄は、1961（昭和36）年、双方の駅間が近く、ホームの延長に難のあった花屋敷駅と雲雀丘駅統合することを決定する。

統合にあたっては大論争となり、花屋敷・雲雀丘側の自治会長らがジャンケンで勝敗を決したというエピソードも残っている。

やまもと
山本
Yamamoto
HK 52
なかやまかんのん Nakayama-kannon HK 53 ひばりがおか はなやしき Hibarigaoka-hanayashiki

山本

開業年 1910（明治43）年3月10日
所在地 兵庫県宝塚市平井一丁目1番1号
キロ程 大阪梅田から19・7km
駅構造 地上駅2面2線
乗降客 15、310人（通年平均）2023年

昭和19年に平井駅と統合した駅 古くから「園芸の街」として有名 日本三大植木産地の一つでもある

駅名に副駅名〝平井〟が付いるが、これは地元からの強い要望だったという。

現在の山本駅は、旧山本駅とかつてあった平井駅とともに1910（明治43）年に開設され、その後に統合されて新設された。両駅の間は約800mほど離れていたが、新駅・山本駅の設置は両駅の中間より30m平井寄りだった。

地名の「山本」は、長尾山系の山麓だからという説や、古い「和名抄」（10世紀）に摂津国河辺郡山本郷と記されており、そこから来たという説もある。

山本は、日本三大植木産地の一つで、千年の伝統を誇る。江戸時代中期以来、ため池を築きながら集落を山麓から平野部に移して来たが、ため池では農業用水が不足がちになることから、植木栽培が始まり、気候や土砂などが適していたため、園芸の街に発展した。

駅の北口には、接ぎ木の技法を確立して豊臣秀吉から「木接太夫」の称号を賜った、坂上頼泰の彰徳碑がある。

阪急山本駅
かつての平井駅と旧山本駅を統合し、現在の位置に新駅の「山本駅」が移設された。写真は出来たばかりの駅の様子。園芸の街らしく、駅周辺も豊かな木々が植えられている。 提供：阪急電鉄

阪急山本駅ホーム
現在の阪急山本駅は、相対式ホーム2面2線の地上駅。改札口は地下に設置されているが、駅が山裾に位置しているので、駅南側と同一平面上にある。駅北側の広場には、バスやタクシー乗り場、地下駐輪場などがある。

古地図探訪

1967(昭和42)年

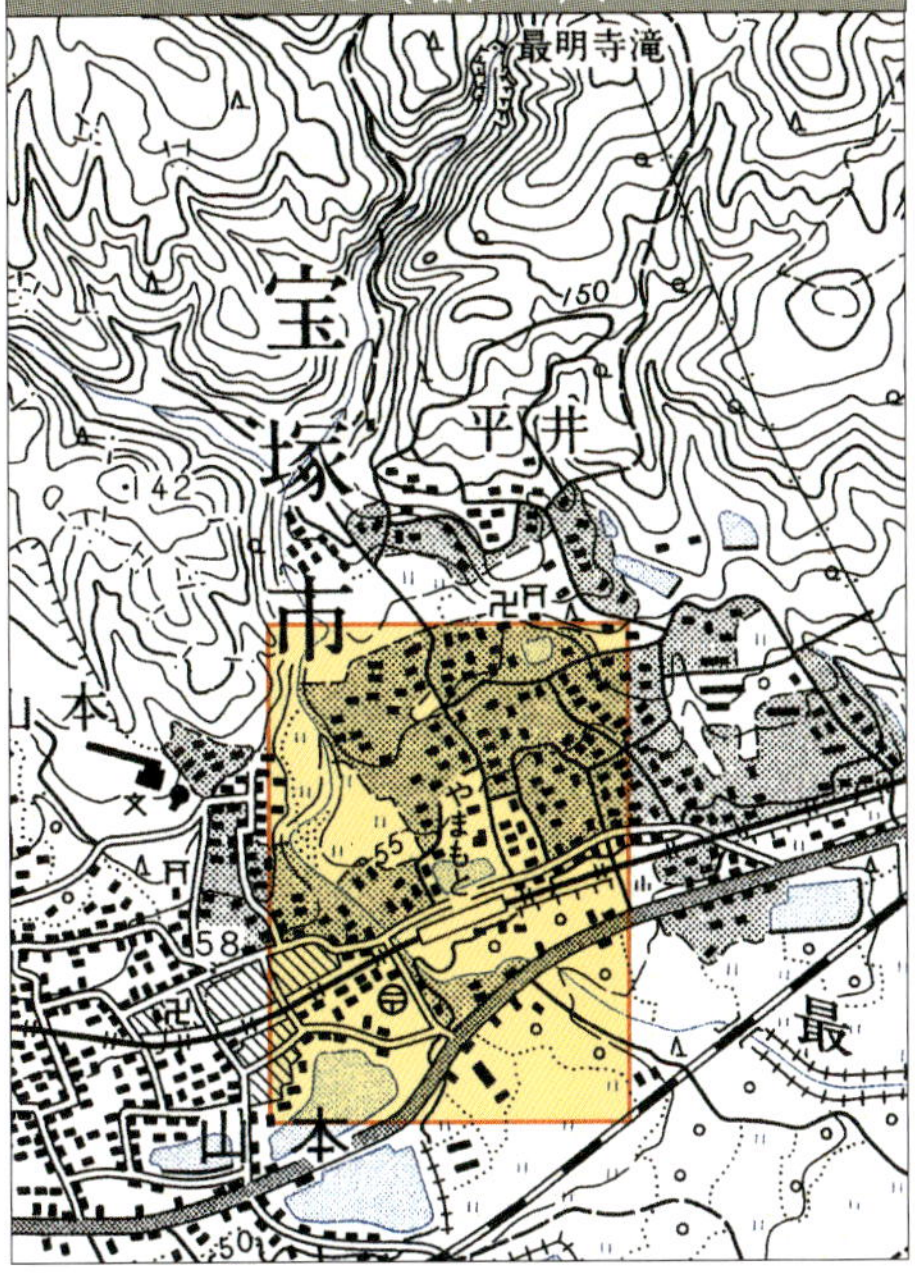

▼ 33年後

2000(平成12)年

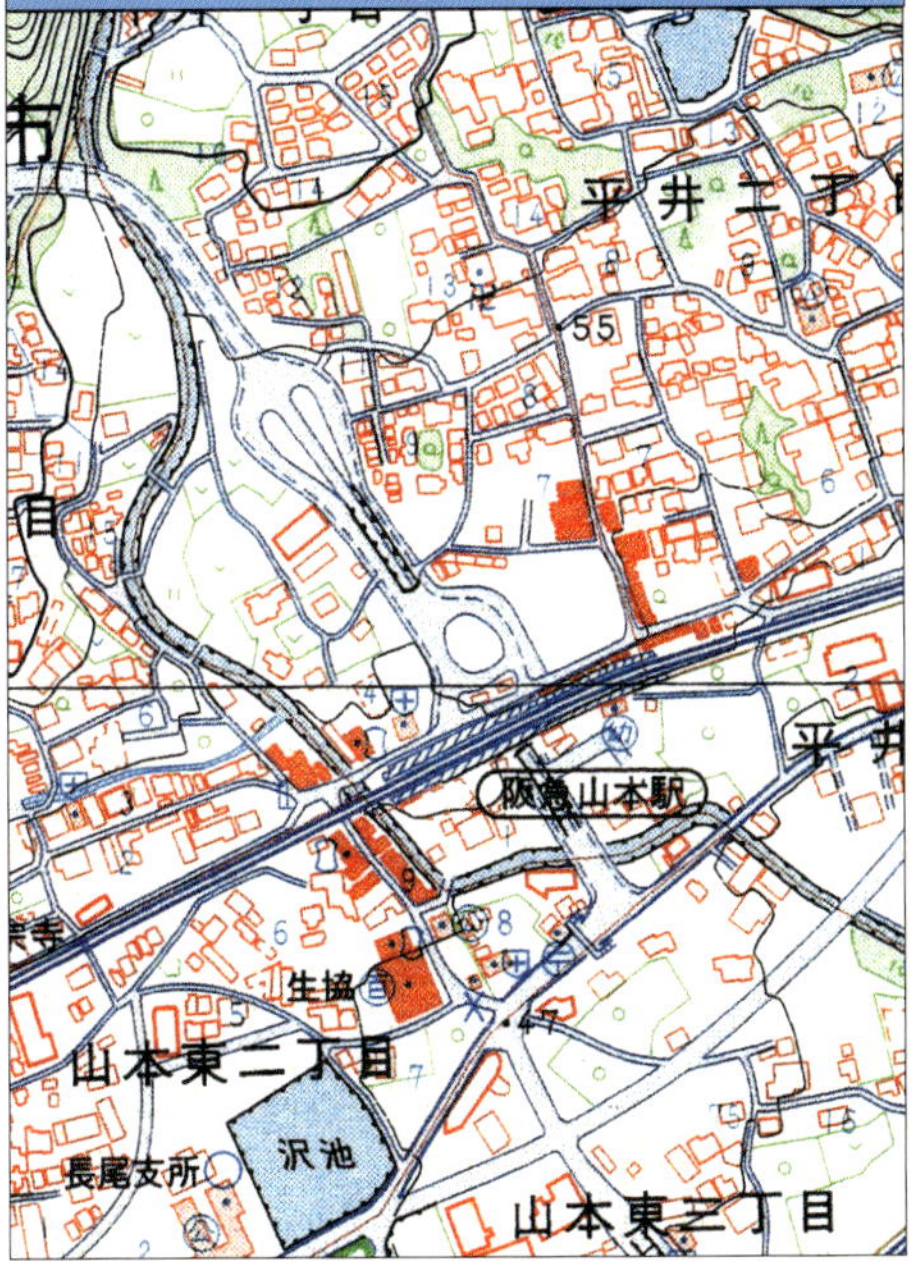

地名の「山本」は、山麓(長尾山系)に発達した村落の「山の元」から来ている。駅から徒歩圏にハイキングコースの最明寺滝への道があり、滝の上流は最明寺川の源。この川は宝塚市・川西市を流れ、やがて猪名川に注ぐ。山本駅の隣りにかつて平井駅が存在していた。

木接太夫彰徳碑

山本地区一帯が「日本三大植木産地」の一つとなったきっかけは、山本出身で、接木を成功させた坂上善太夫頼泰だ。豊臣秀吉から「木接太夫」の称号をもらったと言われ、その功績の彰徳碑が駅近くに建てられている。

山手台北公園からの夜景

山手台北公園は、阪急中山駅と山本駅間の山手にある公園。周辺は閑静な住宅街だ。園内は大きな円を描いた芝生があり、夜は大阪平野から神戸ベイエリアまでパノラマで見渡すことができる。宝塚エリア屈指の夜景スポットだ。

最明寺滝

最明寺滝は、奇岩を流れ落ちる神秘的な滝で、古くから知られた名勝だ。鎌倉時代に北条時頼が出家し、最明寺入道と名乗ってこの地で庵をつくったところからこの地域は"最明寺"と呼ばれるようになった。

全国三大植木産地「園芸の街・山本」

1000年の歴史を持つ、園芸の街・山本。植木だけではなく、花卉栽培も盛んだ。

山本は全国三大植木産地の一つで、植木だけでなく、花卉栽培も盛んに行われている。その歴史は古く、平安時代から続いているという。16世紀後半には、〝木接太夫〟と呼ばれた坂上頼泰公により、接ぎ木手法が発明され、豊臣秀吉からその技術の素晴らしさで称号を与えられた。

明治時代には蘭やバラの栽培、大正時代には庭園樹がつくられる。そして昭和初期には、園芸の品種は海外から集められ、飛躍的に進歩した。新しい品種の大部分は山本地区で試作され、商品化に成功。通信販売によって全国に売り出された。また、造園も需要が増え、植木市、品評会も盛んに開かれ、山本の〝園芸の街〟としての名を高めている。

あいあいパーク

2000（平成12）年４月、園芸の街・山本の「花と緑の情報発信ステーション」としてオープン。園内は、イギリスの美しい地方都市サリーの 17 世紀頃の風景が再現されている。

提供：宝塚市

山本園芸流通センター

近隣の植木業者が集まり、それぞれ独自の技術で育成した植木や盆栽、花卉、観葉植物などを展示・販売する。このセンターを中心に、毎年春と秋に「宝塚植木まつり」が開かれている。　提供：宝塚市立中央図書館

トリビア

昔、平井という駅があった…

提供：宝塚市立中央図書館

1944（昭和19）年まで阪急宝塚線には山本駅（旧）と平井駅があった。そしてこの2つの駅が統合されて、現在の山本駅が誕生した。平井駅が山本駅に統合されてしまったのは、知名度と利用者数の比較が大きい。

山本駅は、当時から有数の園芸の街として知られており、平井駅は、ほとんどが地元の人の利用であったからだ。

山本駅の駅名標に小さく「平井」という文字があるが、これは駅統合の際に「〝平井〟という駅名を残して欲しい」という地域の人たちの要望に応えたものだという。

巡礼街道を歩く

西国三十三所観音霊場巡り二十四番札所の中山寺を中心とした宝塚市の一部の区間が巡礼街道として整備されている。この街道を歩いてみた。

スタート地点は阪急山本駅。駅前には街道の案内板があり、その奥には日本初の接木技術の実用化に対し、秀吉から接木太夫の称号が与えられたという大きな彰徳碑(P87)がある。この周辺は古くから園芸産業の盛んなところであった証である。

歩き出してまもなくルートから右に少し逸れて、江戸時代前期の本殿が今も残る「松尾神社」❶に寄り道していく。巡礼街道に戻って細く入り組んだ道を西へ進むが案内板が多くあるので迷うことはない。

次に見えてくるのは「黒光稲荷神社」❷。行基が街道沿いにあった大きな岩を邪魔だと投げ飛ばしたとされる「行基の石」が有名。宝塚市の有形文化財の本殿がある「天満神社」❸、赤い鳥居が坂上まで延々続く「有高稲荷神社」❹を右手に見ると、西国三十三所二十四番札所中山寺(P92〜93)の立派な山門が見えてくる。ここは十分に時間をかけて拝観する。

「市杵島姫神社」❺や春には桜が美しい「菰池」を通りすぎると、衣・食・財の神様「売布神社」(P97)。街道からは少し奥まっているがここも時間をかけて参拝したい。

中国自動車道をくぐり道標に従って進むと、巡礼街道の終点「清荒神清澄寺」(P101)に着く。境内には鉄斎美術館や龍王滝など見どころが多い。参道を南下し阪急清荒神駅に着く。

(写真・文・マップ/乙牧和宏)

なかやまかんのん
中山観音 HK 53
Nakayama-kannon
◀ めふじんじゃ Mefu-jinja HK 54　やまもと Yamamoto

中山観音

平成25年に中山観音駅に改称
安産祈願「中山寺」の門前駅
8月の「星下り祭」は賑わう

開業年 1910(明治43)年3月10日
所在地 兵庫県宝塚市中山寺二丁目7番1号
キロ程 大阪梅田から21・5km
駅構造 地上駅2面2線
乗降客 9、572人(通年平均)2023年

安産祈願で知られる中山寺の門前にある中山観音駅は、2013(平成25)年12月に「中山寺」から改称された。

駅のすぐ北にある中山寺は、山号を紫雲山と称する真言宗中山寺派の総本山で、西国三十三所観音霊場の第二十四番札所として知られている。

本尊の十一面観音菩薩、薬師如来坐像、聖徳太子坐像など国指定重要文化財が祀られ、昔から安産祈願の信仰を集めてきた。世継ぎが出来なかった豊臣秀吉も、中山寺に祈願し、淀君に秀頼が授かったという。現在も、安産祈願で訪れる人が絶えない。

またこの寺が特に賑わうのは、毎年、8月9日に行われる「星下り大会式(おおえしき)」。西国三十三所の観音さまが星になって、中山寺派の総本山に集まると言われる、ロマンチックな催しだ。この日に参詣すると、4万6千日分を参詣したのと同じ功徳を得られると、多くの参詣客が押し掛ける。

阪急中山駅南口 提供:阪急電鉄

駅周辺の地形は傾斜が急なため、改札口は上下線のホームからつながる地下道にある。この構造は1960(昭和35)年から採用されて来たが、駅舎の老朽化で1981(昭和56)年に改良されている。

阪急中山観音駅北口

写真は中山寺の参道に近い中山観音駅の北口。地下道の改札口を出ると、北側の道路は少し高い位置にあるので、エスカレーターが設置されている。梅田行きの改札口は地上にも設けられている。

大阪梅田
中津
十三
三国
庄内
服部天神
曽根
岡町
豊中
蛍池
石橋阪大前（箕面・牧落・桜井）
池田
川西能勢口
雲雀丘花屋敷
山本
中山観音
売布神社
清荒神
宝塚

古地図探訪

1967(昭和42)年

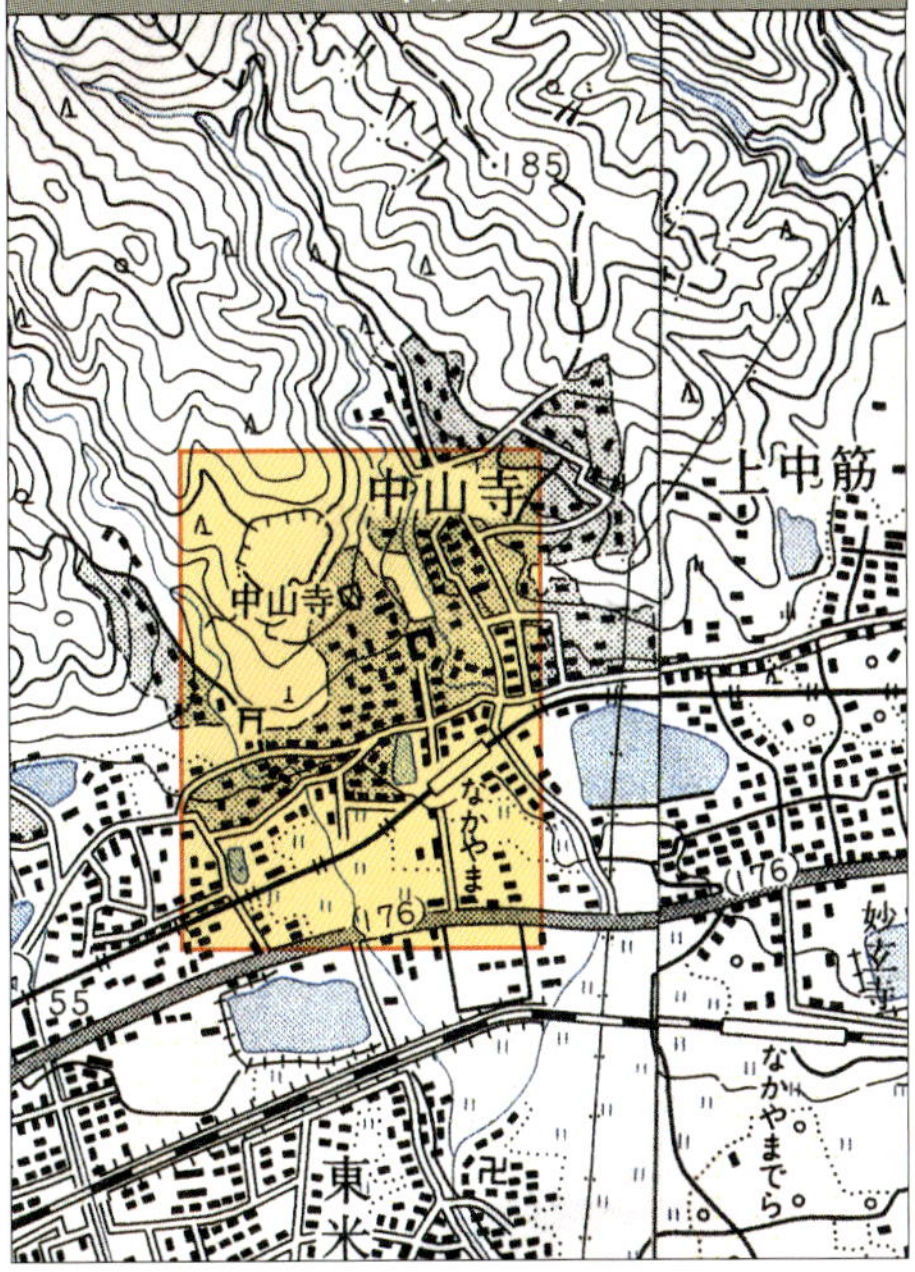

▼33年後

2000(平成12)年

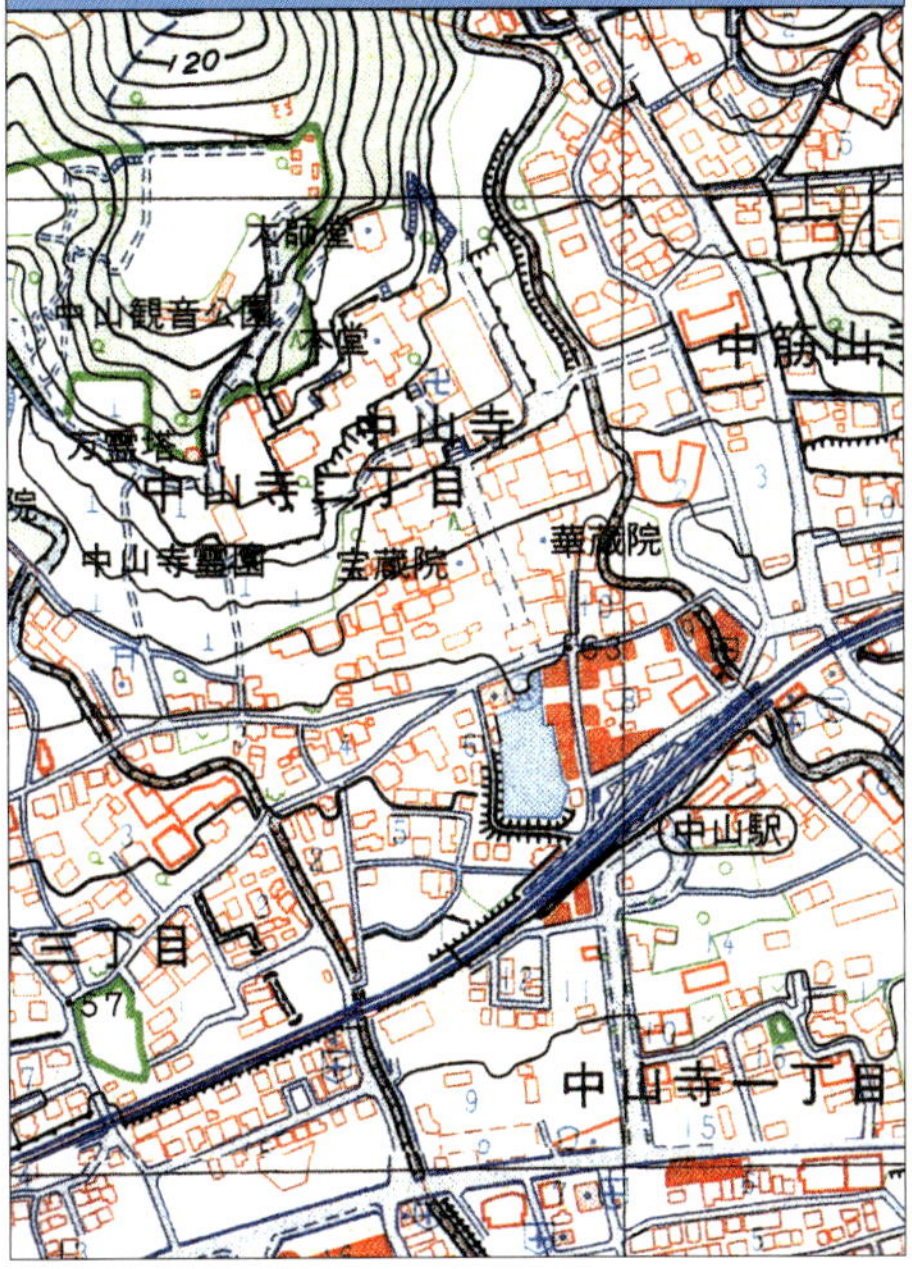

阪急宝塚線の駅は「中山」駅。JR福知山線の駅は「中山寺」駅。どちらも中山寺への門前駅だが、阪急宝塚線・中山駅からのほうが近く、駅前商店街を抜けるか抜けないかのうちに中山寺が見えてくる。中山駅は、2013(平成25)年の12月に「中山観音駅」に改称された。

中山寺絵葉書 提供:宝塚市立中央図書館

中山寺は、西国三十三所の第二十四番札所。本尊は木造十一面観音菩薩立像(国指定重要文化財)で、安産の神様として知られている。写真の絵葉書は、お正月の初詣の様子。大勢の人が本殿前の階段を行き来している。

阪急中山駅南口 提供:宝塚市立中央図書館

まだ「中山駅」だった頃の駅南口の風景。バス乗り場やタクシー乗り場も整備され、佇まいは現在と変わらないが、駅名標が「中山駅」となっている。手前はロータリーの自転車置場。

トリビア

中山寺の星ロマン

中山寺の星下り大会式は、平安の頃から〝星祭り〟の名で続けられ、〝星下り〟という名称は慶長元和の頃から。その由来は「三十三所の観音様が来られる姿がまるで星が降るように見えたから」と、なんともロマンチックだ。古来より8月9日の星下り祭にお参りすると、西国三十三所観音霊場のすべてにお詣りしたのと同じ功徳があると言われて来た。

この日は「四万六千日」とも言われ、1日で4万6千日お詣りしたのと同じ功徳が得られる日とか。一説には「1升の米粒の数は四万六千粒で、〝1升〟は〝一生〟と同じ発音で、四万六千は一生を意味するという。

星下がり祭

安産祈願で知られる中山寺では、毎年８月９日に「星下がり大会式」が行われる。このお祭りは「西国三十三所の観音様が全て星に乗って中山寺に集まる」と伝わるもので、梵天奉納が行われるなど、大変な賑わいを見せる。　撮影：川端未希子

星下がり祭（梵天）昭和53年

神仏の依代となる大形の御幣のことを「梵天」と呼ぶ。星下りでは、長さ２ｍほどの青竹に幣束を取り付けたものを用いる。そして星下りの日、寺に参集した西国三十三観音すべての功徳がこの梵天に宿るとされる。本堂から各塔頭へ功徳の宿った梵天を振りかざしながら練り下るのが祭のクライマックス。

提供：宝塚市立中央図書館

奥之院まで歩く

中山寺開創の地で、厄神さまをお祀りする奥之院は、伽藍から2キロメートルの山中にある。標高差約２８０ｍを緩やかに登って行く参道は、一丁ごとに丁石が立っている。

平日に歩いてみたが、たくさんの人が参拝されていた。奥之院では登拝回数に応じて、表彰と記念品の授与を行っているそうだ。地元の方の中には毎日登っている方もいるとか。

十丁石を越えたところには、夫婦岩と言われる大きな二つの岩が並んでいる。近くには大阪平野を望む絶景ポイント（夫婦岩園地）があり、途中休憩にはちょうど良いところだ。

ひと休みして後半の登りにかかる。十三丁石で林道と交差し、十四丁石あたりからは、今までの尾根道から山腹を巻く道に変わる。十七丁石にある聖徳太子修行の地を過ぎ右にカーブすると奥之院が見えてくる。

（写真・文／乙牧和宏）

夫婦岩

丁石

奥之院

安産の観音さま「紫雲山・中山寺」

西国三十三所第二十四番札所で、安産の神様として知られる「中山寺」。聖徳太子の創建と伝わる、日本で初めて観音菩薩を本尊とした寺院。

「野もすぎ　里も行きて　中山の寺へまいるは　後の世のため」と、ご詠歌で唱えられる中山寺は、聖徳太子の創建と伝わる日本で初めて観音菩薩を本尊とした寺院である。

西国三十三所第二十四番札所で、安産の神様として知られ、寺の内外で安産の帯のさらしが売られている。

安産のほかにも、学業成就や水子供養など、子どもに関するご利益があるので、平日でも参拝客が多い。

本尊は、インドのアユジャ国王の勝鬘（しょうまん）夫人19歳の等身像（十一面観音菩薩立像）。これはインドから中国、朝鮮を経て大和の国に入り、聖徳太子の手によって中山寺に納められたという。現在は秘仏として本堂の御厨子の中に祀られており、月に一度、18日の観音の日に御開帳される。

十一面観音菩薩立像の本尊（国指定の重要文化財）は、カヤの木で彫られ、貞観時代の様式的特徴を見せ、全体の印象から10世紀頃の作と伝わる。このほか、薬師如来坐像、聖徳太子坐像（いずれも国指定重要文化財）など、多くの仏様が祀られている。

境内には、大仲姫の御陵と伝えられる白鳥塚古墳、豊臣秀頼が建立したという本堂、護摩堂など多くの文化財がある。毎年8月9日の星下り祭には、西国三十三所の観音さまが星となって中山寺に集まると伝えられている。

屋根が二重の中山寺山門

中山寺の山門は二階建てで屋根が二重になっている二重門で、格式が高い。南側に阿形・吽形の仁王像、北側に獅子・狛犬を祀っている。

鮮やかな青の五重塔（夜景）

青龍塔の名を持つ五重塔。色鮮やかな青色が特徴。これは東西南北を司る四神のうち、東方を司る青龍をイメージしたもの。夜景も美しい。　提供:宝塚市

秀頼公建立の本堂

中山寺の本堂は、1603（慶長８）年に豊臣秀頼の発願で現在の本堂が再建された。兵庫県の有形文化財建造物として指定されている。　提供:宝塚市立中央図書館

めふじんじゃ
売布神社
HK 54
Mefu-jinja
きよしこうじん Kiyoshikojin HK 55
なかやまかんのん Nakayama-kannon

売布神社

由緒ある古社・売布神社の最寄り駅
本殿前に市指定文化財の石碑がある
小浜御坊周辺は宿場町として栄えた

開業年 1914（大正3）年3月21日
所在地 兵庫県宝塚市売布二丁目14番30号
キロ程 大阪梅田から22・4km
駅構造 地上駅2面2線
乗降客 7、170人（通年平均）2023年

駅名になっている売布神社は、駅の西北300mのところに鎮座する。江戸時代は「貴布禰（きふね）社」「貴船大明神」と呼ばれていたそうだ。しかし、八代将軍吉宗の時、大岡越前守から命を受けた並河誠所という人が調査したところ、この神社が延喜式所載の「売布社」と分かり、以後「売布社」と称するようになった。本殿前には、当時建てられた〝売布社〟の標石が残っており、宝塚市指定の文化財になっている。境内の鎮守の森も市指定天然記念物だ。

売を「め」と読むのは呉音の読み方。「売」は米、「布」は織物で、「米どころで布を織って生活しているところ」となる。つまり、売布神社は衣食住を守護する神様なのだ。

駅の南に〝小浜御坊〟と呼ばれる真言本願寺別格本山毫摂寺がある。小浜は寂しい寒村だったが、その後発展。門前町の形態を整え、その後、交通の要所となり、宿場町として栄えた。

阪急売布神社駅
西改札口

売布神社駅は相対式ホーム2面2線を有する地上駅。改札は上下線ホームで別々になっており、写真は大阪梅田行きホーム側の西改札口。この駅から徒歩5分ほどで駅名の由来でもある売布神社がある。

古地図探訪

1967(昭和42)年

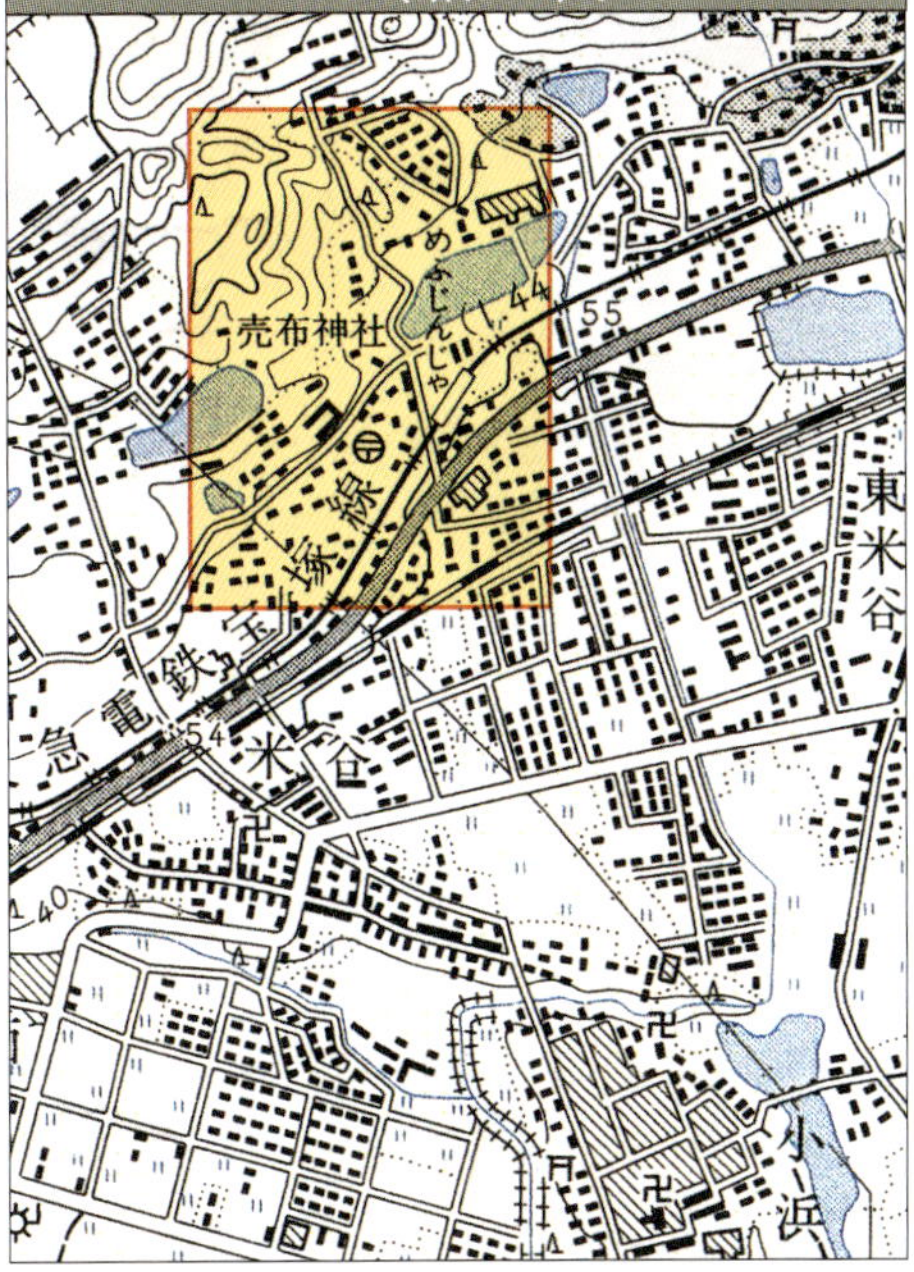

▼33年後

2000(平成12)年

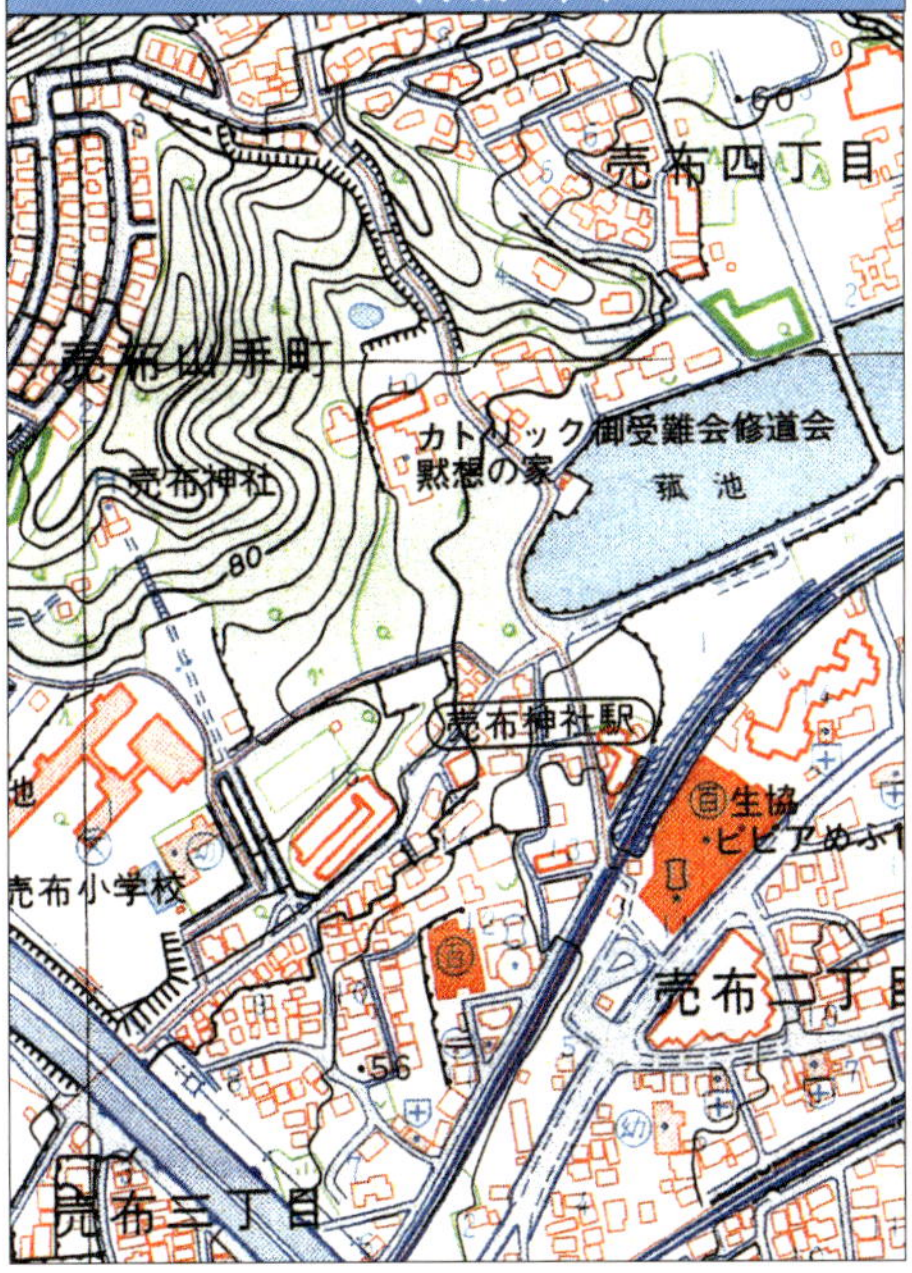

売布神社が鎮座する売布山手町辺りは阪急（箕面有馬電気軌道）の開通後に宅地開発が始まる。標高約100mの高台で緑豊かで道幅も広く、戸建てが立ち並ぶ住宅地だ。近くに売布小学校やカトリック御受難会修道会、菰池などがある。

駅前再開発前の東改札口付近

売布神社駅周辺は、阪神・淡路大震災後の駅前再開発により大きく変わった。写真は、まだ再開発が行われていない時の宝塚行きホーム側駅舎(東改札口)付近の光景。

提供:宝塚市立中央図書館

宝塚方面のみの改札だった頃

現在の改札は、上下線ホームで別々になっており、ホーム間での移動は出来ないが、この頃は宝塚方面のみの改札しかなかったので、構内を行き来できる通路が設けられていた。　提供:阪急電鉄

駅前再開発後の駅前ロータリー

売布神社駅前地区の再開発は、1996(平成8)年5月から2000(平成12)年3月までの期間にわたって行われた。売布神社駅の宝塚行き方面の駅舎前(東改札口)には複合施設「ピピアめふ」が建ち、駅前広場も広々と確保され、周辺は一新された。

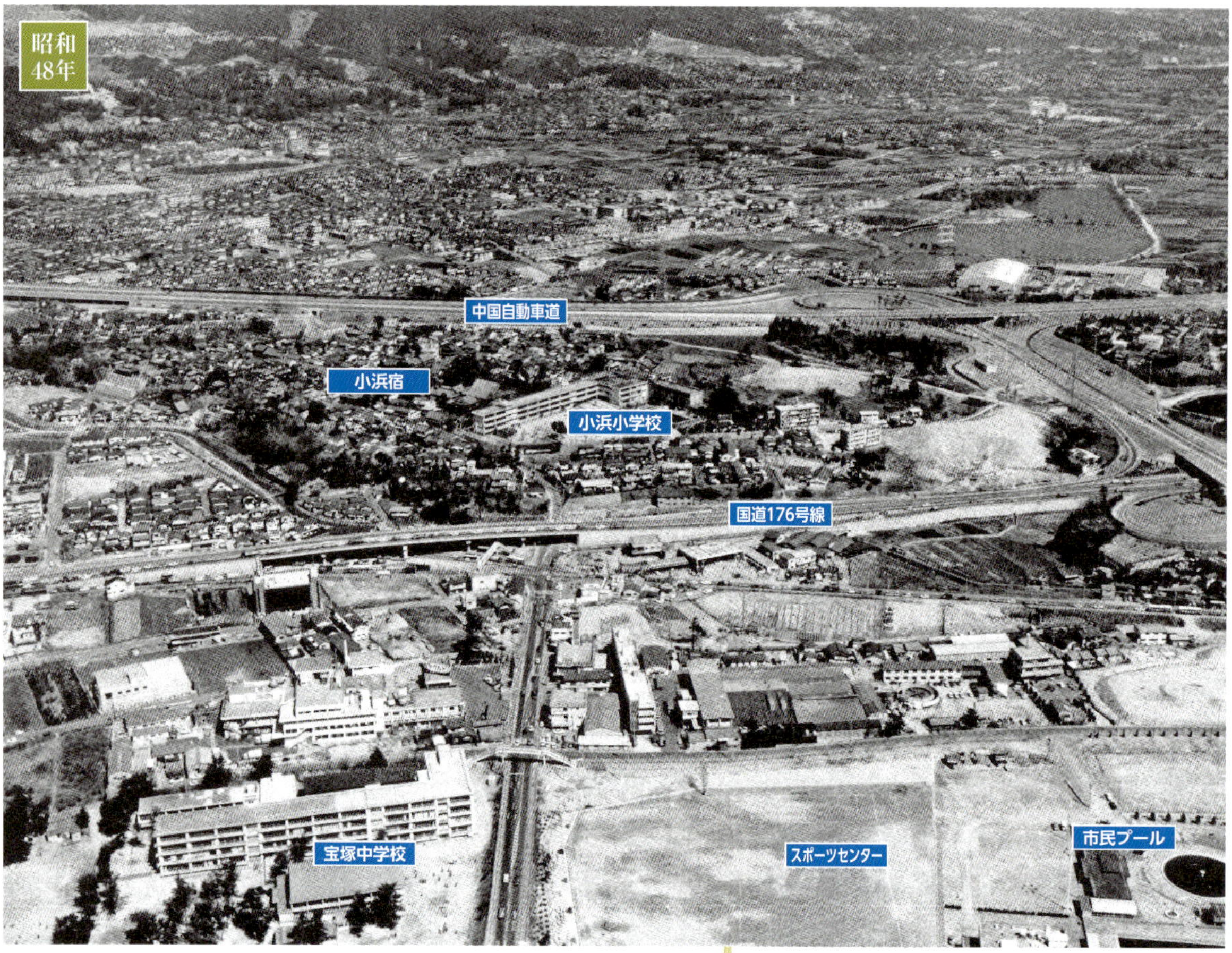

小浜付近の空撮 提供：宝塚市立中央図書館

伊子志付近の上空から撮影された当時の小浜宿の全景。中国縦貫自動車道と国道176号バイパスの間に小浜小学校、小浜墓地が見える。手前には市民プール、スポーツセンター、宝塚中学校が並んでいる。

小浜宿跡

江戸の面影をとどめる小浜宿跡

宝塚市の小浜地区は歴史ある地で、15世紀末は毫摂寺の寺内町として栄えた。そして江戸時代には京伏見街道、西宮街道、有馬街道が交わる宿場町として賑わった。現在でも当時の雰囲気をとどめた旧跡が点在している。

写真右上は、西宮街道の南の入口である南門跡。西宮から小林を経て武庫川を渡って小浜に至る道で、馬街道とも呼ばれた。写真左上は"小浜御坊"と呼ばれる浄土真宗本願寺別格「毫摂寺」。写真右は、江戸時代の面影をとどめる小浜宿跡。昔ながらの町家が並ぶ一帯だ。

衣・食・財のご利益がある「売布神社」

売布神社は、平安時代に編纂された「延喜式」にも記載されている古社。

売布神社は、衣・食・財の守護神のほか、縁結びの祭神もまつる古社。平安時代に編纂された「延喜式」に記載されている神社で、610（推古天皇18）年の創建と伝えられる。

江戸時代には「貴船大明神」などと呼ばれていたが、大岡忠相の命を受けた並河誠所という人物が調査し、「売布神社」であることを確認した経緯が残っている。本殿前の市指定文化財の石碑は、その時に立てられたものだという。また、貴布禰大明神と呼ばれていた頃の社額も保存されている。

主祭神は出雲大社の祭神・大国主命の姫君・下照姫神。姫君は当地の里人が飢えと寒さで困窮しているのを憂い、稲を植え、麻を紡ぎ、布を織ることを教え、その後豊かになった里人が下照姫神を祀ったという伝承が残る。米谷村の由来もこの伝承にちなみ、米種（まいたね）か売布谷（めふたに）が転訛したものだ。

昔の社殿は、1810（文化7）年に古文書などと共に焼失し、現在の社殿は、1816（文化13）年に再建されたもの。境内の社叢（しゃそう）は市指定天然記念物に指定されている。

1816（文化13）年に再建された社殿は、桧皮葺きの流造で格式が高い。阪神・淡路大震災で被災するが修復された。

1736（元文元）年に建立されたという、拝殿前の石碑（売布神社社号標石）は、宝塚市指定有形文化財。

13,000㎡の境内全域は環境保全地区に指定されており、社殿を囲む社叢（鎮守の森）など自然がいっぱいだ。

トリビア

難読駅クイズの常連さん

地元民には当たり前に読める駅でも、他県の人からするとなかなか読めない駅名は案外多い。

宝塚線の沿線も難読駅がズラリと並び、難読駅クイズに出題される常連の駅名が目白押しだ。

たとえば、宝塚線では、十三・三国・服部天神・曽根・蛍池・川西能勢口・雲雀丘花屋敷・売布神社・清荒神など。箕面線では箕面、牧落。

能勢電鉄妙見線は、畦野、鴬の森がよく取り上げられる。中でも〝売布神社〟は読みにくい駅のナンバーワンとされ、読めたら天才？ なのだ。

旧和田家住宅は、いわし坂の北にある、宝塚市最古の住宅（宝塚市指定文化財）。江戸時代の民家を今に伝える貴重な歴史遺産として無料で開放されている。和田家は代々旧米谷村（飯野藩領）の庄屋をつとめており、約300年前の家屋とともに古文書などの貴重な資料も見ることが出来る。

きよしこうじん
清荒神
HK 55
Kiyoshikojin
たからづか Takarazuka HK 56 めふじんじゃ Mefu-jinja

清荒神

「荒神さん」の参拝者で賑わう駅
駅直結の参道は昔ながらの佇まい
駅南に図書館&ベガホールがある

開業年 1910（明治43）年3月10日
キロ程 大阪梅田から23・3km
所在地 兵庫県宝塚市清荒神一丁目9番3号
駅構造 地上駅2面2線
乗降客 6、946人（通年平均）2023年

清荒神駅の北側1kmのところに、〝荒神さん〟として親しまれている、神仏習合の古刹・清荒神清澄寺がある。

北改札口を出てすぐの参道には、門前町商店街として店が軒を連ねている。

清澄寺の創建は平安時代の896（寛平8）年で、宇多天皇から「日本第一清荒神」の称号を賜ったことから「清荒神」と呼ばれるようになったという。

山門を入り、正面に本堂があるが、まず、途中で左へ入り、清澄寺の鎮守である三宝荒神が祀られた拝殿（天堂）を参拝する人が多い。〝火の神・かまどの神〟として人々の信仰を集めている。

本堂には、本尊大日如来像（平安前期・国指定の重要文化財）が祀られており、石段下に立つ一願地蔵（水掛地蔵）も人気がある。その奥に鉄斎美術館が建つ。神社と仏閣の風景が同居する境内には、数々のパワースポットが点在している。

駅南には文化施設のベガ・ホールと宝塚市立中央図書館が併設されている。

阪急清荒神駅

自然のままの雑木林や石積みのホームが時代を感じさせる、戦前の清荒神駅。1910（明治43）年の開業の時から参拝客に利用され、その役割は現在も引き継がれている。　提供：阪急電鉄

阪急清荒神駅北改札口　提供：宝塚市立中央図書館

写真は大阪梅田方面ホーム側の北改札口駅舎。臨時出札コーナーも隣接する。清荒神清澄寺や鉄斎美術館へ行くにはこちら側が近い。反対側の宝塚行きホームとは地下道で連絡している。

古地図探訪

1967（昭和42）年

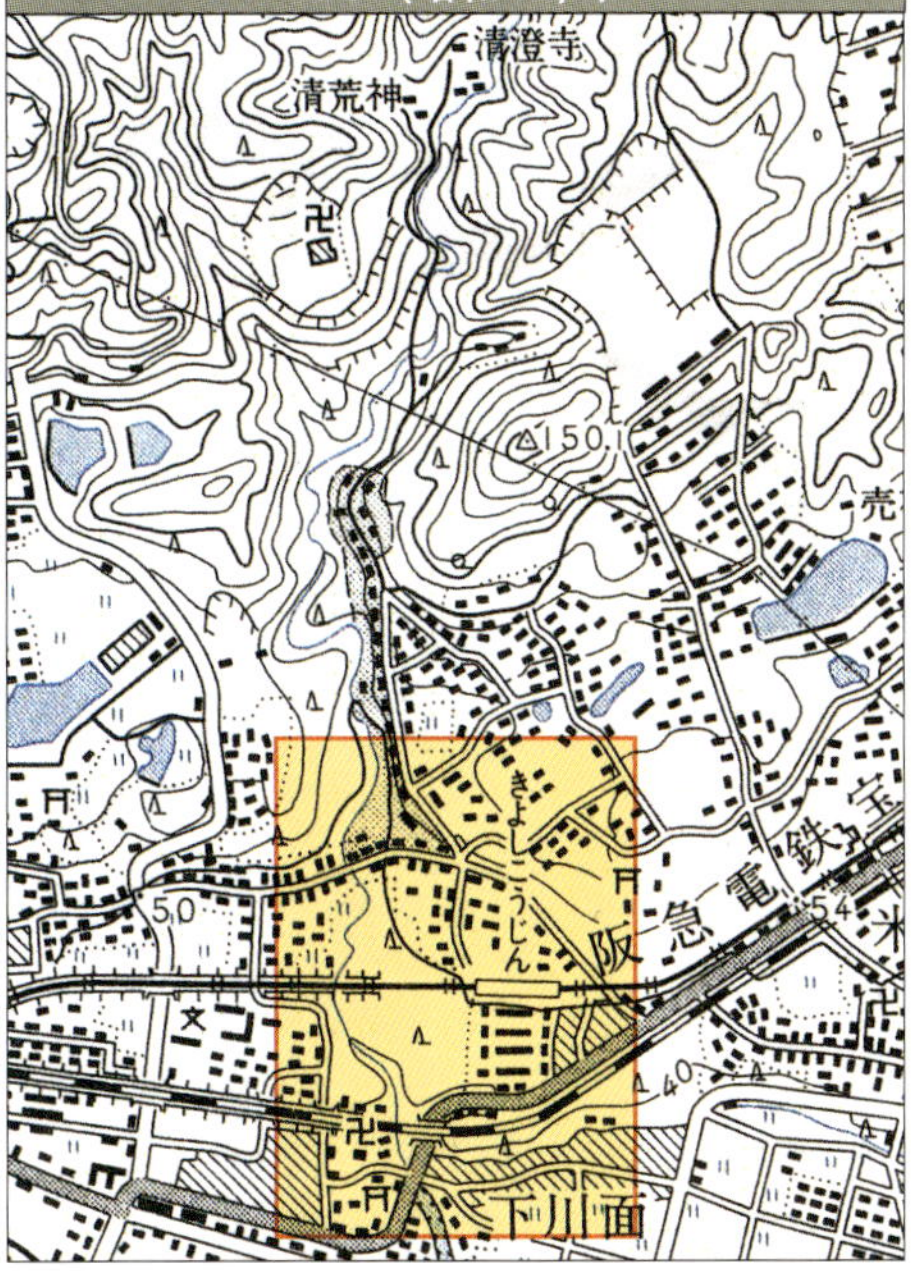

▼33年後

2000（平成12）年

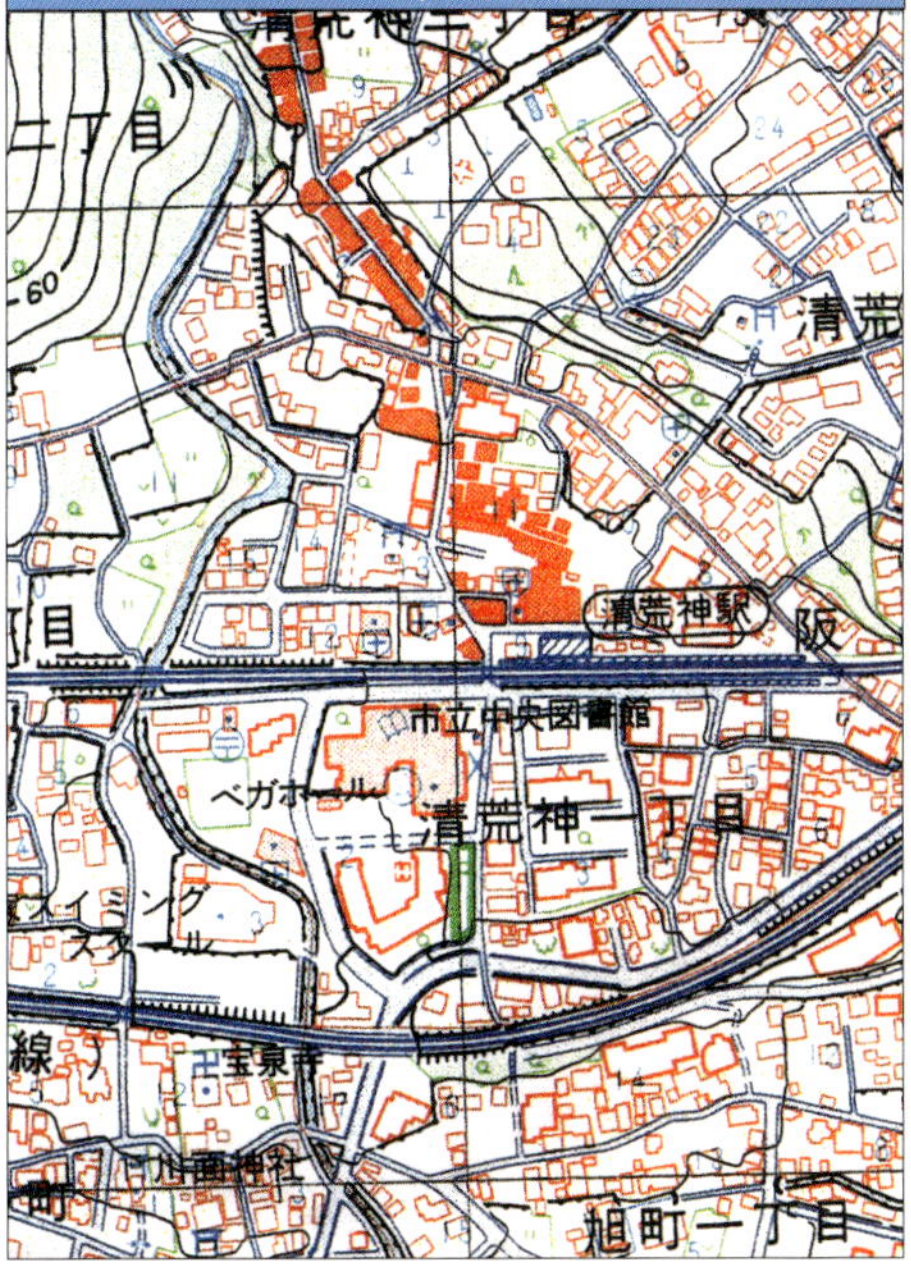

清荒神清澄寺は、当初現在地の東方丘陵の上にあった。その地は切畑字長尾山にあって、〝旧清（もときよし）〟と呼ばれ、創建当時の伽藍であったことを伝えている。1970（昭和45）年の発掘で本堂などの遺構が発見された。荒神社はそこから西方の谷間にあったとされている。

清荒神清澄寺参道

駅から清荒神まで続く約1.2kmの坂道の参道にはさまざまなお店が並んでいる。平日は人通りも少ないが三宝祭の時などは賑わう。

清荒神清澄寺拝殿参道

火の神、かまど（台所）の神として親しまれている清荒神清澄寺。元旦から３日までの「新年祝祷三宝祭」の時が一番参拝客が多く、参道も混雑する。

提供：宝塚市立中央図書館

トリビア

お賽銭の倍返し！

清荒神の護法堂の裏手には、開創の際に荒神様が姿を現わされた場所と伝わる「荒神影向の榊」がある。

ここには全国でも珍しい風習があり、それは「根元に供えられたお賽銭を頂いて帰り、次回参詣の時にお賽銭を倍にしてお返しする」というもの。

頂いたお賽銭を紙に包んで財布に入れておけばお金に不自由せず、御守りにしていると吉事があると言われている。テレビドラマ・半沢直樹の台詞「倍返しだ！」を真似てチャレンジする人もいる。

宝塚市立中央図書館／ベガ・ホール

提供：宝塚市立中央図書館

1980（昭和55）年開館の宝塚市立中央図書館は、宝塚市立文化施設ベガ・ホールと併設された建物で、阪急宝塚線清荒神駅南口そばに位置している。図書約36万冊のほか、新聞・雑誌、点字・録音図書、AV資料を所蔵。宝塚市の図書館の中で最も大きな規模となっている。

提供：宝塚市立中央図書館

宝塚市立文化施設ベガ・ホールは、宝塚市の外郭団体が運営するコンサートホール。ベガ（Vege）は琴座のベガ（織姫星）に由来する。館内の舞台正面には、パイプ総本数1,468本のパイプオルガンが備えられ圧巻だ。緞帳などの幕は使用せず、音響効果への配慮も行き届いている。

提供：宝塚市

開創千百余年「清荒神清澄寺」

かまどの神様と呼ばれる清荒神清澄寺。関西では"荒神さん"で親しまれている。

駅の改札を出てすぐの参道は上り坂だが、両側には店が連なり、これらを眺めながら寺までのんびりと歩いて行ける。

山門を入ると、樹齢約500年と推定される2本の大銀杏があるが、この大銀杏は宝塚市の天然記念物に指定されている。

「かまどの神様、三宝荒神」として全国的に有名な清荒神清澄寺は、関西では「荒神さん」として広く親しまれている。

小規模ながら三門形式に則った山門で、1907(明治40)年頃の建立と伝えられる。山門を入ると、樹齢約500年の大銀杏が2本そびえる。

平成の大改修で一新された本堂。その石段の下に立つ一願地蔵尊は金銅製の巨大な立像で、頭上にまで水を掛けて一つの願いを念ずれば、ご利益があると言われている。

提供:宝塚市立中央図書館

寺伝によると893(寛平5)年に宇多天皇が発願し、896(寛平8)年に建立された。開基は静観僧都である。平安時代後期にはすでに信仰を集めていたといい、平家物語や源平盛衰記にも名前が登場するそうだ。

かつて寺地は東方の売布方面にあったが、江戸期に現在地に移ったという。江戸時代には有馬温泉へ向かう湯治客の多くが、旅の途中に立ち寄って参詣していた。

本尊は大日如来像(国指定・重要文化財)。ほかに絹本著色千手観音像、絹本著色釈迦三尊像が、国指定の重要文化財となっている。境内は神社の風景と仏閣の風景が混じり合い、多くのパワースポットが点在している。

毎月27日、28日には三宝祭があり、平日は比較的閑散としている参道もこの日ばかりは大賑わい。露店も数多く参道に立ち並び、家内安全、商売繁盛、厄除開運などを願う多くの参拝者が押し寄せる。特に人出が多いのは元旦から3日までの新年祝祷三宝祭で、駅には臨時改札口も設置される。

鳥居のある拝殿(天堂)には、三宝荒神王、大聖歓喜天(聖天)、十一面観世音菩薩のほか、福徳を授ける諸神諸仏が祀られており、参拝客が引きも切らない。東面した拝殿から、浴油堂が棟つづきになっている。

提供:宝塚市

木々に囲まれた清荒神清澄寺正面が写された大正時代の絵葉書。スタンプには宇多天皇から賜った称号と所在地が記されている。　提供:宝塚市立中央図書館

鉄斎美術館

清荒神清澄寺境内にある美術館で、1975(昭和50)年4月に開館。第37世法主・坂本光浄氏が収集した、清荒神清澄寺所蔵の富岡鉄斎コレクションを公開展示している。作品は、絵画・書をはじめ、鉄斎が絵付けした器物や陶器、模写した粉本など多岐にわたり、晩年の傑作を中心に2,000余点を数える。

たからづか
宝塚
Takarazuka
HK 56
きよしこうじん
Kiyoshikojin

宝塚

開業年 1910(明治43)年3月10日

所在地 兵庫県宝塚市栄町二丁目3番1号

キロ程 大阪梅田から24.5km

駅構造 高架駅2面4線

乗降客 38,356人(通年平均)2023年

小林一三の努力が結実した街
宝塚歌劇と温泉の街として発展
徒歩圏内には文化施設が点在する

宝塚が観光の街として知られるようになったのは、1884(明治17)年、武庫川右岸で温泉が発見され、3年後に宝塚温泉が開業してからだ。そして、1897(明治30)年にはJR福知山線の前身・阪鶴鉄道が開通し、1910(明治43)年には阪急電鉄の創業者・小林一三らの努力により、箕面有馬電気軌道(現・阪急宝塚線)が開通した。

小林は武庫川左岸に新温泉を開業。そこで宝塚少女歌劇(現・宝塚歌劇団)を誕生させる。これにより宝塚は〝歌劇と温泉の街〟としてさらに名を高めた。

1921(大正10)年に宝塚―西宮北口間を結ぶ西宮線(現・今津線)が単線で開通、翌年にはもう複線化している。

近年では1994(平成6)年に駅が高架になり、現在の駅前広場が誕生した。また周辺も整備され、ショップ・ホテル・住居棟を擁する大ターミナルに変身した。最近は駅コンコースが華麗にイメージチェンジして話題を呼んだ。

阪急宝塚駅

駅の高架化で、バスターミナルやタクシー乗り場もある駅前広場が生まれた。
また宝塚市の再開発により、駅周辺はさらに充実し、JR線との乗り換えもスムーズになった。

徒歩圏内に見応えのある文化施設が点在しているのも、文化と芸術の街・宝塚ならではの魅力だろう。2024（令和6）年には市制70周年を迎え、文化施設もさらに充実、ますます魅力ある街づくりが進められている。

昭和28年

阪急宝塚駅

開業当初の駅は西洋建築の要素を入れた奇抜なデザインだったが、この頃の駅舎はシンプルで落ち着いた佇まい。写真は阪急宝塚駅東側付近。駅前の丸みのある自動車の形が時代を現す。

提供：阪急電鉄

古地図探訪

1967（昭和42）年

▼33年後

2000（平成12）年

箕面有馬電気軌道が開通した頃は小浜村で、町制施行で宝塚町と改称。1954（昭和29）年4月に良元村との合併で宝塚市が成立する。地域の大半が武庫川の扇状地で、北は長尾山・中山まで続く丘陵地帯。この丘陵伝いを東西にJR福知山線、阪急宝塚線が走る。対岸の宝塚温泉に対抗して宝塚新温泉が開かれたことから発展した。宝塚駅周辺から宅地化が進み、現在は丘陵地帯も住宅やマンションが造成されている。

宝塚歌劇をイメージした駅の階段

阪急宝塚駅は、宝塚歌劇の観覧を目的とするお客が多い。このため2023(令和5)年3月に、駅コンコースの柱や床、階段に歌劇をイメージした華やかな装飾を施して一新させた。

阪急宝塚線とJR福知山線

写真は、宝塚駅付近でJR福知山線と阪急宝塚線が立体交差する瞬間をとらえたもの。JR福知山線のシルバーと阪急宝塚線のマルーンカラーの電車が十字に重なった貴重な1枚だ。

トリビア

地名「宝塚」の本家争い

宝塚という地名の起こりは、かつてこの地に住む村人が周辺の塚(古墳)に縁起のいい〝宝〟を付けたもの、と言われている。各地にある「宝塚」の由来も「古代貴人の墓で金銀財宝が埋められている」という期待に基づいたものだ。

そして、この地で「宝塚」の由来となる古墳の位置は2説ある。一つは、国鉄宝塚駅(現・JR宝塚駅)の北の高台で、今は住宅地になった場所。もう一つは、阪急今津線宝塚南口駅の南西にある宝梅中学付近。校門のそばに横穴式石室古墳が復元されており、地元の人はこの塚こそ「宝塚」という名の起こりだと主張する。他にも地名由来の地はいくつかあるらしい。

宝塚市立文化芸術センター

誰でも気軽にアートを楽しみ、創造力を育むことができる施設として誕生！

2020(令和2)年6月、宝塚ガーデンフィールズ跡地に開館した「宝塚市立文化芸術センター」は、芸術の複合施設。メインギャラリー・サブギャラリー・アトリエ・ライブラリーが設けられ、芝生広場や屋上庭園もある。

手塚治虫記念館や宝塚文化創造館などの文化施設と隣接しており、宝塚市の文化ゾーンとして期待されている。

アートや自然に触れられる「文化芸術センター」には、屋上庭園のほか、半屋外の"おおやね広場"、花と緑が楽しめる庭園もある。
提供:宝塚市

1階のライブラリーには、展覧会・文化芸術に関する図書や植物・生物に関する図書、また宝塚に関する図書や絵本などが並んでいる。

宝塚市立手塚治虫記念館

少年時代を宝塚で過ごした、手塚治虫の作品やゆかりの品々が並ぶ記念館。

宝塚ゆかりの世界的漫画家手塚治虫（1928～1989年）の偉業を広く後世に伝えることを目的に1994（平成6）年にオープンした。

館内には、おなじみのアトムやリボンの騎士など、手塚マンガの一頁が再現されており、ゆかりの品々などもズラリ展示されている。

また、オリジナルアニメを上映するアトムビジョンやアニメ創作体験、手塚作品が読めるライブラリーもある。

手塚作品を見て、触れて、感じることができる、手塚ファンにはうれしい記念館だ。

記念館の玄関前では、手塚治虫のライフワークともなった作品「火の鳥」のモニュメントが出迎えてくれる。足元には作品キャラクターの手型や足型がはめこまれている。

リボンの騎士の王宮をイメージしたエントランスホール。手塚漫画の世界に一歩足を踏み入れ、期待が高まる。

地下には手塚氏と一緒にアニメを描く体験ができる「アニメ工房」があり、漫画家になった気分が味わえる。

提供：宝塚市立手塚治虫記念館

旧宝塚ファミリーランド

約90年以上の歴史を持つ大遊園地で、閉園を惜しむ声が多数寄せられた。

宝塚ファミリーランドは、かつて阪急電鉄が経営していた大遊園地で、園内には戦前から続く動植物園もあった。

中央にはジェットコースターやメリーゴーランド、観覧車などの遊戯施設があり、大人もワクワクした場所だった。

このほか、昆虫館・大人形館・電車館・日本庭園などが設けられたエリアも。また、園内を一周するモノレールや東西を往復するロープウェーも人気を呼んでいた。

しかし、レジャーの多様化、少子化などの影響で次第に入園者は減少。2003（平成15）年、惜しまれながら閉園した。

写真は1968（昭和43）年に撮影された、池に浮かぶカップソーサーの遊戯施設。奥に見えるのは戦前からあったという植物園。

総面積は15haだった大遊園地の宝塚ファミリーランドを上空から見た光景。この写真は75周年の記念乗車券に使われている。

写真は宝塚ファミリーランドの前身で、宝塚新温泉時代の、1924（大正13）年に造られた遊園地「ルナパーク」開業時の全景。これも75周年記念乗車券に使われている。

提供：宝塚市立中央図書館

宝塚文化創造館

タカラジェンヌが巣立った旧校舎で宝塚らしい文化を発信！

宝塚音楽学校の本校舎だった建物を活用する「宝塚文化創造館」は、文字通り、文化を創造する施設である。

館内には校舎だった時の活動の痕跡が残されており、脈々と引き継がれている"歴史"を感じることができる。

2階の「すみれミュージアム」では、宝塚音楽学校当時の授業で使用された教材を展示。実際の授業風景や課外授業などもモニターで見ることができる。歌劇ファンには必見の展示コーナーだ。

最近はイベント制作や殺陣・舞台メイクのワークショップなども開催。子どもから大人までが舞台芸術に身近に触れられる機会を提供している。

すみれミュージアム

宝塚音楽学校・宝塚歌劇の歴史が分かりやすく展示されている。懐かしい宝塚音楽学校の卒業写真、歴代公演ポスター、有名作品の衣装などを常設展示。企画展示コーナーでは、歌劇のバックステージの映像や、過去の作品の映像を見ることができる。

提供：宝塚文化創造館

階段

正面玄関を入ると左右対称に階段が配置されている。左側の"下手側"は生徒が使用していた。生徒は階段の端（壁側）を昇降したために、すり減った跡が残っている。

文化交流ホール

かつては講堂だったところで、現在は「文化交流ホール」として、さまざまな催しに利用されている。舞台と客席の距離が近く、一体感が得られるので、演劇やコンサートにも最適。舞台は可動式で、ダンスフロアとしても利用できる。

外観

1935（昭和10）年に建てられたモダニズム様式の外観。宝塚音楽学校本校舎として1998（平成10）年まで使用され、多くの卒業生を送り出してきた。

旧松本邸宅

「国登録有形文化財」で、「ひょうごの近代住宅100選」にも選ばれた邸宅。

旧松本邸は、故松本安弘氏の遺言により、２００１（平成13）年に宝塚市に寄贈されたもの。元の建て主は、神戸で貿易業を営んだ土井内蔵氏で、松本氏は娘婿に当たる。

土井氏は、１９３６（昭和11）年に甥でアメリカ帰りの建築家・川崎忍に設計を依頼。翌年に現在のモダンな西洋スタイルの邸宅が完成した。

内外観ともに当時を知る貴重な文化遺産で、２００５（平成17）年に「国登録有形文化財」に指定され、２００９（平成21）年には「ひょうごの近代住宅１００選」に選定された。

建物の中央に玄関があり、大きく張り出した庇の持送りに特徴がある外観。

提供：宝塚市立中央図書館

1階は、玄関ホールを軸にし、ほぼ対称に各室を配置。写真は居間兼応接室。

提供：宝塚市

宝塚だんじりパレード

宝塚市制70周年を記念して、15台のだんじりが市役所に集結！

宝塚のだんじりは、江戸時代に始まったとされ、龍や虎を刺繍した幕が特徴の「宝塚型」や、武者彫りの「住吉型」で知られている。

１９５４（昭和29）年４月に宝塚市が誕生した際にも曳行を実施した。

２０２４（令和６）年は、宝塚市市制70周年を記念して、市内から15台のだんじりが市役所に集結し、華やかなパレードが行われた。

市役所前に集結！写真は市内で唯一２基のだんじりを持つ米谷地区の人たち。

それぞれに趣向を凝らしただんじりパレードが、市役所通りの橋の上を行く。

提供：宝塚市

宝塚生まれのウィルキンソン タンサン

英国人ジョン・クリフォード・ウィルキンソン氏が宝塚で炭酸鉱泉を発見！

１８８９（明治22）年頃、英国人のジョン・クリフォード・ウィルキンソン氏は、狩猟に行った宝塚の山中で炭酸鉱泉を発見。これを分析すると、優良な食卓用の鉱泉であることが分かり、商品化した。

以後、炭酸水は長きにわたり愛され、現在も様々な飲み方で幅広い層に人気を得ている。発祥の地ならではの宝塚市には自動販売機も登場している。

写真は1899（明治32）年、英国雑誌に掲載された、ウィルキンソンが初めて設けた宝塚・紅葉谷工場。

宝塚のホテル若水付近にはウィルキンソン炭酸水のみの自動販売機が説明板とともに備えられている。

創業者のジョン・クリフォード・ウィルキンソン

提供：宝塚市

宝塚ホテル

2020（令和2）年３月までは阪急宝塚南口駅前の旧館で営業し、同年６月に開業した新・宝塚ホテル。正統派のクラシックホテルで、館内には宝塚歌劇関連を展示しているギャラリーもある。　提供：宝塚市

花のみち

阪急宝塚駅と宝塚大劇場を結ぶ全長約400mの散策道「花のみち」。道沿いには、桜をはじめ、四季の花々が植えられている。道沿いには宝塚歌劇をモチーフにしたモニュメントが３つある。

提供：宝塚市

宝塚大劇場

1992（平成4）年に70年近くにわたり愛されてきた旧宝塚大劇場が閉場し、1993（平成5）年に新・宝塚大劇場（写真）に生まれ変わった。外観は南ヨーロッパ風の明るいイメージ。館内には2,550席の客席数を有し、最先端の照明技術やオーケストラの生演奏でドラマチックな空間を演出している。　提供：宝塚市

絵葉書で見る宝塚

駅が出来、湯の街で発展、歌劇やホテルも誕生した明治・大正・昭和の足跡…

箕面電鉄宝塚停留場（明治～大正初期頃）

1910（明治43）年、箕面有馬電気軌道株式会社（現・阪急電鉄）の宝塚ー梅田間が開通した。この絵葉書は、開業当初の頃の宝塚停留場（現・宝塚駅）。

宝塚ホテル外観（大正～昭和初期頃）

阪急宝塚南口駅前にあった「旧宝塚ホテル」。1926（大正15）年に営業を開始。2020（令和2）年3月に閉業し、現在地に移転した。設計は古塚正治氏。

"宝塚名勝"本温泉（昭和初期～昭和19年頃）

絵葉書は本温泉入口付近の風景。本温泉とは1887（明治20）年頃に武庫川右岸で開業した「宝塚温泉」。1911（明治44）年に武庫川左岸にできた新温泉と差別化している。

戦後の宝塚歌劇大劇場（昭和25年以降）

戦後の宝塚大劇場外観（1950（昭和25）年以降）をメインにした絵葉書。大劇場の前にあった迎宝橋はジェーン台風で流出したため、この絵葉書には載っていない。

所蔵：宝塚市立中央図書館

NHK朝の連続テレビ小説「虹を織る」記念乗車券（昭和56年）

（袋）阪急電車

阪急電車（160円区間）

阪急電車（160円区間）

阪急電車（160円区間）

皇太子御成婚記念乗車券（平成5年）

（袋）

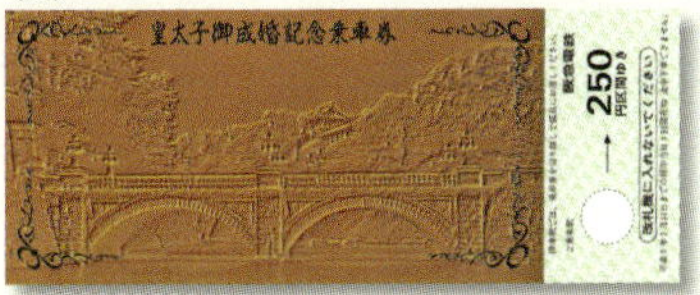

阪急電車（250円区間）

阪急電車（280円区間）

阪急電車（470円区間）

天皇陛下 御在位60年記念乗車券（昭和61年）

（袋）阪急電車

阪急電車（210円区間）

阪急電車（90円区間）

阪急電車（300円区間）

ポートピア'81記念乗車券（昭和56年）

（袋）

（袋）

阪急電車（180円区間）

阪急電車（320円区間）

宝塚ファミリーランド 75周年 記念乗車券（昭和61年）

（袋）

阪急電車（90円区間）

阪急電車（180円区間）

阪急電車（230円区間）

宝塚ファミリーランド 21世紀フェア 入園券つき乗車券（見本）

三福まいり回遊券 開運記念カード（昭和54年）

ポートピア'81記念乗車券（昭和56年）

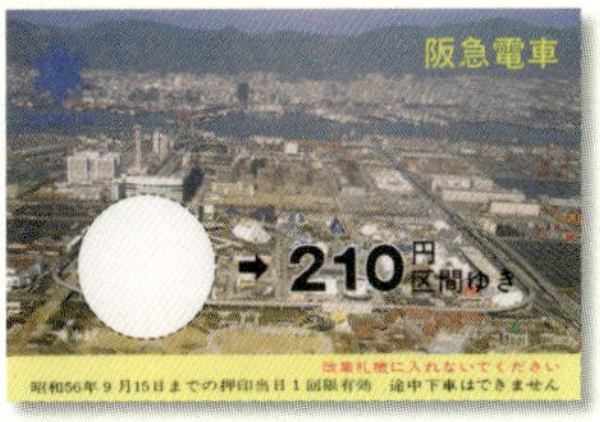

阪急電車（210円区間）

阪急コレクション（記念乗車券）

所蔵：宝塚市立中央図書館

今津線

阪急今津線は、阪急宝塚駅から西宮北口駅経由で今津駅までを結んでいる。沿線に広がる住宅地の利用客が多く、今津線は、大阪・神戸方面などへの通勤・通学路線の役割を担っている。西宮北口駅を境に北側を今津北線、南側を今津南線とも呼ぶ。

阪急宝塚駅を出た電車は高架線を進み、宝塚音楽学校と宝塚大劇場の間をかすめて武庫川を渡る。川に堆積した中州には、河原の石を積んで「生」の字が描かれている。

武庫川の鉄橋を渡る阪急今津線の電車。バックに見えるオレンジの屋根は宝塚大劇場。

「生」永遠のメッセージ

大野 良平（現代美術家）

14代目「生」の完成を祝う参加者。2日間で延べ200人が思いを込めて石を積んだ。

未曾有の大災害、阪神・淡路大震災から30年の1・17前夜。中心市街地を流れる武庫川中州から、河原の石で積み上げた「生」の字をライトアップして震災犠牲者に祈りを捧げました。「生」の石積みを最初に制作したのは20年前の1995（平成17）年。震災から10年。はたして、街やひとの心は再生されたのだろうかという問いかけから生まれた作品です。愛する街、大切なひとを失くした悲しみは容易く癒えるものではありません。

震災までの私は、原木を素材に有機的な形をした木彫作品を制作していました。体力に任せて4メートルはある原木を鑿で叩いて形を彫り出だしていく。木の命との対話をとおして形が生まれていきます。

震災で作風が一転。倒壊こそ免れたものの戦前に建てられた日本家屋の実家の柱は傾き、そのまま住むには危険と判断しました。愛着のある生まれ育った家を解体することとなりました。私は廃材を簡単に捨てることが出来ませんでした。柱、梁、床板などを削る、穴を穿つ、燃焼するという従来とは異なる手法で「記憶の中の廃材シリーズ」作品を発表。形ではなく目に見えない記憶（思い）を作品としたのです。形あるものはいつか消え失せるが、記憶（思い）は永遠に生き続けるだろう。

阪神・淡路大震災から10年。街とひとの心の再生を願いひとりで石を積む作者。

武庫川中州の「生」は、こうした思いから生まれた作品なのです。初代から数えて今回で14代目。当初はひとりで積んだ「生」も今では2日間で延べ200人のみなさんが参加しています。幼い子ども、学生、大人まで。それぞれがそれぞれの思いで石を積む。みなさんの大切な思いが「生」を形成しているのです。

自然の営みの中での「生」の石積み。春には草が覆い茂り、大水がでれば流されてしまいます。流されても何度でも再生する「生」。そこには、人々が命の大切さをかみしめる永遠のメッセージが込められているのです。

阪神・淡路大震災から30年。「生」をライトアップして震災犠牲者に祈りを捧げた。

写真提供：記憶の中の「生」再現プロジェクト

勝尾寺

箕面駅

箕面駅付近

箕面大滝

箕面駅(1975(昭和50)年頃)
提供:箕面市

みのおせん
箕面線
Minoh Line

◀ みのお Minoh　　いしばし はんだいまえ Ishibashi handai-mae ▶

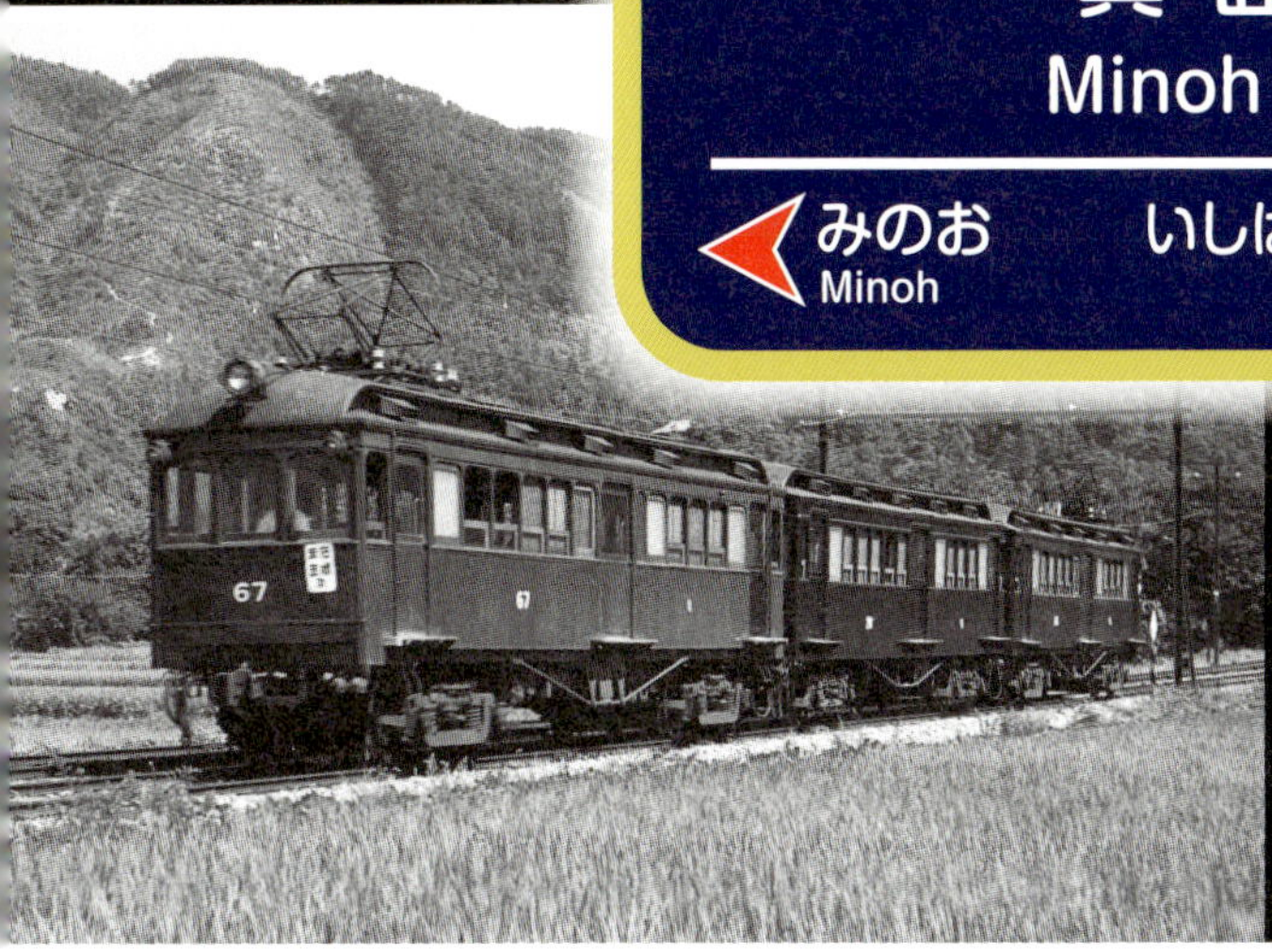

桜井駅付近
撮影:鹿島雅美

阿比太神社

箕面線は、石橋阪大前駅と箕面駅を結ぶ全長4・0㎞の路線である。

宝塚線の石橋阪大前駅を起点にこの路線の停車駅である桜井・牧落の2駅を経て箕面駅に到着する。

箕面線の役割は、大阪・神戸方面への通勤・通学路線であるとともに、紅葉や滝の名所である箕面への行楽路線であることだ。

その歴史は古く、阪急の前身・箕面有馬電気軌道により開業した宝塚線の支線で、〝もう一つの創業時路線〟として存在している。

【起点】石橋阪大前駅
【終点】箕面駅
【駅数】4駅
【距離】4.0 km
【開業】1910年3月10日

- 明治43(1910)年3月10日 石橋駅〜箕面駅間開業
- 明治43(1910)年4月12日 桜井駅開業
- 大正10(1921)年12月30日 牧落駅開業

さくらい
桜井
Sakurai
HK 57
まきおち Makiochi HK 58
いしばし はんだいまえ Ishibashi handai-mae

桜井

開業年　1910（明治43）年4月12日
所在地　大阪府箕面市桜井二丁目2番1号
キロ程　石橋阪大前から1・6km
駅構造　地上駅2面2線
乗降客　9、110人（通年平均）2023年

理想の郊外住宅のために駅を開設 沿線のイメージアップに貢献する 近年は駅周辺の再整備が始まる…

桜井駅が開業したのは、箕面有馬電気軌道が開通した1910（明治43）年3月から1ヶ月遅れの4月である。

この駅が開設された大きな理由は、池田市の室町住宅地に次いで売り出されることになった桜井住宅（5万5千坪）のためである。「箕面公園に近き桜井停留場前、箕面川の流れ涼しき、閑静申し分なき新市街」というのが、当時のキャッチフレーズであった。

この桜井住宅地は、池田室町住宅地同様、「阪急沿線の理想的郊外生活の送れるところ」の基盤となった。現在も箕面線沿線は府下でも有数の住宅地になっている。近年は、桜井駅周辺地区の再整備が始まりつつある。

「桜井」という地名は、駅の南約1kmにある春日神社（豊中市宮山町）が関係しているという。また、桜井駅から北へ1kmのところには、千年以上の歴史を紡いできた阿比太神社（箕面市桜ヶ丘）があり、周辺も閑静な住宅地である。

阪急桜井駅に停車する55号　撮影：石田一

桜井駅に停車している55号は、阪急電鉄の前身・阪神急行電鉄が1920（大正９）年、神戸線開通時に導入した木造３扉の本格的高速電車の51形車両。丸みを帯びた正面には５つの窓が付いている。

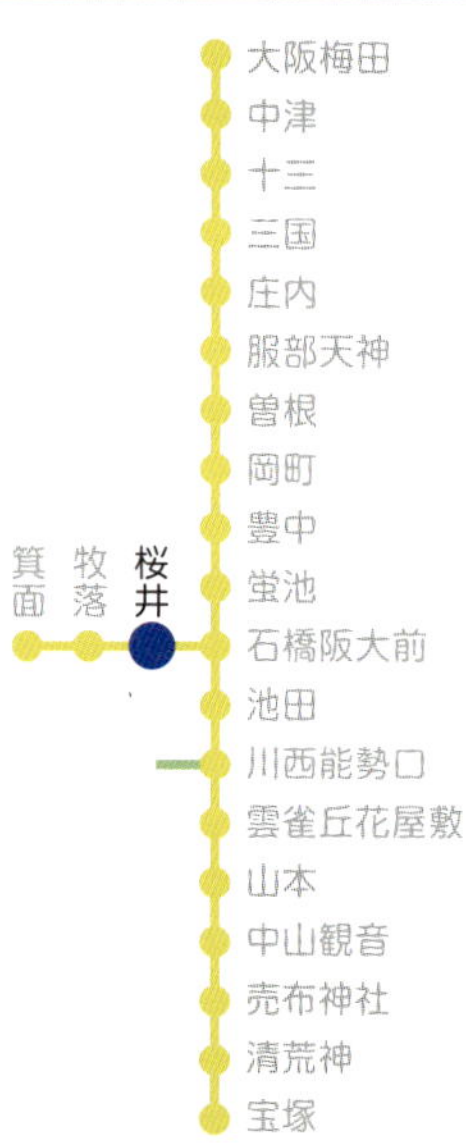

古地図探訪

1967(昭和42)年

▼33年後

2000(平成12)年

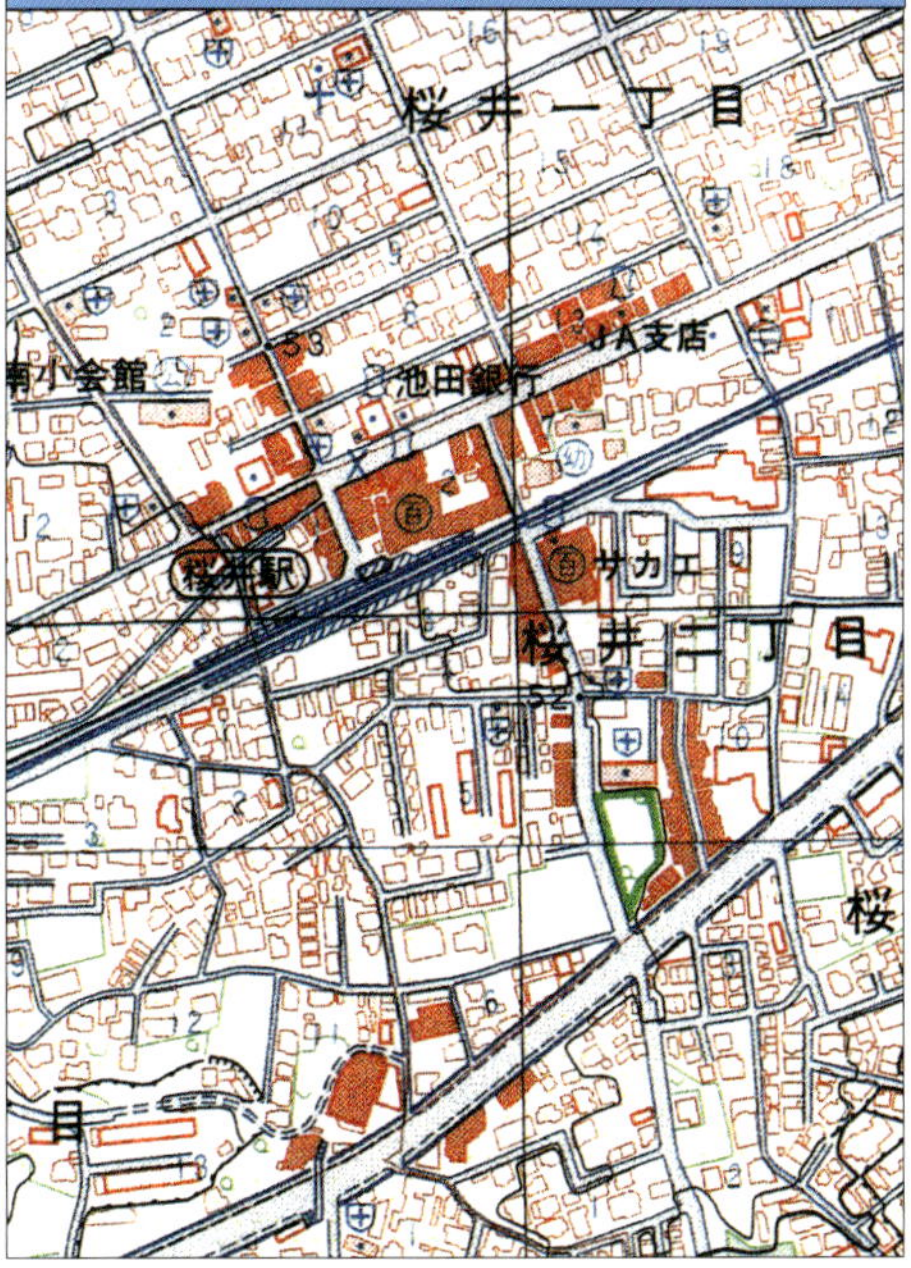

石橋阪大前方面から来た箕面線は、桜井駅から牧落駅へカーブするまで西国街道と並行している。西国街道は、現在桜井駅前を通る広い道路で、地元では「一番通り」と呼ばれる。その北側は高級住宅地で、1997(平成9)年に「大阪まちなみ賞」を受賞した桜ヶ丘洋館通りなどがある。

阪急桜井駅出口付近

写真左側には、桜井スーパーマーケットへの通路がある。通路入口の上部に「洋酒 喫茶 軽食 サントス」の看板が。写真右側には、阪急タクシーが客待ちをしている。

提供:箕面市行政史料

阪急桜井駅前

写真は1962(昭和37)年頃の阪急桜井駅。1910(明治43)年の開設当初、駅名は古戦場の故事にちなみ「瀬川駅」の予定だったが、何故か「桜井駅」に。当時は売店もなく、非自動の改札口だった。(北摂アーカイブスより)　提供:箕面市

阪急桜井駅

屋根と日除けが緑色であるのが特徴の阪急桜井駅。駅舎は箕面方面ホームの北側にあり、石橋方面ホームとは地下道で連絡している。2007(平成19)年3月より構内地下道とホームを連絡するエレベーターが設置された。

阪急桜井駅ホームに停車する920形

この電車は900形と並び、戦前の阪急を代表する形式の一つである920形（写真は第3次車）であった。撮影した時には、箕面線で運用されていた。
撮影：諸河久

阪急桜井駅付近を走る阪急電車

箕面市西部に位置する六個山を背に、のどかな田園風景の中を走る63形の67号電車。この車両はもともと神戸線を走っていたが、宝塚線に転属された。　撮影：鹿島雅美

桜井四番通りの満開の桜

提供：箕面市行政史料

写真は、桜井駅北の旧西国街道に並行する住宅街の桜井四番通り。両脇に桜が植えられ、開花期の春には、見事な眺めが楽しめる。

阿比太神社

桜井駅の北に鎮座する神社。もともと阿比太連の氏神で、半町、桜、新稲の産土神で、素戔嗚尊（すさのお）を祀っている。境内には江戸時代の「元禄」や「寛政」といった年号を持つ石の建造物が多く残っている。

トリビア

「桜井」という地名の由来は？

「桜井」という駅名の由来は、箕面線が敷かれた当時、この付近にあった桜井谷村がルーツのようだ。この村は、1936（昭和11）年に豊中市に編入合併されている。

また桜井谷は、春日神社（豊中市宮山町）の薬師井戸の付近にあった九重の桜と井戸の合体で生まれた「桜井」が地名の発祥とも言われている。

桜井駅は豊中市との市境まで400m余り。昔は桜井郷と呼ばれた一帯でもあり、地名の由来は案外共通しているのかもしれない。

薬師井戸

春日神社（豊中市宮山町）境内にある薬師社のふもとにある「薬師井戸」は、いまも湧き出る霊泉。昔、奈良の春日大社より神の使いとしてやって来た「神鹿」が怪我をして衰弱し、この井戸水で癒したと伝えられている。
撮影：上野又勇

阪急桜井駅前通り

写真は、1955（昭和30）年頃の阪急桜井駅前の風景。「赤玉ポートワイン」「トリスウヰスキー」「石油コンロ用白燈油」の看板や女性が持つ蛇の目傘などが時代を表している。（北摂アーカイブスより）　提供：箕面市

阪急桜井駅 石橋方面行きホーム

朝の通勤時間帯だが、撮影した時間によるものなのか、ホームで待つ人はそれほど多くはない。広告の看板がホームに並んでいるのもこの時代らしい。「内科 外科 助川」の看板横に「ひち」と平仮名で書かれた質屋の広告がある。　提供：箕面市行政史料

桜井駅前（一番通り）

この駅が開業した1910（明治43）年頃から阪急電車（当時は箕面有馬電気軌道）が、併用軌道で走行していたためか、道幅も旧西国街道にしては部分的に広く、その名残りが見られる。撮影当時は商店も多く、駅前は活気があった。（北摂アーカイブスより）　提供：箕面市

桜ヶ丘の分譲住宅

提供：箕面市行政史料

写真の白い看板は、「桜ヶ丘分譲住宅」の案内図。当時は民間だけでなく、行政が宅地開発して分譲住宅を売り出した。当時の建物はまだ２階建ては少なく、平屋建てが主流だった。

まきおち
牧落
Makiochi
HK 58
みのお Minoh HK 59 ／ さくらい Sakurai

牧落

古くからの屋敷町・百楽荘が有名 箕面市役所の最寄り駅でもあり、市民会館などの公共施設も近い

開業年 1921（大正10）年12月30日
所在地 大阪府箕面市百楽荘1丁目1番6号
キロ程 石橋阪大前から2.7km
駅構造 地上駅2面2線
乗降客 7、030人（通年平均）2023年

この駅も地元以外の人には難読駅だろう。「牧」は牧場、「落」は村落の落で、〝牧場のある村〟の意味らしい。

平安時代中期の延喜式に「豊島牧」と記され、豊島牧があった箕面川沿いの地域は「牧の荘」と呼ばれている。

駅ができたのは、隣の桜井駅よりも10年以上遅く、1921（大正10）年12月だ。やはり理想の郊外住宅地として開発された。

1925（大正14）年にこの地を開発したのは、北浜の株屋さんがつくった関西土地という会社だ。この住宅地は、駅東側の百楽荘住宅で、1区画が200坪以上もある150区画は、すぐに売り切れたという。開発当初は〝新櫻井住宅地〟と名付けられ、生け垣や石畳を敷いた側溝のある街並みは、風格ある屋敷町を形成した。

牧落駅の北東には箕面市役所や市民会館など、多くの公共施設、北西には市立総合運動場などがある。

昭和36年

阪急牧落駅ホーム　提供：箕面市行政史料

朝の牧落駅石橋方面行きホームの風景。箕面線沿線は住宅地が多いだけに、1955（昭和30）年頃はすでに通勤客がホームにあふれていた。ホームでは桜が満開である。

現在

阪急牧落駅西口

牧落駅は相対式ホーム2面2線を有する地上駅。駅は2本の道路に挟まれ、改札口は半地下式で、東西の出口に分かれる。写真は、箕面体育館、市民プール、箕面西公園方面への西側出入口。

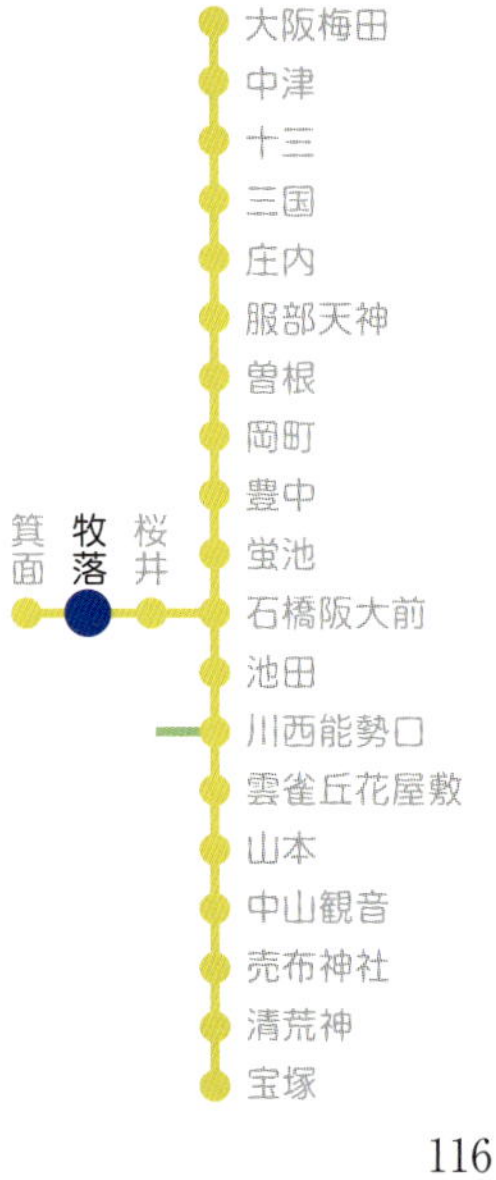

古地図探訪

1967(昭和42)年

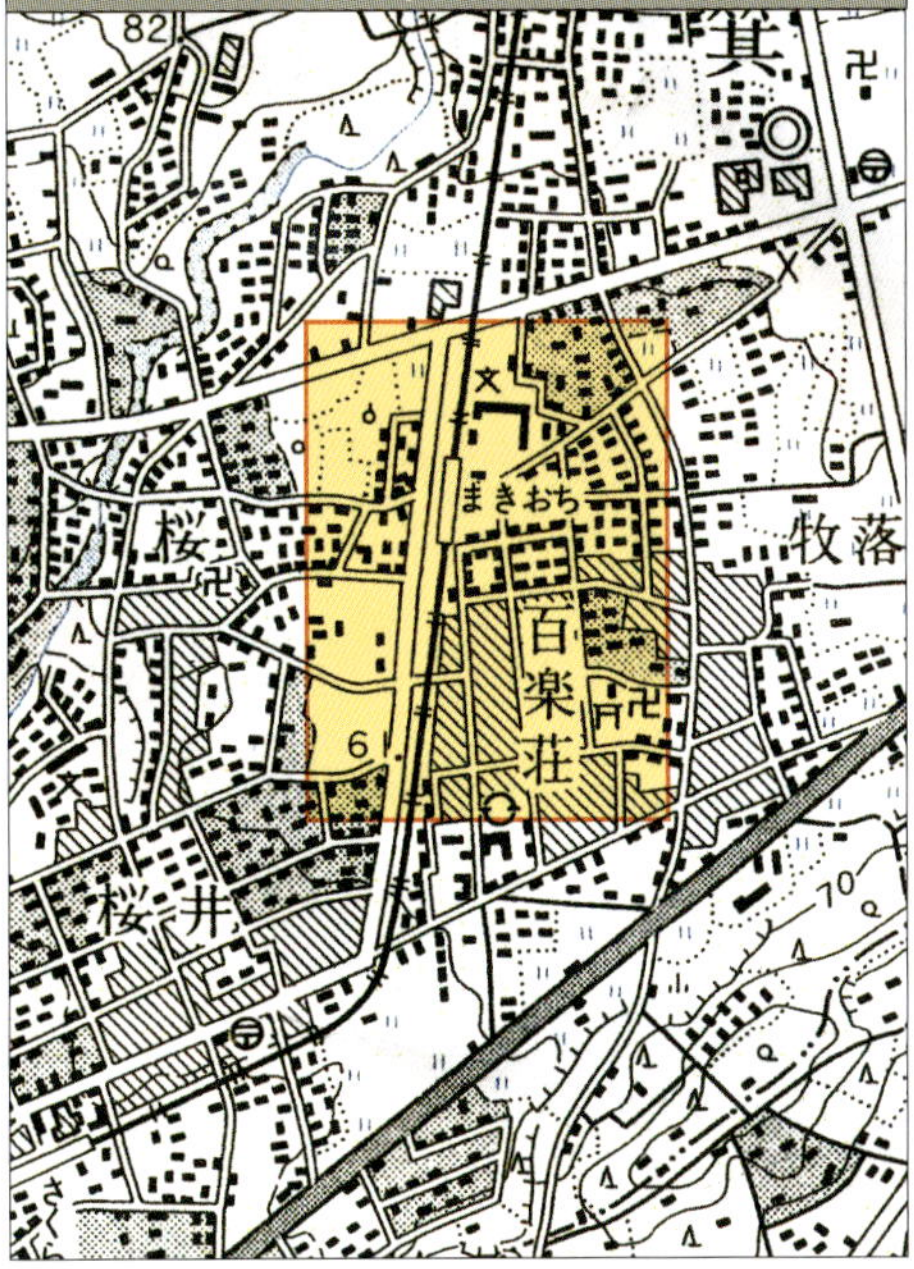

▼33年後

2000(平成12)年

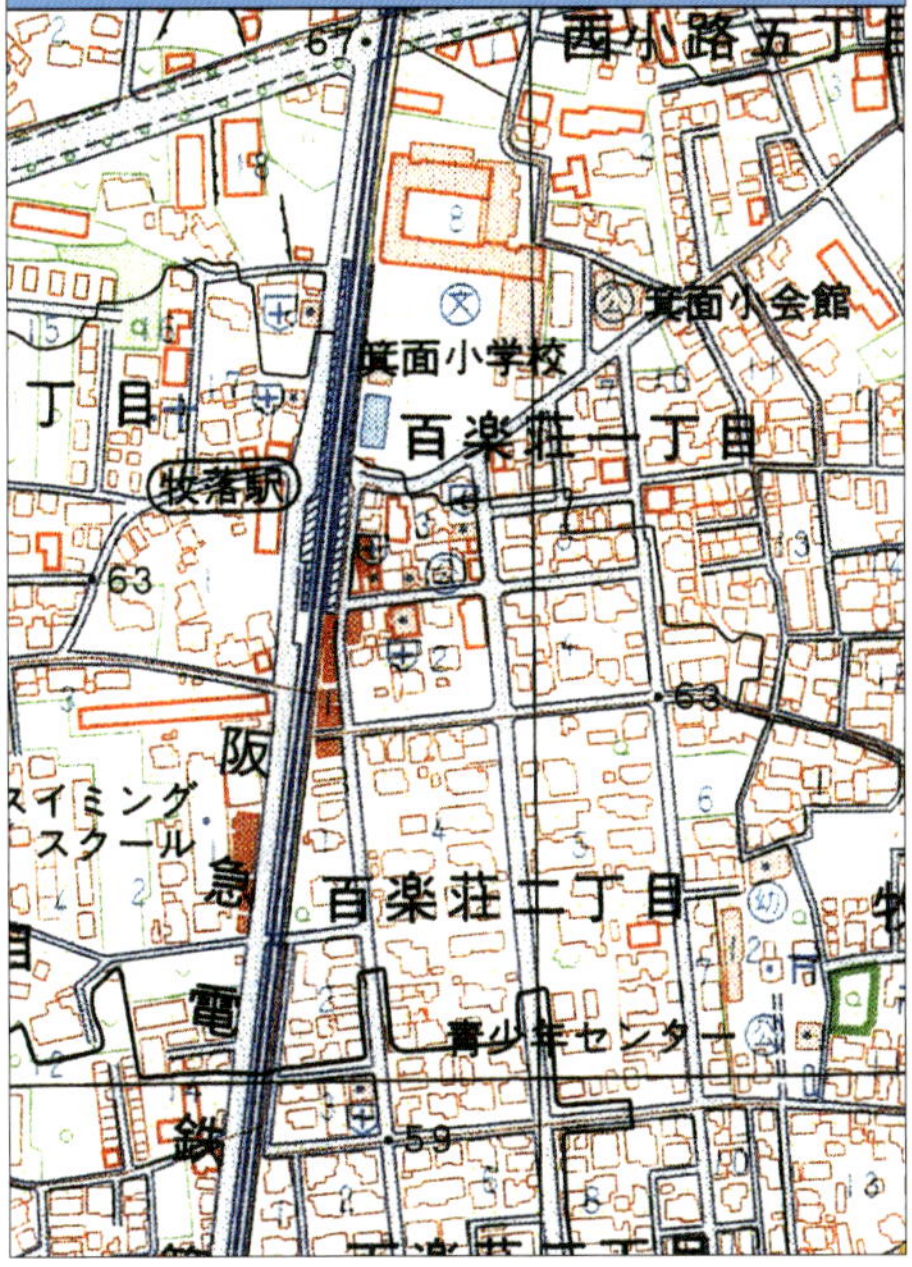

桜井駅から500mほどのところにあるのが牧落駅。駅の東側の百楽荘は当時から高級住宅地として知られ、現在では地名になっている。箕面線と並行しているのは箕面街道で、この道は西国街道と交差することになる。近くに昔から牧落の氏神とされる牧落八幡宮(⛩マーク)がある。

箕面市役所　提供:箕面市行政史料

牧落駅近くの箕面小学校の敷地内にあった旧箕面市役所庁舎。新市庁舎は1964(昭和39)年6月1日にオープン。旧市庁舎はその後改装して、箕面市の保健検査センターとして使われた。

百楽荘住宅地

阪急が桜井駅を開設した後に、高級住宅街地として開発された「百楽荘住宅」は、分譲開始をするとまたたく間に完売し、最寄り駅の「牧落駅」の名を有名にした。　撮影:上野又勇

阪急牧落駅東側から駅方向を望む

道路の奥に牧落駅が見える。写真右は衣笠酒店。一軒おいた先は荒物屋があった。この商店街はかつて百楽荘周辺の住宅街からの買物客で賑わった。　提供:箕面市行政史料

**箕面高校西側丘陵地より
箕面市役所方面を望む**

新築の箕面市役所とともに、道路を挟んで旧消防署の火の見やぐらも見える。その手前の国道171号線との間には、まだ田畑が見られ、また、都市区画整理事業が実施されている様子もうかがえる。箕面連山の麓では宅地造成工事が進められている。

（北摂アーカイブスより） 提供：箕面市

**箕面高校西側丘陵地より
箕面市役所方面を望む**

中央のやや下は府道豊中亀岡線と国道171号線が交差する牧落交差点。そこから箕面連山麓付近まで、ぎっしりと建物が建ち、箕面市役所の庁舎もビルに埋もれてしまった。

（北摂アーカイブスより） 提供：箕面市

トリビア

"新櫻井住宅"だった百楽荘住宅

箕面線沿線の住宅地と言えば、阪急が開発したと思われがちだが、牧落の百楽荘は、大阪の関西土地（株）が事業主。1924（大正13）年7月に分譲を開始したが、当初は「新櫻井住宅」と名付けられていた。

これはもともとの土地所有者・櫻井住宅（株）から関西土地が引き継いだという事情もある。その後すぐ「百楽荘」と改名する。設計は阪急からも指導されたと言われるが、生け垣や石畳を敷いた側溝がある街並みは、関西土地が独自に考案したものだ。

牧落八幡宮

鎮守の森に囲まれた小さな神社は、牧落村の氏神で、1662（寛文２）年、石清水八幡宮の分霊を奉祀したことに始まる。明治末期の神社統合の際、阿比太神社に合祀されたが、昭和20年代に再び元の地に戻った。

箕面街道を歩く

豊中で能勢街道から分かれ、箕面を経て勝尾寺まで続いているのが箕面街道。今回は大滝手前までを歩いてみた。

能勢街道との分岐点、豊中市長興寺南には分岐を示す道標が立っている❶。「右 みのを勝尾寺山古へ道（山越え道）」の案内に沿って右の道を進む。しばらくは府道のバス通りを行く。中桜塚5丁目と北桜塚4丁目には箕面街道を示す道標が残っている。

上野地区より府道を離れ左斜めに分かれる道に入り、中国自動車道の下をくぐる。この場所にも1892（明治25）年建立の石碑がある❷。千里川沿いから丘陵地の住宅街となり、登っていくと「報恩寺」が見える。ここには豊中市の有形文化財である「麻田藩主邸表玄関」があるので見学していく。

府道を横切り坂の多い住宅地を抜けると国道171号線が通っており、横断しさらに北上。その先すぐの段違い辻は、西国街道との交差地点で、北東角に2基の道標が立っている❸。ここは「牧落の旧札所」でもある。幕府や藩主から出された命令や御触れを掲示する場所だったらしい。

まもなく「安養寺」があり、その裏には「牧落八幡宮」（P118）がある。ここにも寄道して、さらに街道を北に進む。左に電車の音が聞こえてくると箕面駅は近い。

駅前交差点を渡ると登り坂になる。登り切ったところにあるのは「聖天宮西江寺」❹。お参りし坂を下ると、大滝（P123）へと続く滝道に合流。大滝から先、勝尾寺（P126）までは箕面ドライブウェイが通り、昔の面影を残す道はほとんどないので、今回の街道歩きはここで終える。

（写真・文・マップ／乙牧和宏）

みのお
箕面
Minoh
HK 59
まきおち
Makiochi

箕面

かつては動物園もあった大行楽地 滝・紅葉など渓谷美の魅力を継承 箕面昆虫館、瀧安寺も観光スポット

開業年 1910(明治43)年3月10日
キロ程 石橋阪大前から4・0km
所在地 大阪府箕面市箕面1丁目1番1号
駅構造 地上駅2面2線
乗降客 12、734人(通年平均)2023年

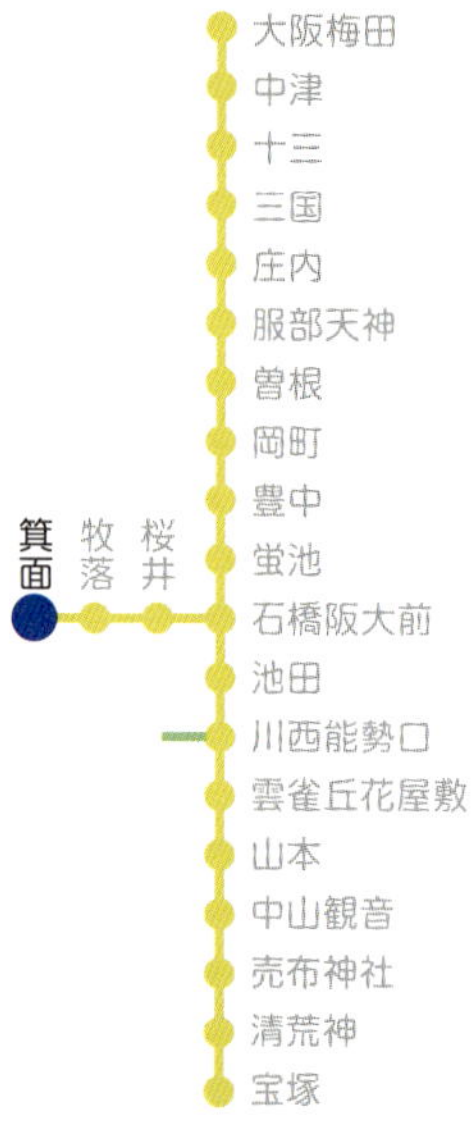

1910(明治43)年、阪急の前身・箕面有馬電気軌道が開業。箕面線は宝塚線とともに最初の路線となった。

箕面線は観光目的で敷設されたもので、〝箕面電車〟と呼ばれるほど、阪急のドル箱路線となった。箕面駅のラケット形線路の構造でも話題を集めた。

さらに、創業者でアイデアマンの小林一三により箕面動物園も造られた。大自然の中、広さ3万坪のサファリパーク風の動物園は大反響を呼んだが、1916(大正5)年に閉鎖される。

経営の失敗は、猛獣舎の地震対策や熱帯産動物の飼育に多額の費用がかかったこと。箕面の自然を手を加えずに守るという社会的意義も理由だった。

現在、開設当初の独特の構造だった駅の様相は一変したが、滝や紅葉が彩る行楽地の魅力は変わっていない。

駅の西側を箕面川が流れ、箕面大滝へ向かう途中には、箕面温泉や箕面昆虫館、瀧安寺などが点在する。

阪急箕面駅に停車する810系電車 所蔵:箕面市行政史料(撮影:瀬田哲朗)

箕面駅に停まる810系の電車。ホームの屋根には両側から木々が迫り、車両から突出したヘッドランプが時代を感じさせる。810系の車両はこの頃から宝塚線・箕面線に採用されていた。

阪急箕面駅前ロータリー 提供:箕面市行政史料

箕面駅周辺は、まず1979(昭和54)年に市街地再開発事業により駅前広場などが整備された。その後、2010(平成22)年度にも駅前の整備が行われ、観光地・箕面にふさわしい駅前となった。写真は駅前ロータリーに立体的な噴水施設があった、1986(昭和61)年頃の箕面駅前。

古地図探訪

1967（昭和42）年

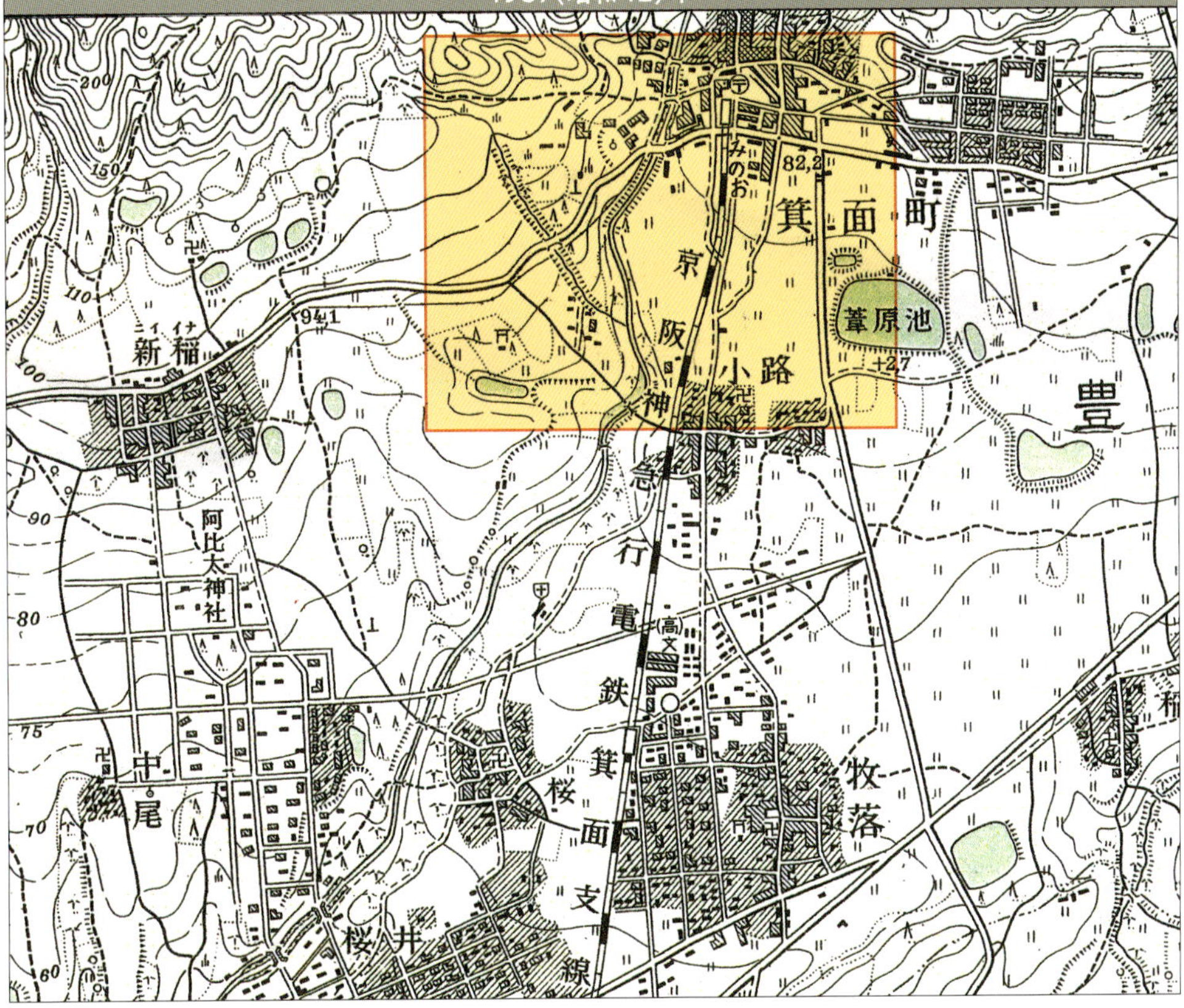

▼33年後

2000（平成12）年

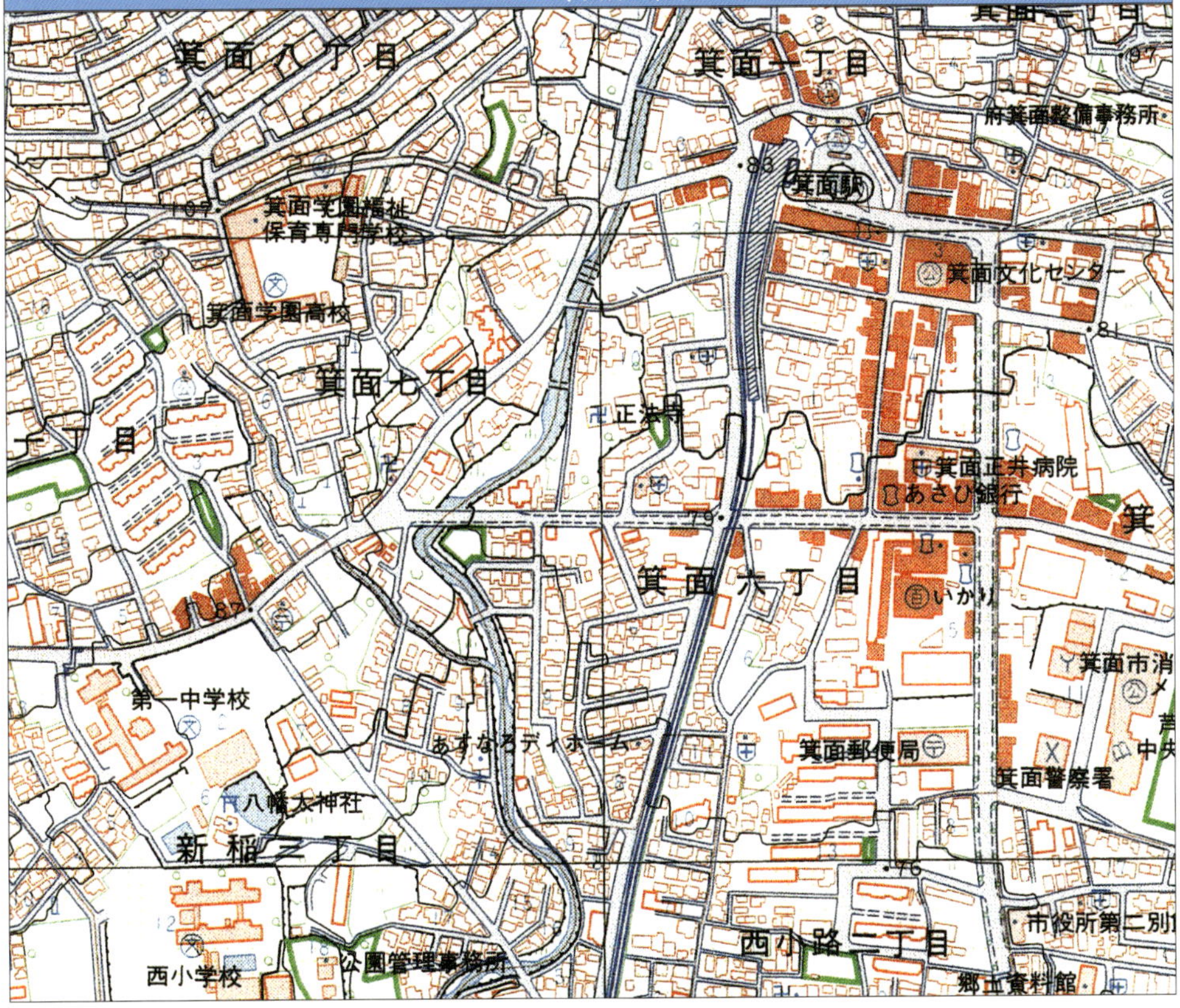

地図上部に位置するのが箕面線の終点・箕面駅。改札を出るとすぐ目前に箕面の山が迫っている。箕面観光の目玉である箕面大滝まで約４kmほど。桜・新緑・紅葉など季節ごとの美しさを満喫しながら歩いて行ける。北から南に向かって流れる箕面川は以前と同じように自然の流れのまま蛇行しているが、その西側は山の斜面を這い上がるように、住宅地が広がっている。

絵葉書で見る箕面

線路はラケット形、降車と乗車が別々の独特な構造の箕面停留場。

箕面公園入口に建つ２つの門塔（明治後期）

電車が箕面停留場に近づくと、正面に箕面公園入口に建つ２本の門塔（電飾塔）が見える。電車は緩やかなカーブを描く線路を右に曲がり、この２本の門塔の前を通ると、降車用のホームに到着する。少し先には乗車用のホームがある。

箕面電鐵箕面停留場（明治後期）

線路はラケット形で、降車と乗車のホームは別々という独特な構造を持つ箕面停留場。写真は、降車用のホームで乗客を降ろした電車が、同じく単体で造られた乗車用ホームに入っているところ。 提供：箕面市行政史料

ラケット状に敷設された箕面停留場周辺（明治43年頃）

箕面停留場は、大正の初めまで写真のようなテニスラケット状の線路敷設であった。北上してきた電車は、このラケット形で運動場を囲む線路を周り、別々に設けられていた降車場から乗車場へと進んだ。この写真当時は運動場南部分にまだ公会堂が建っていない。

提供：箕面市行政史料（委託）

トリビア

ラケット線って？

創業当時の阪急の電車は郊外電車の装いながら、法規上は路面電車だった。つまり、架線からの集電にはポールがいる。そして終点で折り返す場合は、ポールにつなげられたロープを反対側に切り替えるという作業が必要で、その待ち時間が生じた。次の折り返し電車が来ると邪魔になることもある。

このため開業当時の箕面駅は、電車がそのままUターンして行ける「ループ線」でつくられた。駅に着いて乗客を降ろした電車は、そのまま進んで乗り場で乗客を乗せる方法が採られたのだ。このループ線の形がテニスのラケットに似ていたため、「ラケット線」と呼ばれるようになった。

観光客を意識したおしゃれな箕面駅

2012（平成24）年５月に竣工された箕面駅前の建物。透明のアーチ天井には箕面を代表するモミジがデザインされ、観光客を意識した遊び心が感じられる。駅前ロータリーの外周はループ線がUターンしていた場所と一致する。

四季折々に美しい「箕面公園」

箕面公園は正式には「明治の森箕面国定公園」で、83.8haもの敷地内には、「日本の滝百選」に選定されている箕面大滝や、森の中には箕面昆虫館がある。

箕面の瀧安寺は、役行者が開基し、日本四弁財天の一つとされる本尊をもつ名刹。古くは箕面寺と呼ばれた。江戸期に"箕面の福富"を発行したことから、宝くじ発祥の寺とも知られている。

昆虫館 オオゴマダラ
箕面昆虫館の温室・放蝶園には、1年を通じて写真のオオゴマダラやアゲハなど15種類500匹以上の蝶が放されている。

大阪市内から電車で30分ほどのアクセスで豊かな自然環境に触れられ、散歩やハイキングにと、幅広い世代に親しまれている箕面公園。駅から箕面大滝までの山道には様々な年代の地層が露出しており、地学の勉強にもなる。滝までの距離は約3・7㎞。季節によって違う渓谷の美しさが満喫できる。箕面川を挟んだ向かいにあるのが〝箕面聖天さん〟と呼ばれる西江寺で、役行者が開いたと伝えられる古い寺院で、大聖歓喜天が祀られている。この西江寺から少し先の箕面川に架かる一の橋を渡ると箕面公園昆虫館に着く。1953(昭和28)年に開設され、昆虫の標本が約6、000点もある。箕面は東京の高尾、京都の貴船と並んで日本の三大昆虫の宝庫。約3、000種の昆虫が棲息し、植物は144科987種、鳥類は110種類が記録される。

瀧安寺前の広場から東側へ渡る橋が写真の「紅葉橋」。橋を渡ると展望台に通じるハイキング道。橋の左右に「紅葉橋」と書かれた標柱が見える。

昆虫館の先には瀧安寺が鎮座している。650(白雉元)年に、役行者が創建した修験道の根本道場で、本堂に祀られている弁財天は、竹生島・江の島・厳島の弁財天と並んで、日本四弁財天の一つに数えられる。江戸時代に流行した富くじは、ここのお富法会(1月7日)から始まったものという。そして、瀧安寺から約1㎞先が箕面大滝だ。滝道には野口英世の像がある。

大滝の落差は33m。樹の間から落下する滝の形が「箕」に似ているので「箕面滝」と呼ばれ、地名の由来にもなった。この辺りには野生の猿がおり、箕面らしさの違った一面も楽しめる。

秋の箕面大滝は、大阪を代表する紅葉スポットとして特に人気がある。例年見頃は11月中旬～12月上旬で、大滝周辺はもちろん、すぐそばの"一目千本"など、美しい紅葉を楽しめるスポットがいくつも点在している。

箕　面

家族が集う「昭和の箕面」はその証明でもある。

春の新緑、夏の涼、秋の紅葉など。阪急電鉄は、箕面線沿線の見どころスポットや行事の案内を定期的に発行しており、この四季折々の案内を見て、箕面へ訪れる行楽客は年々増えてきた。

特に、昭和30年代から50年頃は、家族揃って弁当を持参し、箕面の山行きを楽しんだ時代だ。この頃はまだ着物姿の女性も多かった。

駅前の公園口には昔ながらの名物「もみじの天ぷら」の店や土産物屋が並んでおり、駅前のにぎわいはピークを迎える。駅周辺の改築・改装もたびたび行われ、その後、本格的な駅前開発につながっていく。家族が集う「昭和の箕面」の写真からも当時の繁栄ぶりがうかがえる。

箕面動物園「千疋猿」（大正元年前後）

大型の猿舎は「千疋猿」と名付けられ、動物園の中央付近にあり、人気が高かった。猿舎左の建物は、猿の人形など土産物を売る店舗のようだ。

提供：箕面市行政史科

箕面駅舎東側（昭和39年）

昭和30年代後半に駅舎周辺は変遷し、この写真では駅前の土台をかさ上げし、道路に戻っている。縞柄屋根は阪急タクシーの待合室。手前には、三輪トラック「ダイハツ・ミゼット」が停まる。

提供：箕面市行政史科

箕面駅東側に駐車の列（昭和50年頃）

箕面駅舎の東側に駐車する自動車の列が続く。ポールを立てて、人と車を分離しており、この頃の箕面駅前の混雑はすごかった。写真上に見えるスパーガーデンはまだ建築途上だった。

提供：箕面市行政史科

昭和の

行楽客が急増していた頃の懐かしい箕面…

箕面大滝の前で涼む観光客（昭和40年代中期）

箕面大滝は一年中観光客が絶えない。夏には涼を求めて、滝の前に設けられた休憩所は大にぎわい。それぞれにベンチでくつろいでいる。

提供：箕面市行政史料

増築が完成したスパーガーデン（昭和50年）

ホテル部分の箕面観光ホテルと温泉のあるヘルスセンター（娯楽施設）の総称として「スパーガーデン」と呼ぶ。ヘルスセンターは1965（昭和40）年、ホテルは1968（昭和43）年に開業している。写真は増築工事が完成したスパーガーデン。当時、建物へは無料のケーブルカーで上がれた。　提供：箕面市行政史料

箕面駅舎北側（昭和50年頃）

1979（昭和54）年に駅周辺が整備されるが、この写真はそれ以前のものと思われる。駅舎北側は大幅に屋根を伸ばし、改札を出た団体客が集合出来るようになっている。写真は着物姿の女性も多い駅前。　提供：箕面市行政史料

たくさんの勝ちダルマが並ぶ「勝尾寺」

豊かな自然に抱かれ、「勝運の寺」「勝ちダルマの寺」で知られる勝尾寺。
全国から勝運を祈る大勢の参拝客が訪れる。

箕面市にある高野山真言宗の寺院。本尊は十一面千手観世音菩薩。西国三十三所23番札所。

1300年の昔から「勝運の寺」として信仰され、平安時代以降、山岳信仰の拠点として栄え、天皇など貴人の参詣も多かったという。

現代では受験・厄除け・病気・スポーツ・商売・選挙・芸事など、人生のあらゆる場面で「勝つ」を祈願する場として知られている。

小さな勝ちダルマをいろんな場所に置くことができ、外国人観光客にも人気の寺となった。境内のいたるところに置かれている「ダルマみくじ」や、ところ狭しと奉納された「勝ちダルマ」は、勝尾寺ならではの光景となった。

約8万坪の境内には、桜、アジサイ、紅葉など四季折々の花が咲き乱れる。

春、山門に一歩足を踏み入れると、薄紅色の見事なしだれ桜が参拝者を迎えてくれる。

ビッシリと奉納された大小の「勝ちダルマ」が並んでいるのは、勝尾寺ならではの光景だ。

景勝地や史跡が点在する「東海自然歩道」

箕面から東京まで1都2府8県を結ぶ、日本初の長距離自然歩道。
全長1,697kmで自然体感ウォーキングが楽しめる。

東海自然歩道は、1974(昭和49)年に開設された東京の「明治の森高尾国定公園」と、大阪の「明治の森箕面国定公園」までの1都2府8県を結ぶ日本で初めての長距離自然歩道。全長1、697㎞の道のりは、四季を通じてハイキングが楽しめるように整備されている。美しい北摂山系を縫うように続くルートには景勝地や史跡が点在。ファミリーから健脚家までそれぞれのペースで歩くことができる。

この東海道自然歩道に続き、九州・中国・四国・首都圏・東北・東北太平洋岸・中部北陸・近畿と9つの自然歩道が整備され、現在総延長は約2万3千㎞に。年間4千万人を超える人々がウォーキングを楽しんでいる。

明治の森箕面国定公園は、東海自然歩道の西の起点。ビジターセンター奥に「東海自然歩道」と刻まれた石碑がある。

東海道自然歩道を40分ほど登り、平坦な遊歩道を歩いて行くと、勝尾寺を開いた「開成皇子の墓」の前を通る。

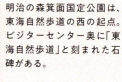

川西能勢口駅

平野車庫

頼光寺

川西能勢口駅(1953(昭和28)年)
提供:能勢電鉄

鼓滝駅

能勢電鉄

Nosé Electric Railway

みょうけんぐち
Myokenguchi
にっせいちゅうおう
Nissei-chuo

かわにしのせぐち
Kawanishi-noseguchi

日生中央駅(1979(昭和54)年)
提供:能勢電鉄

多田神社

滝山駅付近

能勢妙見山山門

日生中央駅

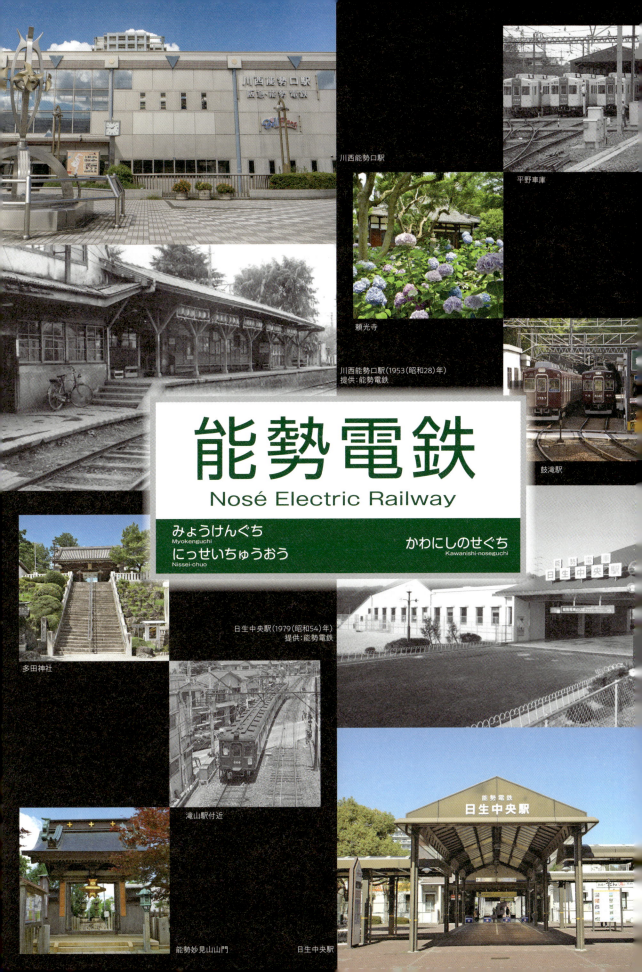

能勢電鉄

Nosé Electric Railway

みょうけんぐち
Myokenguchi
にっせいちゅうおう
Nissei-chuo
かわにしのせぐち
Kawanishi-noseguchi

妙見線

【起点】川西能勢口駅　【終点】妙見口駅
【駅数】14駅　【距離】12.2 km
【開業】1913年4月13日

日生線

【起点】山下駅　【終点】日生中央駅
【駅数】2駅　【距離】2.6 km
【開業】1978年12月12日

能勢電鉄の前身・能勢電気軌道は、1908(明治41)年5月23日に創立。能勢口(現・川西能勢口)～一の鳥居間から営業を開始した。目的は、能勢妙見宮への参詣者と地元産物の輸送だった。

沿線は自然環境に恵まれ、都市圏に近いためベッドタウンとして注目され、昭和40年代以降、急激に開発が進められ、同社も住宅事業に参入。その後、軌道法から地方鉄道法への変更を契機に、1978(昭和53)年10月1日に社名を現在の能勢電鉄株式会社に変更した。

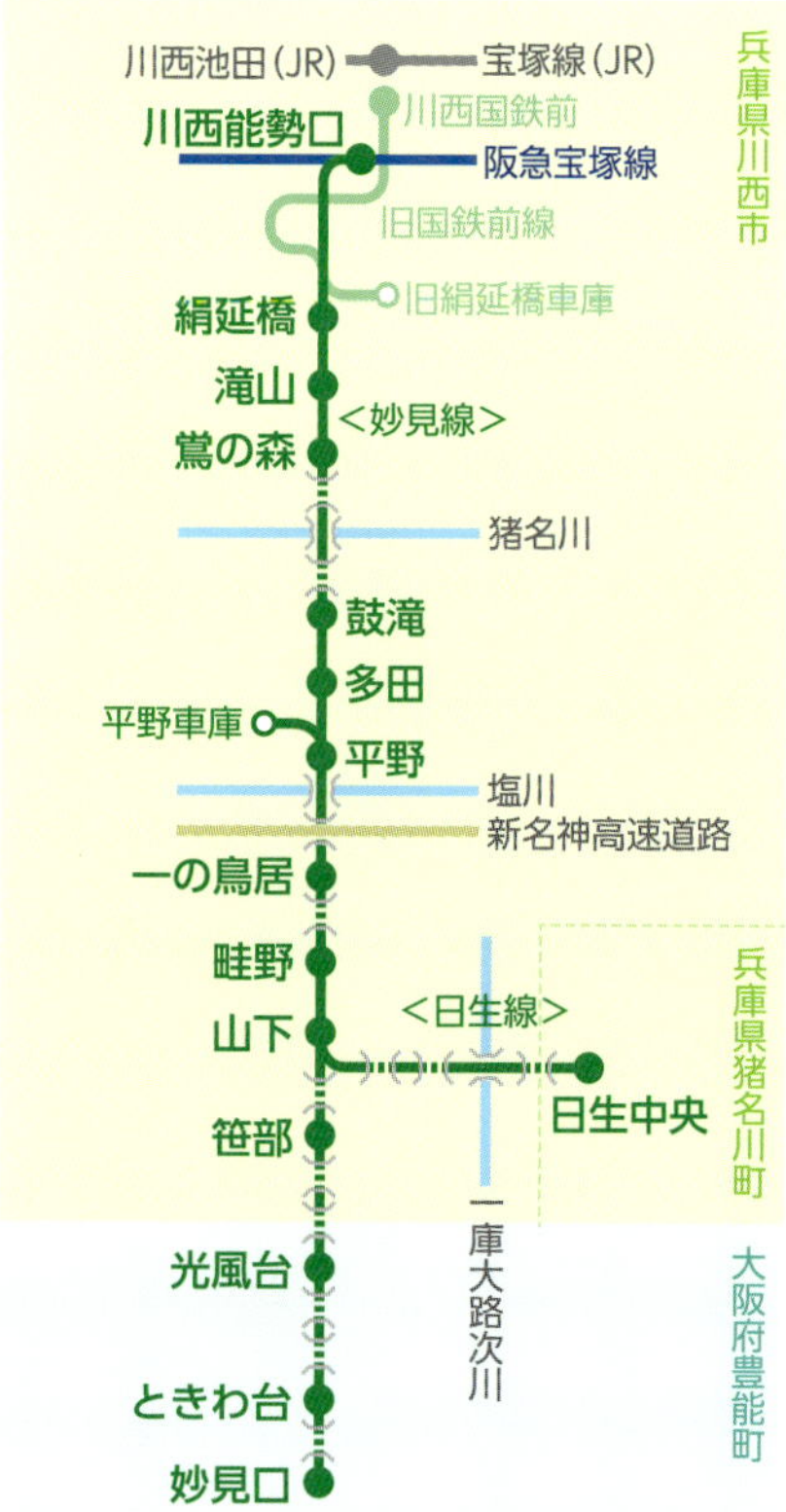

- 大正2(1913)年4月13日
  能勢口駅(現・川西能勢口駅)～一ノ鳥居(現・一の鳥居に改称)駅間開業
- 大正12(1923)年2月2日
  一の鳥居駅～妙見(1965年現・妙見口に改称)駅間開業
- 大正12(1923)年11月3日
  池田駅前(後の川西国鉄前)駅～ 妙見(現・妙見口)駅間全通
- 昭和53(1978)年12月12日
  山下駅～日生中央駅間開業
- 昭和56(1981)年12月19日
  川西能勢口駅～川西国鉄前駅間廃止
- 平成9(1997)年11月17日
  阪急宝塚線梅田行直通特急「日生エクスプレス」の運転開始

川西能勢口駅は、阪急の宝塚線と能勢電鉄が乗り入れ、共同使用駅になっている。妙見線はこの駅を起点としている。

地上駅時代は阪急の駅と並列したが、改札は別だった。昭和30年代にホームが延伸するまでは、阪急(上り線)と妙見線を結ぶ、川西国鉄前駅方向に伸びる連絡線があった。

川西能勢口駅を出発する能勢電鉄の電車

川西能勢口駅は高架化で阪急と共同使用駅になった。その後オープンした商業施設と一体化。ホームは駅ビルの3階にある。写真はビルの東側から出て、妙見口方面へ向かう能勢電鉄の電車。

川西能勢口駅前の歩道には、川西市の発展に貢献し、輝かしい歴史に幕を閉じた「旧国鉄前線」を記念して、車輪のモニュメントが置かれている。

写真の道路はかつて旧国鉄前線が走った栄南団地西側の線路跡。近くのマンホールのふたには"懐かしの情景"として最終電車の姿があしらわれている。

NS 01 かわにしのせぐち
川西能勢口
Kawanishi-noseguchi

NS 02 きぬのべばし
Kinunobebashi

川西能勢口　絹延橋　滝山　鶯の森　鼓滝　多田　平野　一の鳥居　畦野　山下　笹部　光風台　ときわ台　妙見口　日生中央

川西能勢口

開業年　1913(大正2)年4月8日
キロ程　川西能勢口から0.0km
乗降客　45,340人(2019年)
所在地　兵庫県川西市小花1-1-10
駅構造　高架駅3面5線

能勢口駅ホーム

提供:能勢電鉄

能勢口から川西能勢口に駅名が変わったのは1965(昭和40)年7月。写真の頃はまだ能勢口駅だ。石積みホームの上に木造の上屋、ベンチも木製という素朴な佇まいが、まだポール時代の駅らしい。左端の建物は、1階が改札口で、2階は能勢電鉄の本社事務所だった。

停車中の旧阪急デロ10形

能勢口駅で妙見行きの乗客を持つ旧阪急デロ10形の2両編成。妙見方面から到着後、方向転換のために運転手がポールを調節している。ホームの瓦屋根とともに、今となっては懐かしい光景だ。

撮影:山本雅夫

NOSEDEN 旧国鉄前線 Kokutetsu-mae line

「旧国鉄前線」の輝かしい600mの軌跡がモニュメントになって残された!

かつて能勢電鉄妙見線には、川西能勢口と国鉄の川西池田駅を結ぶ短い区間があった。

路線名は「国鉄前線」で、距離は600m。その経路は、川西能勢口駅から阪急宝塚線と並行に走り、線路をくぐって南下。栄南団地の西側を走り、川西池田駅前までだった。1駅だけの区間だったが、大きなS字カーブだったので時速30km/hほどしか出せず、5〜6分かけてゆっくり走り、折り返したという。

歴史は古く、1917(大正6)年から1981(昭和56年)まで、多くの乗客や貨物を輸送し、川西市の発展に深く関わった。当時、市北部で生産されていた三ツ矢サイダーや農産物なども運んでいる。しかし、利用者の低迷と駅周辺の再開発に伴い、廃止されることになった。

川西能勢口駅西側の歩道に鉄道車輪が置かれているが、これは同駅と川西池田駅間を走った電車の存在を伝えるモニュメントだ。

国鉄前線の51号。開業時の旧阪急30形、40形をベースにナニワ機(52のみ帝国車両)で改装された。小型の車体にブルーとクリームがよくマッチし、廃車になるまで人気が高かった。　撮影:山本雅夫

連絡線(国鉄前線)を行く旧阪急のデロ10形。この線には小型の「51・61」が使用された。国鉄川西駅は開業当時の始発駅。当時の摂津鉄道から乗り入れを断られ、急遽連絡線となった。　撮影:山本雅夫

絹延橋

池田と川西の境、絹延橋が駅名に
駅名標には猪名川に布がなびき、
壁面には絹の布が舞う様子を表現

開業年 1913(大正2)年4月13日　**所在地** 兵庫県川西市絹延町3-23

キロ程 川西能勢口から1.2km　**駅構造** 地上駅2面2線　**乗降客** 2,622人(2023年)

駅名になっている絹延橋は、駅から50mほど行ったところに架かっている。

池田市(大阪府)と川西市(兵庫県)との府県境付近に位置する。現在の橋は、川の拡幅と堤防のかさ上げで、2010(平成22)年7月に架け替えられた。

「絹延」は地名で、昔、呉から工女たちがやって来て、この地で機織りや多色染めに従事し、その時、猪名川の清流で絹を洗って河原に延べて干したことから、この名が付いたという。

絹延橋駅

当時はまだ簡素な造りの駅だった。すぐ前の階段を6段ほど上るとホームへ。改札は川西能勢口行きホームの南側1ヵ所。これは現在も変わらない。　提供:能勢電鉄

猪名川での友禅流し

絹延橋駅近くの猪名川では清らかな流れを利用して友禅染めが行われていた。川面に色とりどりの染め物が広がる風景はこの地域の風物詩。都市化で水質が変わり姿を消した。　提供:川西市

キセラ川西せせらぎ公園

川西市に新しく造られた街「キセラ川西」の中心的な存在となる公園。〝日本一の里山〞と言われている川西北部黒川地区のクヌギが移植されている。後ろの建物は川西市総合医療センター。

川西市は、2014(平成26)年に沿線ホームの駅名看板を新しく意匠変更。駅名標の看板には、それぞれの駅の象徴を表すイラストが採用されている。

絹延橋駅は、猪名川に布がなびいている様子が描かれている。これは、昔の猪名川での水洗や河原に布(絹)を延べて干したことがイメージされたもの。駅ホームの壁面には、絹が舞う様をイメージしたデザインも施されている。

2022(令和4)年には、下りホームに新しく改札口が出来て便利になった。

古地図探訪

1950(昭和25)年

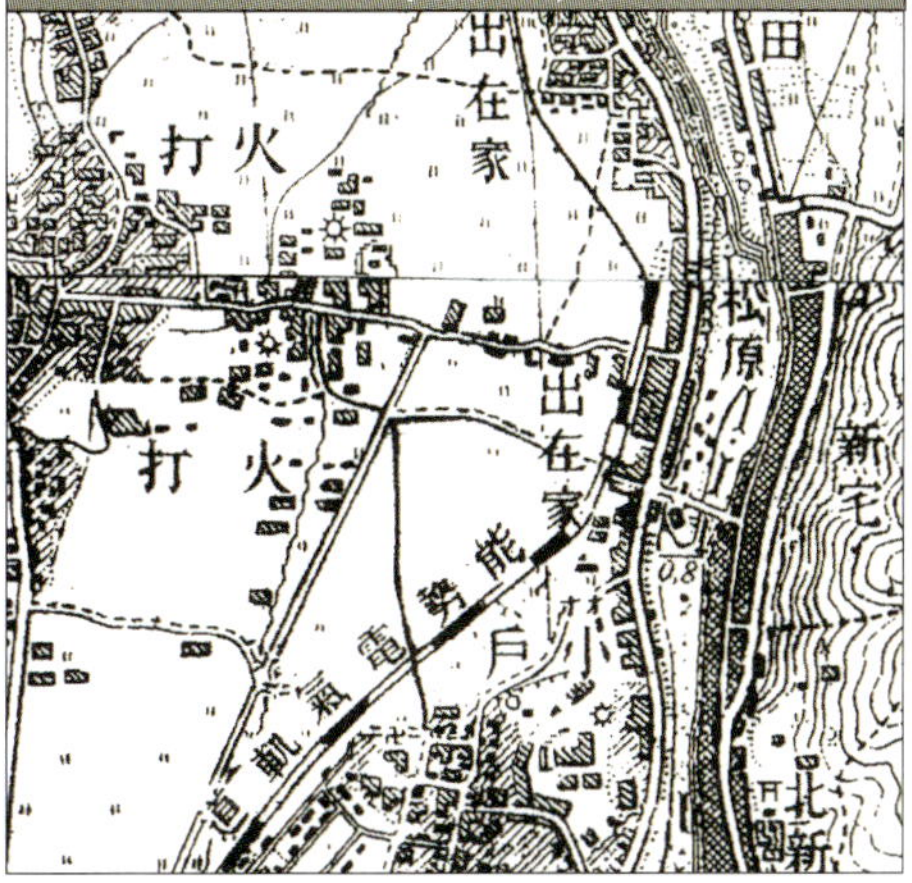

▼ 47年後

1997(平成9)年

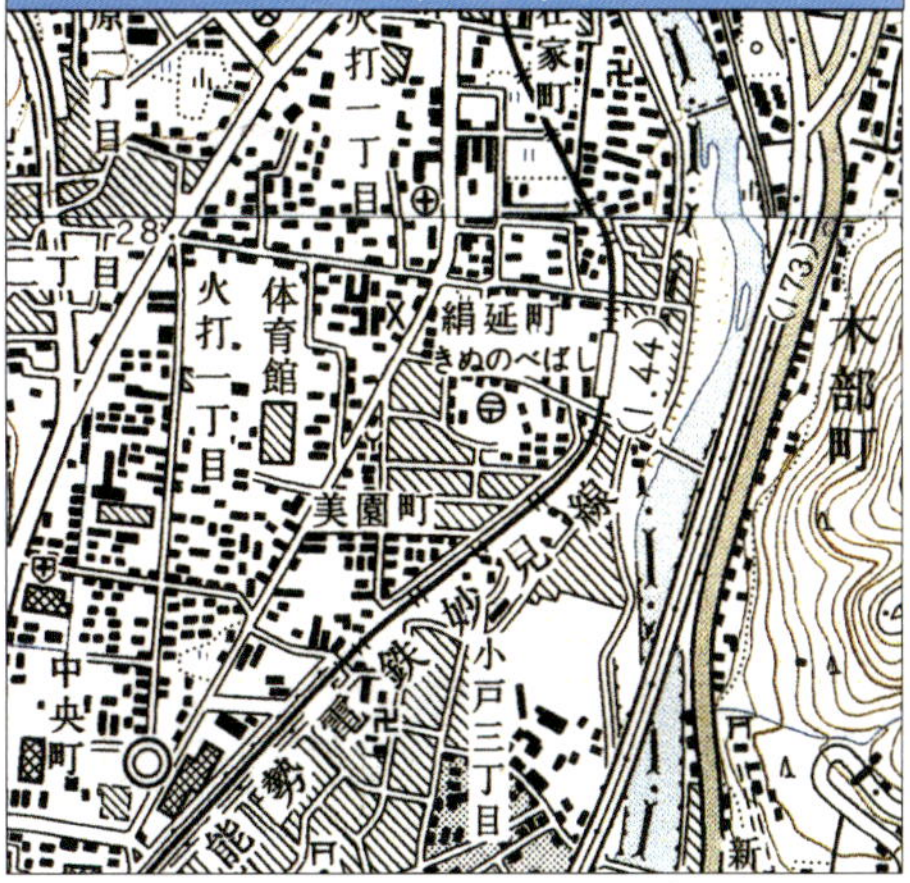

地図上の〝火打〟は西の石切山から火打石を産出したことに由来する。また火打の北東、猪名川の右岸に出在家の地名もある。この一帯を含む絹延橋駅周辺は、猪名川の清流で友禅流しが行われたところ。その後、川辺郡川西町・多田村・東谷村が合併して川西市が誕生した。

絹延橋駅東口

絹延橋駅は相対式2面2線ホームを持つ地上駅。写真は上り川西能勢口行き側の駅舎。2022(令和4)年に日生中央・妙見口方面行きの下りホームに改札口が開設されたので、構内踏切道は廃止された。

火打の皮革工場

絹延橋駅の西方には、地場産業の皮革工場が軒を並べていた。主になめし皮の製造をしており、海外有名ブランドにも使用されていた。現在は全て廃業・移転し、跡地は公園やショッピングモールになっている。　提供:川西市

滝　山

大型車導入で駅の曲線工事を実施
ホームも延長され安全性がアップ
駅舎もモダンに模様替えしている

開業年 1913（大正2）年4月13日　所在地 兵庫県川西市滝山町12-3

キロ程 川西能勢口から2.1km　駅構造 地上駅2面2線　乗降客 1,948人（2023年）

阪急宝塚線もカーブが多いが、それに負けていないのが能勢電鉄だ。中でもホームの湾曲度が大きかったのが、滝山駅。1982（昭和57）年に大型車導入に備えて駅の曲線改良工事が完成したが、以前は隙間に気をつけるよう注意をうながしていた。また、1993（平成5）年にホーム延伸工事も行われ、これまで上下線ホームは構内踏切で結ばれていたが、地下通路が新設されて、安全性がアップした。同時に駅舎

滝山駅近くの猪名川を五月山から望む

池田・川西市の市境を流れる猪名川。写真は、春、五月山から北方向を撮影したもの。桜の季節だけに、写真全体が華やかなピンク色に染まっている。

現在の滝山駅

三角屋根で外壁はレンガ造り風でモダンな駅舎。1993（平成5）年に模様替えされたもので、同時期にホームも延長。待合室や地下連絡通路も新設された。構内踏切は廃止。

滝山駅

1967（昭和42）年に川西能勢口―鶯の森間が複線化された時の滝山駅。当時は構内踏切があったが、現在はは地下通路で上下線ホーム間を通行できる。　提供：能勢電鉄

も模様替えされ、三角屋根で外壁はレンガ造り風とモダンになった。

「滝山」の名は、源満仲がこの地を開拓した時、滝のある丘陵に集落が形成されたことから付いたと言われる。

しかし、2014(平成26)年に新設された駅名看板には、源満仲関連はなく、駅名の元になった、旧滝山村の地名から、滝のある山が〝象徴〟とされている。

駅周辺は静かな住宅地で、幹線道路である兵庫県道12号に近いが、駅前を通る道路は狭い道路になっている。

古地図探訪

1967(昭和42)年

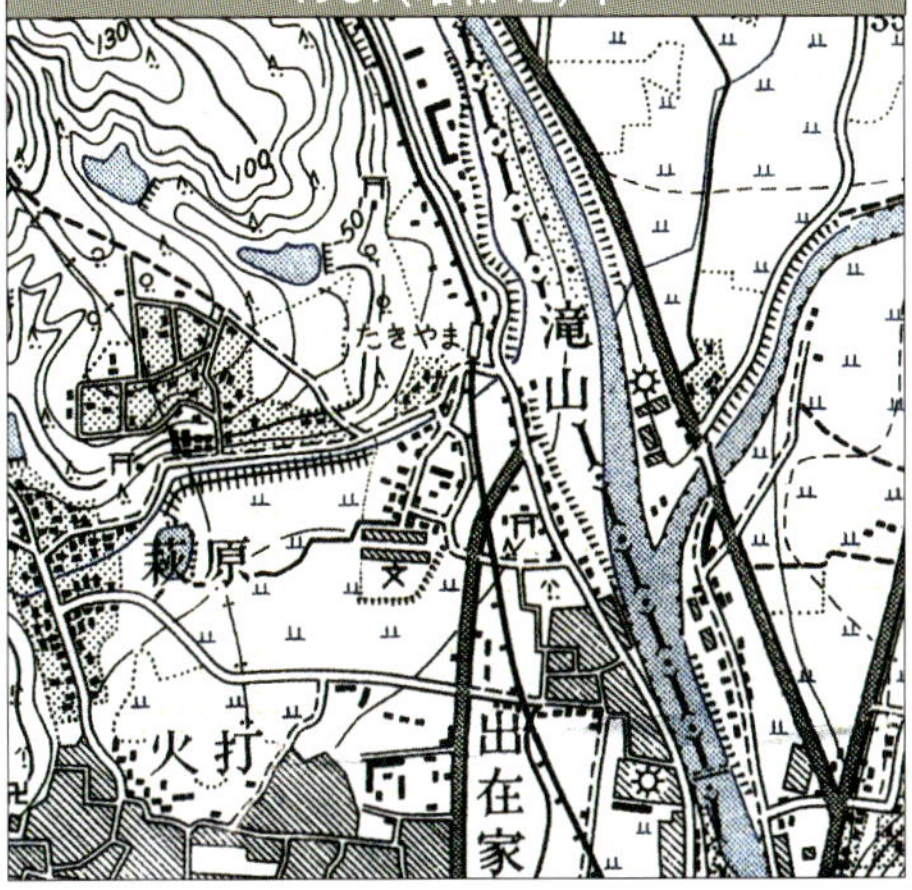

▼ 30年後

1997(平成9)年

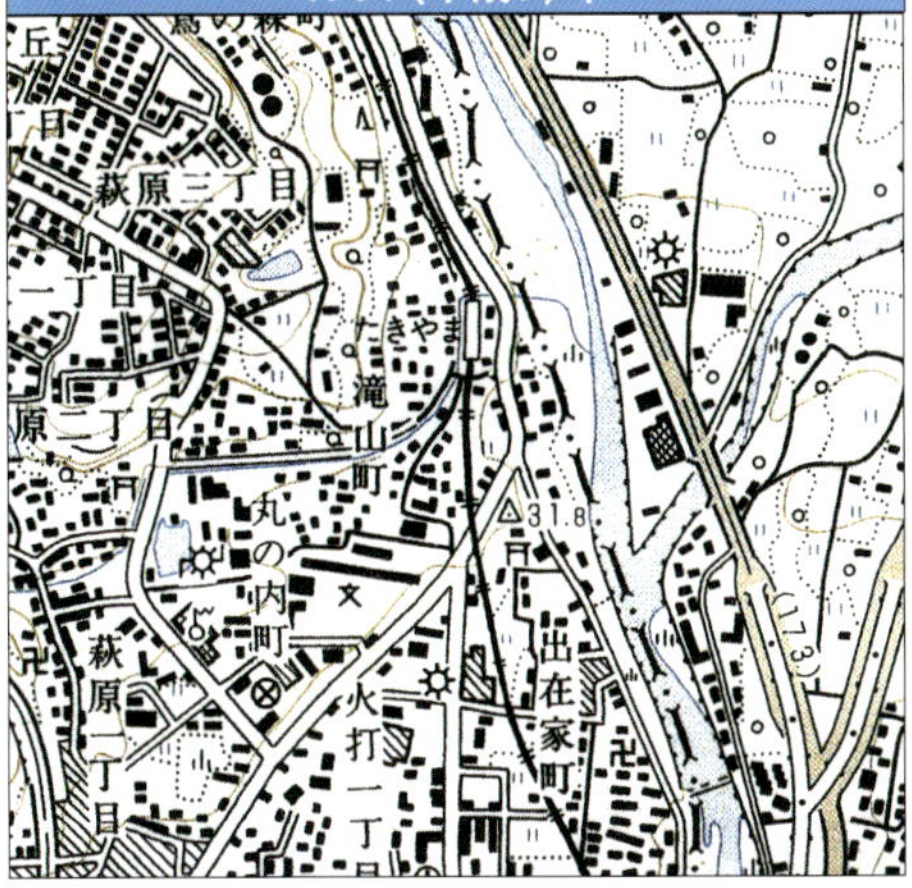

滝山駅の付近で余野川(久安寺川)が猪名川に合流。能勢街道から妙見道が分かれる。駅西の萩原は、昭和50年代に東急不動産が住宅地を開発。丘陵地の住宅地なので南方の眺望が良い。出在家は東側を猪名川が流れており、川の向かい側には池田市の五月山が見える。

朝採り、完熟が特徴の川西のイチジク

川西は現代いちじく発祥の地で、出荷量は神戸市に次ぎ県内2位(年間約300トン)。 現在、市内の南部地域で栽培されており、滝山駅に近い出在家・萩原辺りの農家でも出荷されている。イチジクの品種は桝井ドーフィン。

滝山駅付近を走る500形の電車

鉄道写真家・岩掘春夫氏が滝山駅付近で撮った1枚。撮影日は1978(昭和53)年。この年の10月1日に能勢電鉄の社名は能勢電気軌道から改称されている。また12月には日生線が開通した。

鶯の森

路線改良で新設された鶯の森駅
野鳥のいる森も時代とともに縮小
上下線駅舎はウグイス色で統一

開業年 1953(昭和28)年8月21日　**所在地** 兵庫県川西市鶯の森町7-14

キロ程 川西能勢口から2.7km　**駅構造** 地上駅2面2線　**乗降客** 938人(2023年)

能勢電鉄は、従来よりも大型の車両を導入するに当たり、滝山―鼓滝間の急カーブ区間に存在した矢問(やとう)駅を廃駅にし、1953(昭和28)年8月、代わりの「鶯の森駅」を新設した。

駅の構造は、相対式2面2線のホームを有する地上駅。ホームは6両分の長さがあるが、現在は4両編成の電車しか停車しないので、上下線ともに北に設置されている改札寄りに停車する。

駅名は周辺に鶯など野鳥が飛び交う

鶯の森駅　提供:能勢電鉄

1953(昭和28年)に新設された能勢電鉄の中では比較的新しい駅。1967(昭和42)年3月、この駅まで複線化されるのに伴い、駅は改良された。

妙見口・日生中央方面の駅舎

住宅地の開発が進み、緑の森はだんだん小さくなった。しかし、駅名看板のイラストにもイメージされている「鶯の森」にちなみ、駅舎やホームはウグイス色で統一されている。

森があったことに由来。駅名標のイラストにも鶯が描かれている。住宅開発が進んだ今は、緑の森も小さくなり、わずかに面影を残すのみになった。

1991(平成3)年のリニューアルで構内踏切が廃止され、上下線ともに改札口は独立した。駅舎はきれいなウグイス色で統一されている。鶯の森—鼓滝間は、急カーブの名所だったが、その後、改良され、カーブ緩和のためにつくられた鼓滝隧道というトンネルを抜けると、すぐ隣の鼓滝駅に着く。

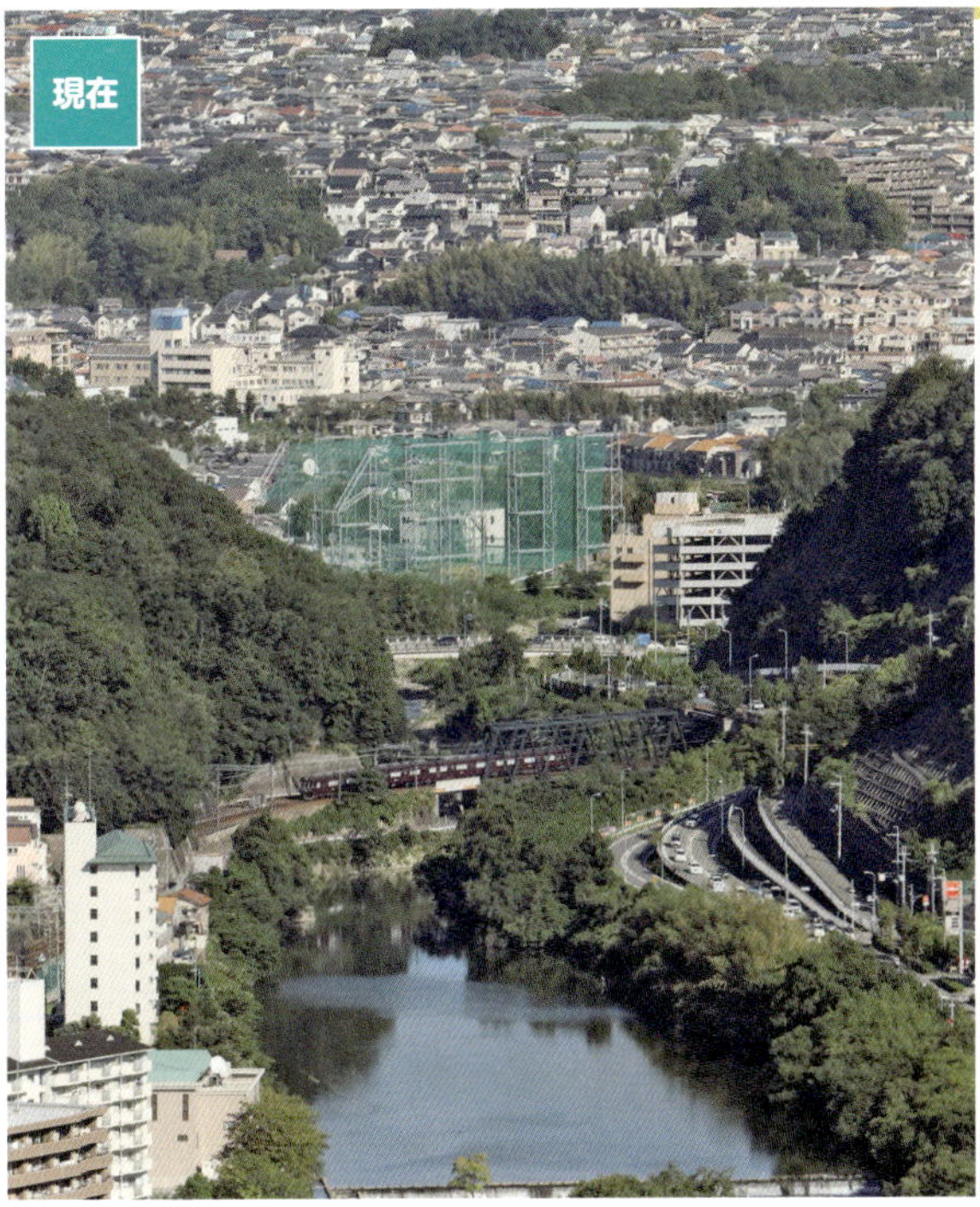

猪名川と住宅地のある沿線風景

駅周辺は、鶯の森町・鶯台・鶯が丘住宅地などの家々が建ち並び、住環境には恵まれた地域である。大阪府と兵庫県の府県境を流れる猪名川流域の恩恵にも恵まれいる。

鶯の森遊泳場 提供:川西市

鶯の森駅の開設と同時に、近くの猪名川に遊泳場がオープン。近場のレジャーとして賑わったが、翌年の伊勢湾台風で施設が流され、そのまま廃止となった。

古地図探訪

1997(平成9)年

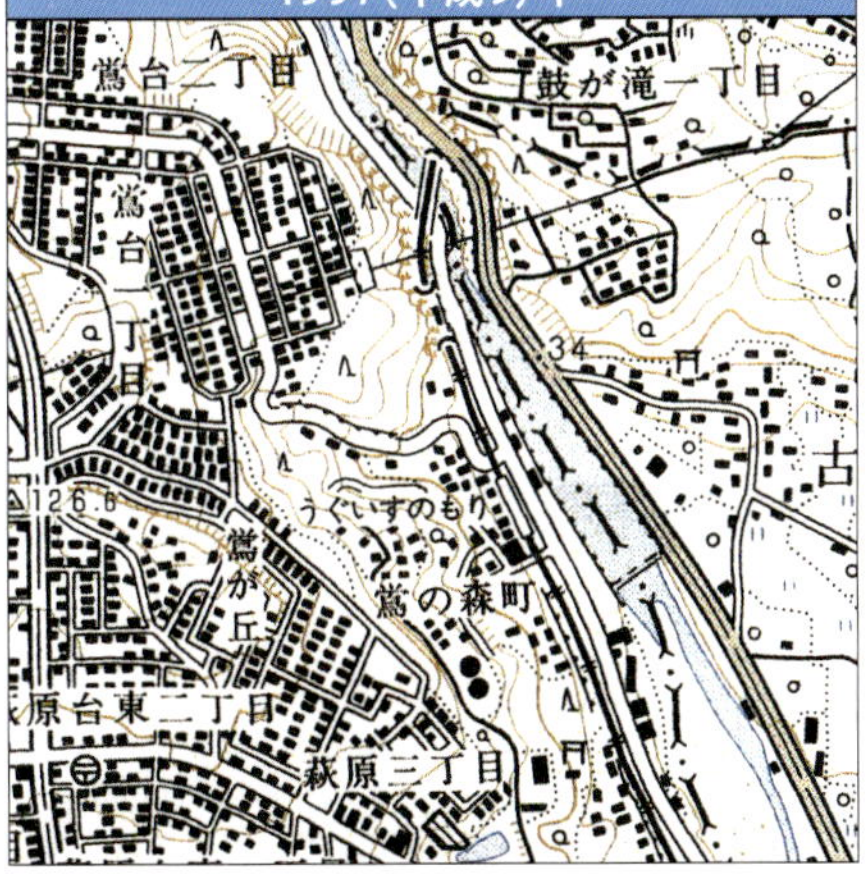

◀ 30年後

1967(昭和42)年

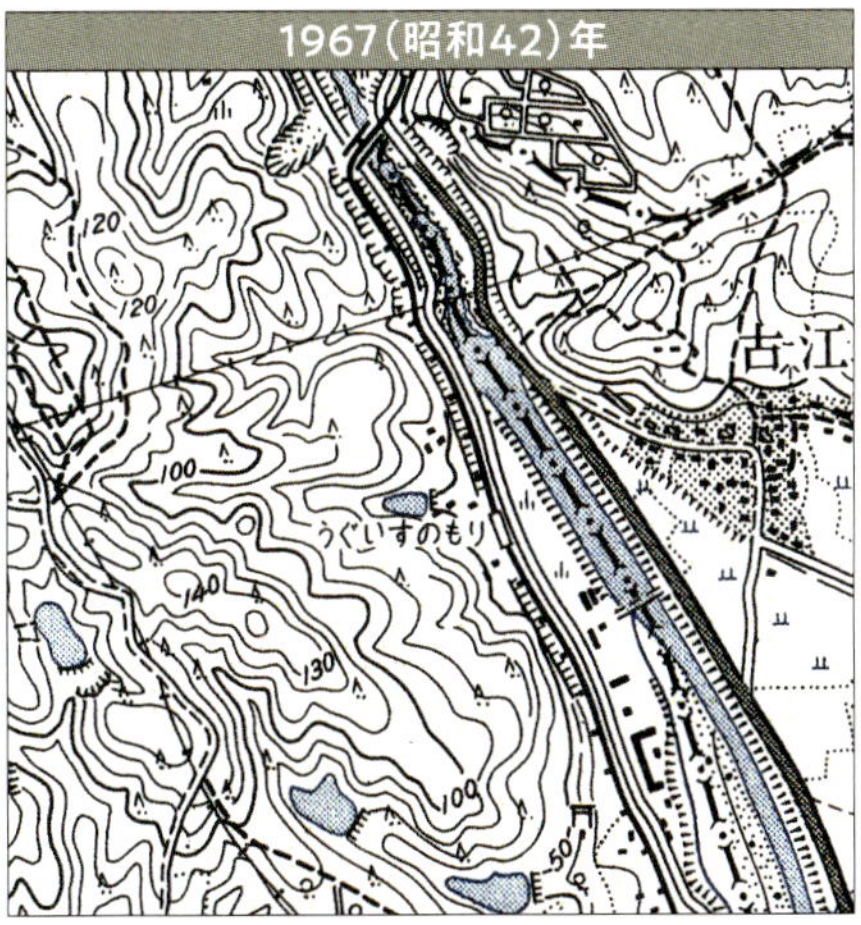

鶯の森駅周辺のエリアには、鶯台・鶯が丘・鶯の森町の住宅地があり、鶯が丘と鶯の森町は能勢電鉄によって開発された。鶯台は三菱地所が開発した。先に開発された鶯の森町は傾斜がきつい地形だが、猪名川の向こう岸に池田市の古江町が見えるなど風光明媚な地域だ。

鼓　滝

駅南側にトンネルが見える鼓滝駅
能勢電開通時に皷ヶ滝駅として開業
その後二度改称し、現在の駅名に

開業年 1913（大正2）年4月13日　**所在地** 兵庫県川西市鼓が滝1-5-1

キロ程 川西能勢口から3.5km　**駅構造** 地上駅2面2線　**乗降客** 4,943人（2023年）

新設された駅名看板には、川に浮かぶ鼓が描かれている。能勢電鉄のイラスト作成時の説明によると、「昔はこの付近に猪名川に落下する滝があり、その滝の水が岩肌に当たって、鼓を打つような音を立てたことからイメージされた」ということだ。今はそのような滝を見ることが出来ないが、かつて猪名川に30メートルの高さから流れ落ちる滝があり、この水音が鼓を打つように響いていたことから「鼓滝」という名が

皷滝駅　提供：能勢電鉄

1967（昭和42）年に川西能勢口―平野間が複線化されるまで、鼓滝駅付近は国道 173 号と併用軌道であった。写真は妙見口方面から能勢口方面を向いて撮影。当時は改札口がなく、車内で車掌さんから切符を買っていた。

猪名川鉄橋を渡る妙見口行きの電車

この猪名川鉄橋は、鶯の森駅と鼓滝駅の間にあり、1969（昭和44）年、鶯の森～鼓滝間の新線切り替え時に架け替えられたもの。この区間は線路を移設しており、旧線の橋台跡も残っている。

久安寺の行事「あじさいうかべ」

能勢電鉄・畦野駅のそばにあじさい寺の頼光寺があるが、川西市の隣・池田市にもあじさい寺で有名な久安寺がある。意外に知られていないが、鼓滝駅はその最短駅。開花期には久安寺と頼光寺をハシゴして愛でる人たちもいる。

トンネルのそばにある鼓滝駅

写真は、鼓滝駅を出発した電車が「鼓滝隧道」と呼ばれるトンネルに入って行くところ。このトンネルを出て、猪名川鉄橋を渡るとまたトンネルがあり、それを抜けると鶯の森駅に到着。

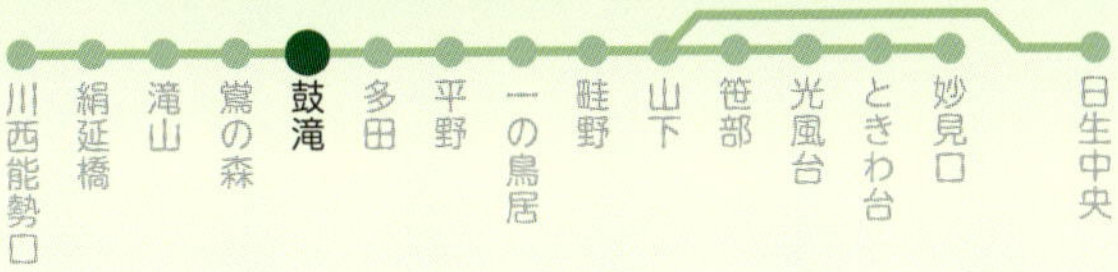

駅名になったそうだ。

年表を見ると、1913(大正2)年4月13日に能勢口駅〜一ノ鳥居駅間の開業に伴い、「皷ヶ滝駅」として開業。1965(昭和40)年に「皷滝駅」に改称。2006(平成18)年には「皷」という漢字が「鼓」になり、現在の「鼓滝駅」と表記されるようになった。

その後、駅もリニューアルされ、また2011(平成23)年にはバリアフリーの工事も完成。上下線ホームそれぞれに独立した駅舎が設置された。

古地図探訪

1967(昭和42)年

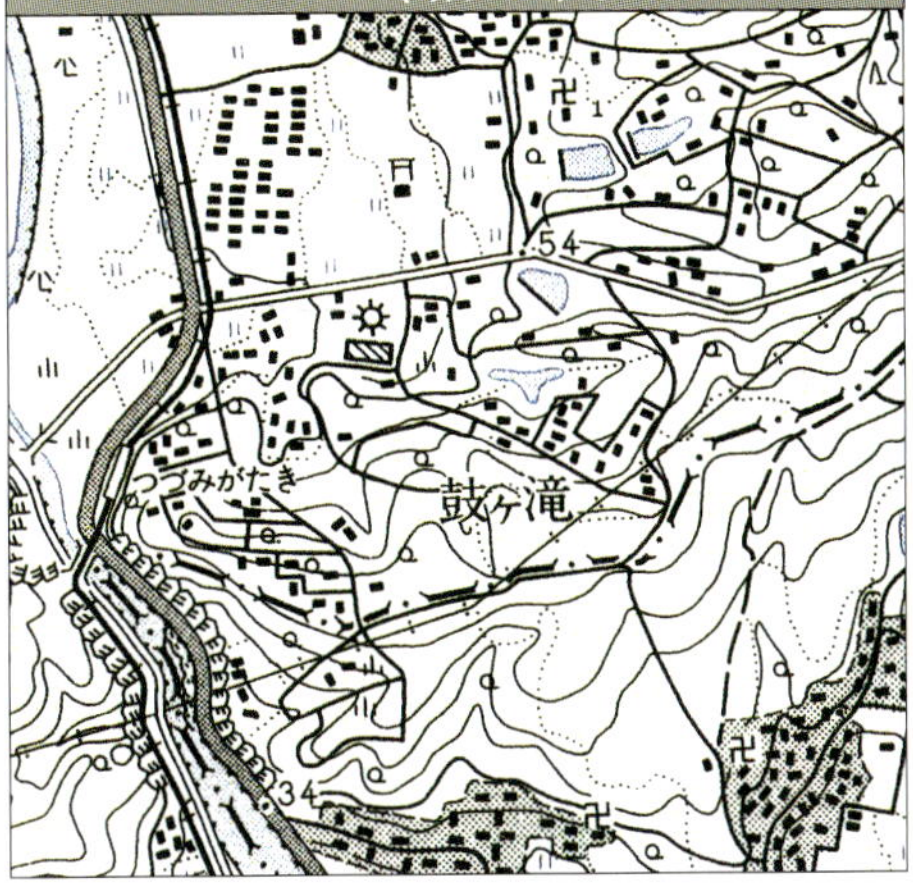

▼30年後

1997(平成9)年

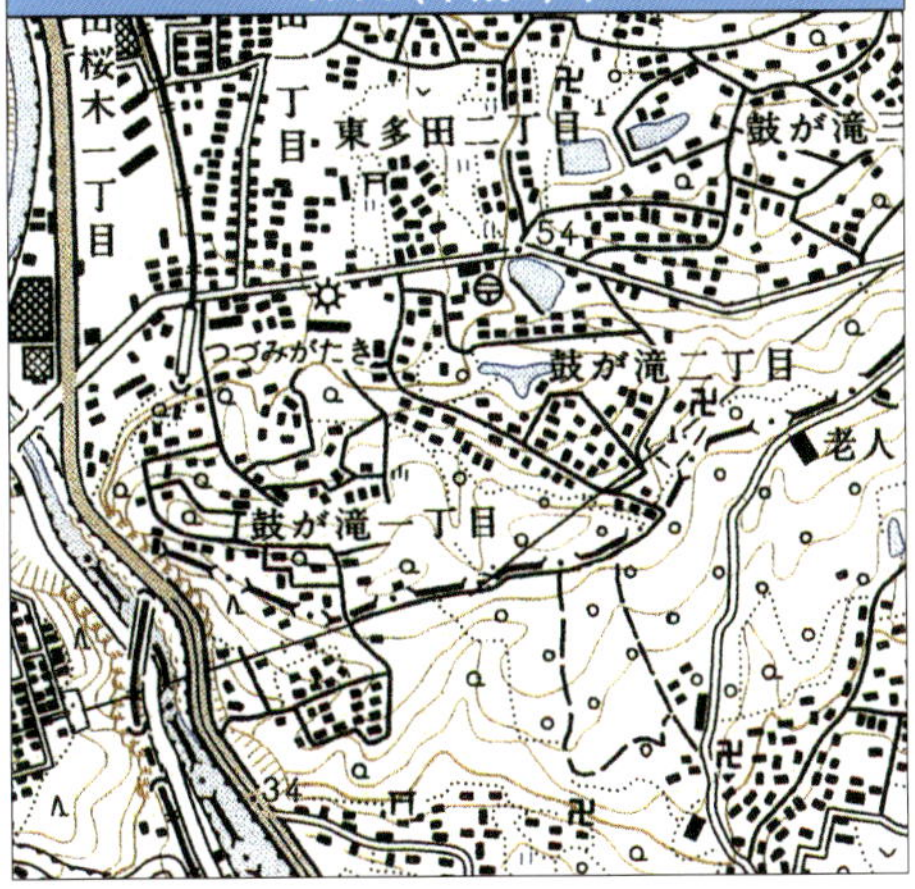

古地図では、猪名川と能勢街道が並行して北へ伸び、周辺はまだ田園地帯だ。住宅地の開発は高度経済成長期の昭和30年代に入ってからで、1961(昭和36)年頃に駅南側に、現在の鼓滝一丁目が造成された。その後、二丁目、三丁目と広がり、池田市の伏見台まで迫っている。

鼓滝駅上り方面改札口(東口)

鼓滝駅は2010(平成22)年11月に下りホームに新改札口が設置され、上りホームの旧改札口を一時閉鎖。翌年に写真の上りホーム新改札口(東口)が設置されている。

多田

川西市は清和源氏発祥の地として知られ、JR川西池田駅の駅前ロータリーには「清和源氏の祖」として、源満仲公の銅像がある。第56代清和天皇の曾孫にあたる源満仲は、京都から川西の多田盆地に移り住み、970(天禄元)年に多田院(現・多田神社)を創建し、清和源氏の礎を築いた。多田院は明治時代の神仏分離政策で「多田神社」となる。

「多田」の地名は、この源満仲がこの地で多くの田を拓いて人々を豊かにし

清和源氏の祖・源満仲ゆかりの地 満仲公が創建した多田神社で有名 妙見線の中では乗降客が多い駅

開業年 1913(大正2)年4月13日　所在地 兵庫県川西市東多田3-1-21

キロ程 川西能勢口から4.2km　駅構造 地上駅2面2線　乗降客 6,437人(2023年)

多田駅

改札口は妙見口方面行きのホーム北側に設置されている。川西能勢口方面行きホームとの行き来は駅北側にある構内踏切を利用した。ホームなどは現在とほぼ同じ構造。日除けののれんがいかにも旧駅らしい。　提供:能勢電鉄

多田駅全景

多田駅の全景。ホームはほぼ直線で、大型車6両対応で延長されたが、バリアフリー化工事により下りホームの有効長は5両程度に短縮されている。現在の列車はすべて4両なので、改札口のある北寄りに停車する。

多田駅

相対式2面2線のホームを持つ地上駅。上下線のホームは構内踏切で行き来する。改札口は上下線とも駅北側に設置されている。駅前の様子は昔とあまり変わっていない。駅舎もシンプルだ。

たことに由来するという。

1913(大正2)年4月開業の多田駅は、山岳電車と呼ばれた能勢電鉄では開けた駅で、乗降客数も妙見線の中では上位に入る。駅前の国道173線沿いには飲食店などの店舗が並んでいる。

1969(昭和44)年の複線化に伴い、駅は大幅に改良され、さらに2010(平成22)年にはバリアフリー化工事が完成した。イメージアップしたこの駅の看板には、多田神社の拝殿と武将のシルエットの絵が描かれている。

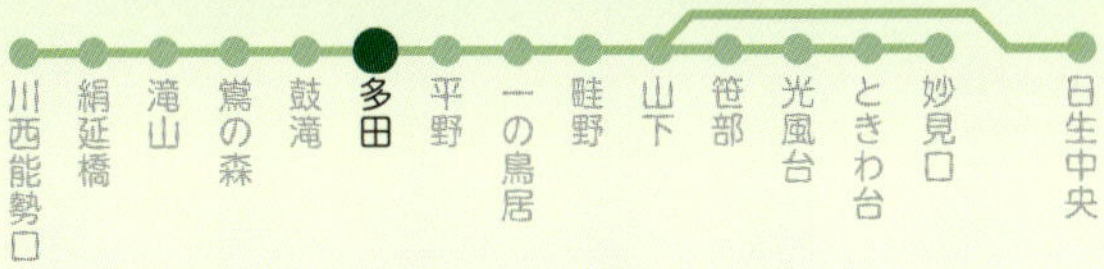

提供:川西市

多田神社

多田神社は、970(天禄元)年、摂津守源満仲が多田院を創建したのが始まり。満仲のほか、頼光、頼信、頼義、義家の五公が祀られている。写真左は、1958(昭和33)年5月に多田神社で催された「八幡太郎義家 850 年祭」の模様。義家公や舞姫など約 200 人が行列を披露した。現在の「清和源氏まつり」のルーツである。

古地図探訪

1997(平成9)年

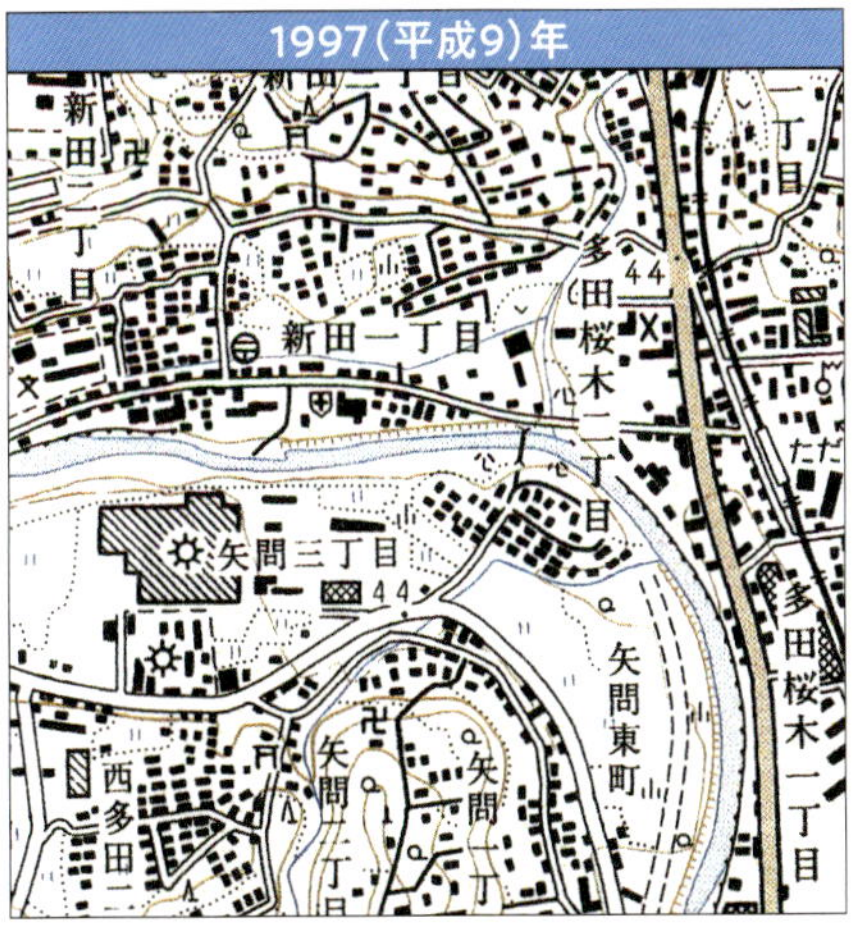

◀ 30年後

1967(昭和42)年

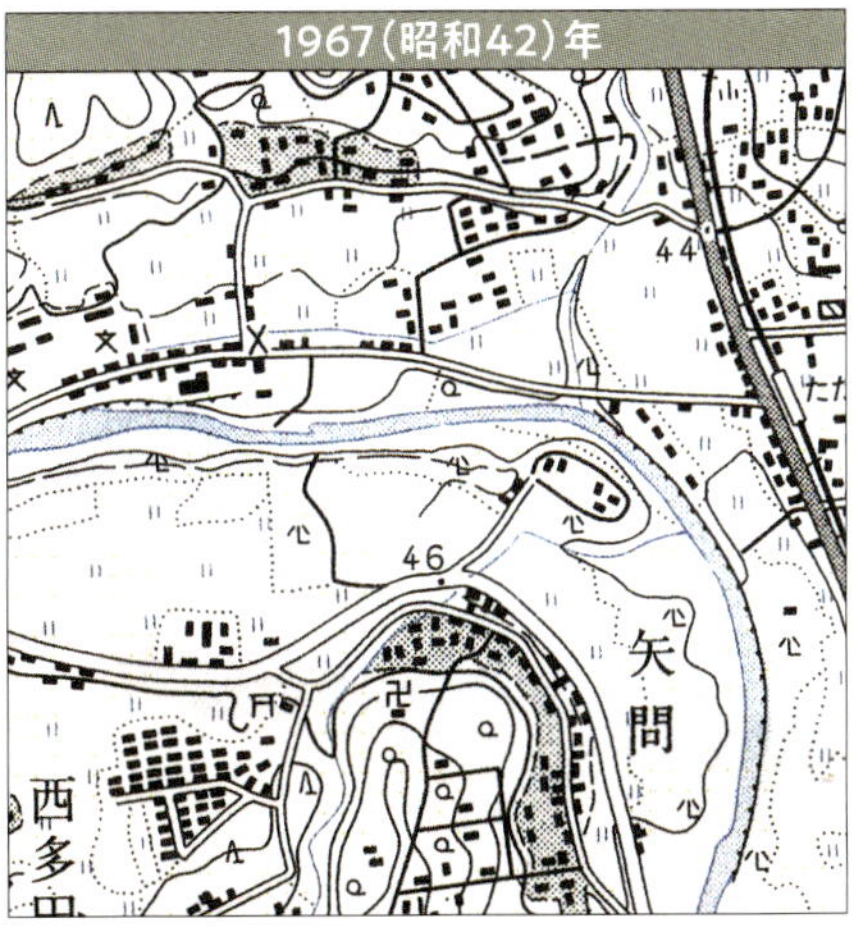

当時の多田駅は、駅前の建物はまばらで水田も多く残っていた。能勢電と並行に走っていた国道は西側にバイパスができている。川西市域には古くからの地名が多くあるが、中でも「多田」は平安時代からの地名。地域を代表する多田院(多田神社)は、駅西範囲外に鎮座している。

平野

温泉郷だったという石碑が残る
湧き出る鉱泉「平野水」で有名
能勢電鉄本社と平野車庫がある駅

開業年 1913(大正2)年4月13日　**所在地** 兵庫県川西市平野1-36-1

キロ程 川西能勢口から5.2km　**駅構造** 地上駅2面3線　**乗降客** 5,702人(2023年)

摂津名所図絵に、有馬温泉や一庫湯とともに「平の湯」の様子が描かれている。平野駅周辺にあった温泉場で、現在は駅周辺は商店が建ち並び、温泉場の気配はうかがえないが、当時を偲ぶものとしては〝湯之町〟の地名と「多田平野湯之町温泉薬師庵」と彫られた石碑が残っている。

　また平野は、付近を流れる塩川から湧き出る鉱泉が「平野水」として売られたことでも知られている。後に香料と甘味を加えて、「三ツ矢の平野シャン

平野車庫

能勢電鉄の本社や駅南側には平野車庫も存在するなど、能勢電鉄の中枢的な役割を担っている平野駅。ホーム南側からは車庫を見渡すことができる。

能勢電鉄本社

平野駅周辺には、能勢電鉄の本社があるほか、平野車庫、運転指令所など、能勢電鉄の中枢を成す施設が集積している。写真は、1997(平成9)年2月に本社事務所を川西能勢口から平野へ移転した能勢電鉄本社。駅から直線距離で117m、[出口1]から徒歩2分で行ける。

平野駅　提供:能勢電鉄

1966(昭和41)年に平野車庫が整備され、1981(昭和56年)に現在の橋上駅が完成した。写真は橋上駅になる前の平野駅。複線化された両ホームの行き来は構内踏切を利用していた。

ペンサイダー」として売り出された。駅名看板のイラストには、炭酸水が湧き出る様子と当時の面影を残す、三ツ矢記念塔が描かれている。記念館は2001(平成13)年頃に開館したが、現在は閉鎖中。

駅名は、平野ヶ沼という沼地があったことにちなむが、源満仲が開墾したことに由来しているとも伝えられる。

平野駅は能勢電鉄の本社があり、駅の南側には車庫もある。ホーム南側からは車庫を見渡すこともできる。

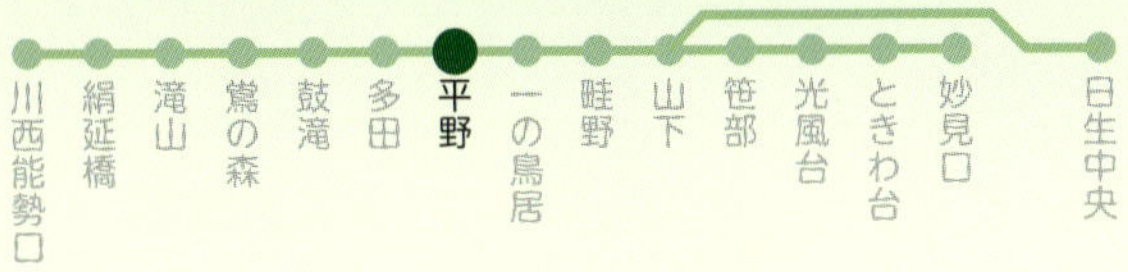

古地図探訪

1967(昭和42)年

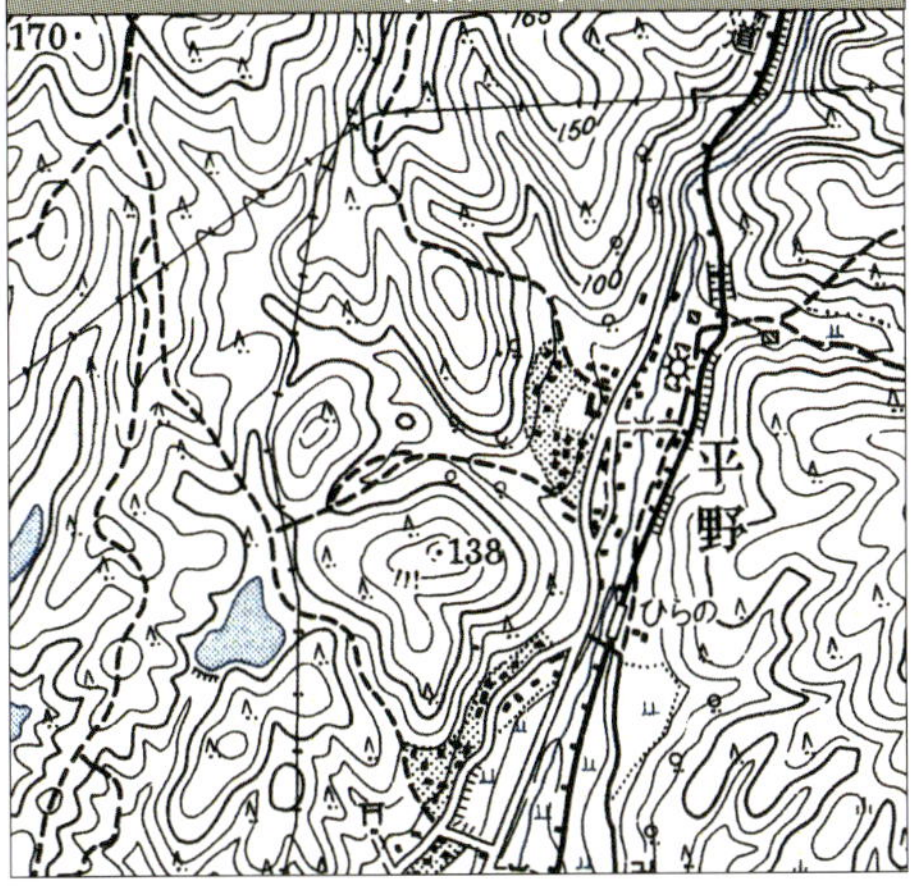

▼30年後

1997(平成9)年

電車が狭い山間部に入ると平野駅がある。北側の工場マークのある炭酸工場は今はない。駅から先はさらに狭い谷間を走るようになるが、今はその上を新名神高速道路が通る。北西方向の山(170m)は削られ、川西市立緑台小学校、市民体育館、市民運動場になっている。

平野湯跡

平野駅近くには、江戸時代、平野湯という温泉場があった。現地には摂津名所図絵に見える薬師堂(現・薬師庵)と石灯籠だけがひっそり残っている。
提供:川西市

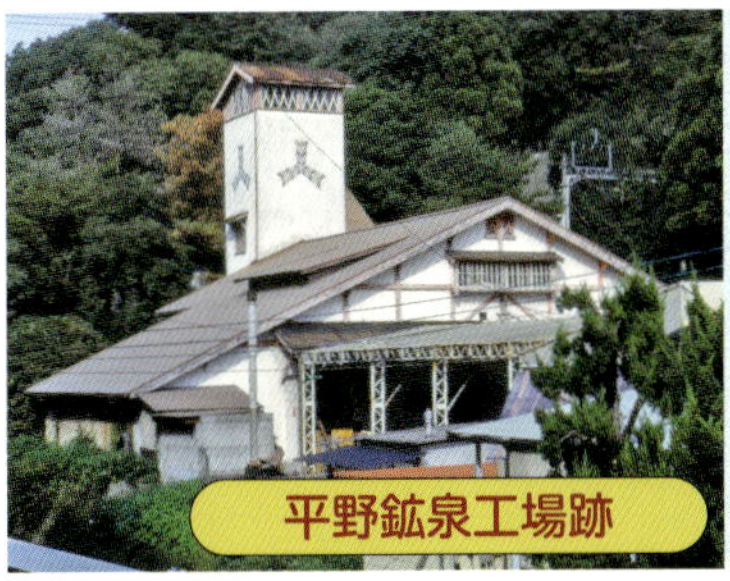

平野鉱泉工場跡

1881(明治14)年、イギリスの理学博士ガラン氏が平野鉱泉を発見。わが国最初の炭酸飲料水「平野水」を製造する工場が誕生した。写真は、旧炭酸ガス製造工場とタンサンガス吸収塔(1985(昭和60)年当時) 提供:川西市

多太神社

平野駅から南西へ400mほど行ったところにある神社。平安時代の延喜式に名がある古社だ。本殿は市指定文化財。長らく「平野明神」と呼ばれていたが、江戸時代の調査で「多太神社」だと認識された。境内にあった「多太社」の社号標石も市指定文化財になっている。
提供:川西市

一の鳥居

妙見宮参道の最初の入口だった
鳥居は今もゴルフ場入口付近に建つ
副駅名は大阪青山歴史文学博物館前

開業年 1913（大正2）年4月13日　**所在地** 兵庫県川西市東畦野山手1-11-1

キロ程 川西能勢口から6.4km　**駅構造** 地上駅2面2線　**乗降客** 706人（2023年）

「一の鳥居」という駅名は、この地が能勢妙見宮に参拝する人たちが通った参道入口に当たり、ここに一番最初の鳥居があったことから名付けられた。

能勢電鉄の開通は1913（大正2）年4月で、当時は「一ノ鳥居駅」として開業し、この駅が終着駅だった。その後の1923（大正12）年11月に、路線が妙見駅（現・妙見口駅）まで延伸されたことにより、途中駅となった。

そして1973（昭和48）年4月、国

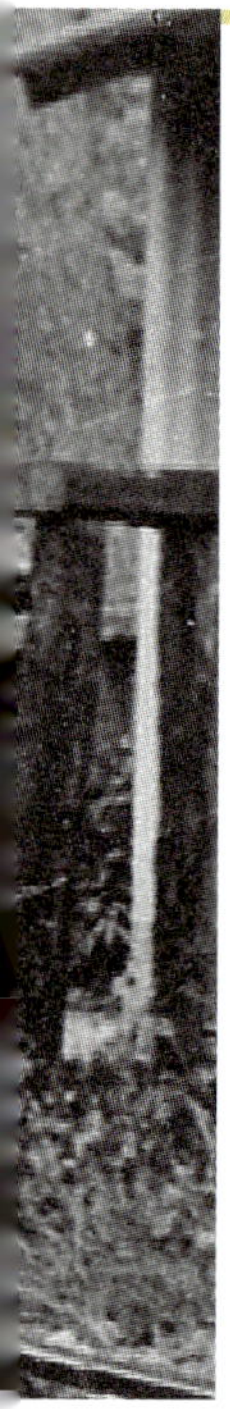

一ノ鳥居駅 提供：能勢電鉄

「一ノ鳥居駅」として開業したが、1973（昭和48）年、現在地に移転して、「一の鳥居駅」に改称した。写真はまだ複線化されていない、移転前の旧駅舎。写真は平野方面から妙見口方面を向いて撮影。

新名神高速道路から見た一の鳥居付近

一の鳥居駅付近を走る能勢電鉄の電車と並行の国道173号に車が往来。北にお城の形をした大阪青山歴史文学博物館が見える。この写真は2017（平成29）年に完成した新名神高速道路上から撮影されている。紅葉の風景も美しい。

北部山間部の寒天づくり 提供：川西市

川西市の北部山間部では、冬の寒さを利用して寒天づくりが行われていた。寒風の吹く屋外でトコロテンを干して寒天を作り、大阪などの市場に出荷していた。

大阪青山歴史文学博物館

大阪青山短期大学の付属施設として建設（北摂キャンパス）され、1999（平成11）年4月に開館。外観は城郭建築で、安土城をモデルにした白亜の天守閣とユニークなもの。国宝・重要文化財16件を含む約5,000件もの貴重な文化財が収蔵されている。

ゴルフ場入口付近にひっそり建つ鳥居

駅名の由来ともなった「一の鳥居」は、阪神・淡路大震災で倒壊してしまったが、駅周辺にあるゴルフ場（能勢カントリー倶楽部）の入口付近に場所が移され、この地のシンボルとして再建された。 撮影：池永哲雄

川西能勢口
絹延橋
滝山
鶯の森
鼓滝
多田
平野
一の鳥居
畦野
山下
笹部
光風台
ときわ台
妙見口
日生中央

道173号の拡幅工事により、平野駅との間が塩川トンネル経由に切り替わり、現在地に移転。これに伴い、駅名も「一の鳥居」に改称された。

シンボルだった鳥居は、阪神・淡路大震災で倒壊し、現在は近くのゴルフ場（能勢カントリー倶楽部）の入口付近に場所を移して再建されている。

副駅名の「大阪青山歴史文学博物館前」は、駅そばの大阪青山短期大学（北摂キャンパス）の付属施設で、お城の形をしているので知られている。

古地図探訪

1997（平成9）年

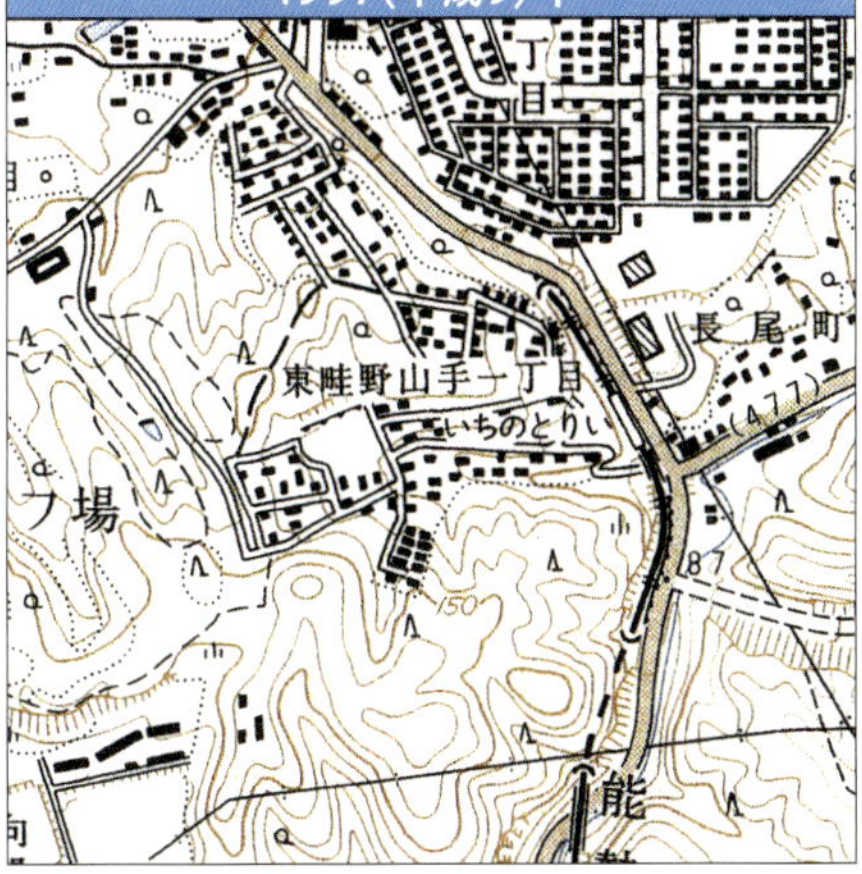

◀30年後

1967（昭和42）年

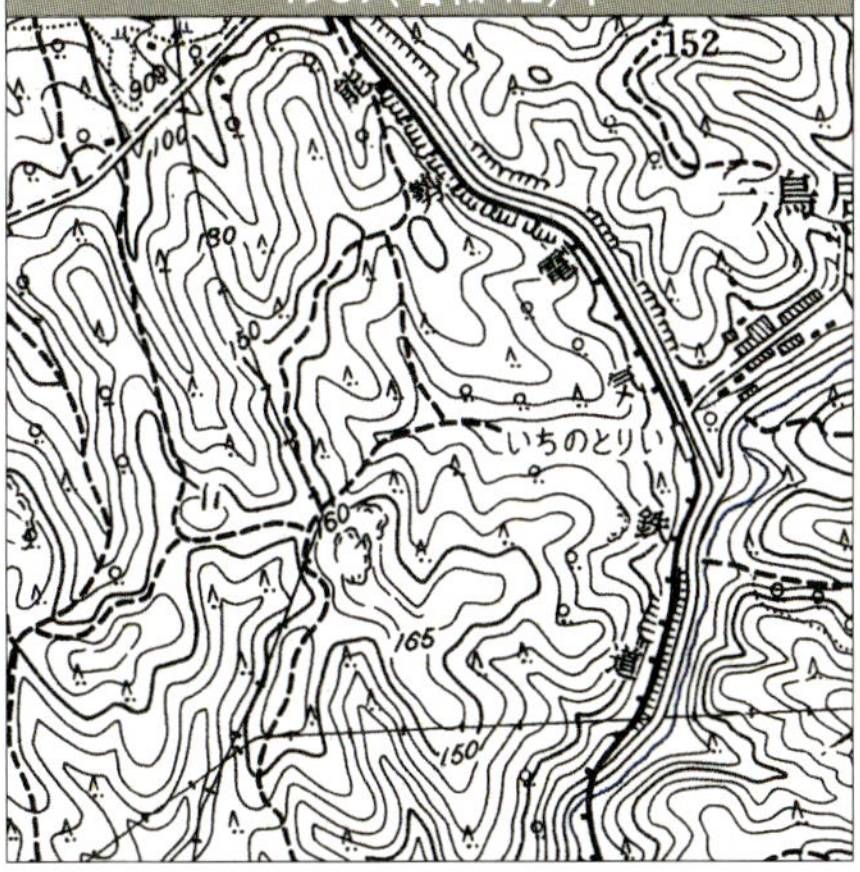

狭い谷間にある駅だったが今は見事に開け、北側にあった152mの山もなくなり、大和地区の住宅街が広がっている。駅のそばを走る国道173号の拡張により、平野駅～一の鳥居駅間が塩川トンネル経由に切り替わり、一の鳥居駅は現在地に移転。駅名も改称した。

畦　野

"阪急北ネオポリス"の最寄り駅
特急日生エクスプレスも停車する
あじさい寺と呼ばれる頼光寺が近い

開業年 1923（大正12）年4月13日　**所在地** 兵庫県川西市東畦野2-2-12

キロ程 川西能勢口から7.1km　**駅構造** 地上駅2面2線　**乗降客** 7,061人（2023年）

昭和40年代に「阪急北ネオポリス」（大和団地）という大規模な住宅地が造成され、その最寄り駅となる畦野駅は、特急日生エクスプレスも停車する能勢電鉄の主要駅となった。豊かな自然の中にありながらも、大阪梅田まで直接アクセスできる利便性の高さは、阪神間のベッドタウンとして人気を集めた。

駅前はロータリーが整備され、一帯は店舗などが並び賑わった。開発されて半世紀以上経つ現在も、周辺の緑地

畦野駅　提供：能勢電鉄

猪名川と能勢川の合流点付近に位置する畦野駅。昭和40年代後半に大規模ニュータウンの最寄り駅となり、急速に発展した。1967（昭和42）年以前は、現よりも約 200m 西側に駅があった。写真は移転前の駅舎。

畦野駅 東口（川西能勢口方面）

駅舎は橋上駅舎であるが、駅東口側は高台で、改札口と同じ高さの駅前広場がある。駅西口の北側へは階段で昇降し、南側は高台のため、スロープでの昇降が可能になっている。

東口（川西能勢口方面）の駅前広場

高台の広々としたスペースが確保された東口（川西能勢口方面）前の広場。バスターミナルも整備され、コンビニなどの商業施設も整っている。大団地の玄関口だけに、安全性も考えて設計されている。

と調和した街並みは成熟度が高い。しかし一方では、住民の高齢化など、今後の大きな課題も残されている。

駅の北西に位置する「頼光寺」は、源氏ゆかりの地で、初夏には紫陽花が咲き乱れることから「あじさい寺」として楽しまれている。

難読駅名の「畦野（うねの）」という名の由来は、周辺は古くから開墾されており、「畝」が広がっていたことから「畝野」と呼ばれ、時代とともに「畦野」に変化したとも言われる。

古地図探訪

1967（昭和42）年

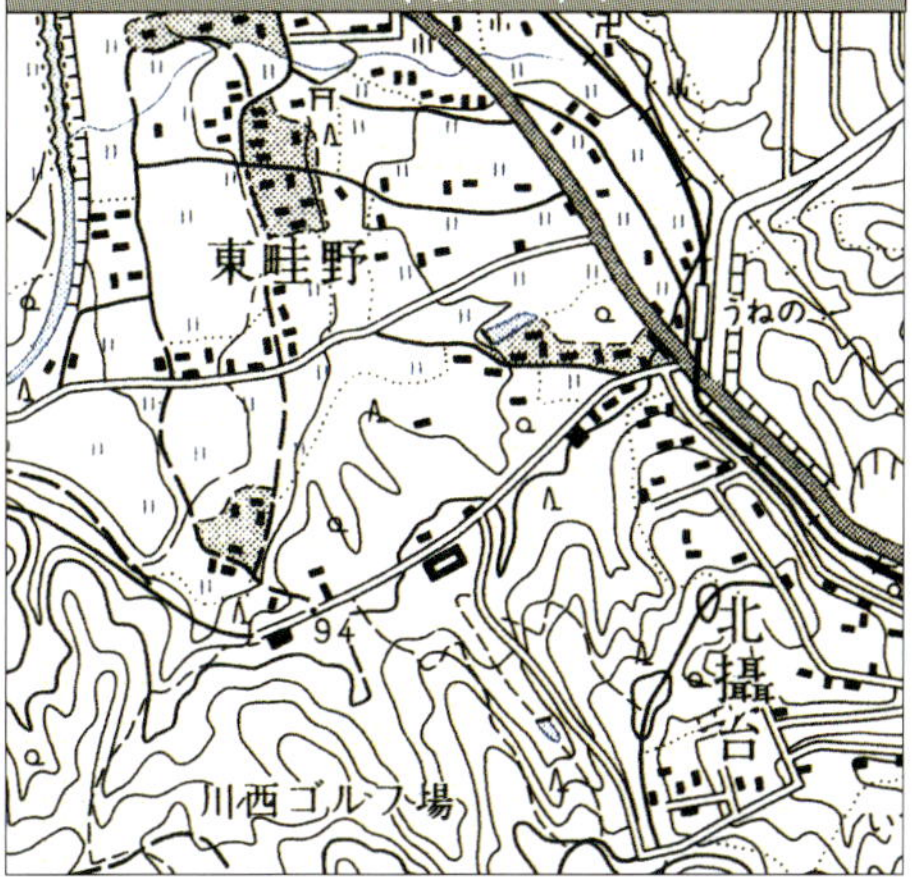

▼30年後

1997（平成9）年

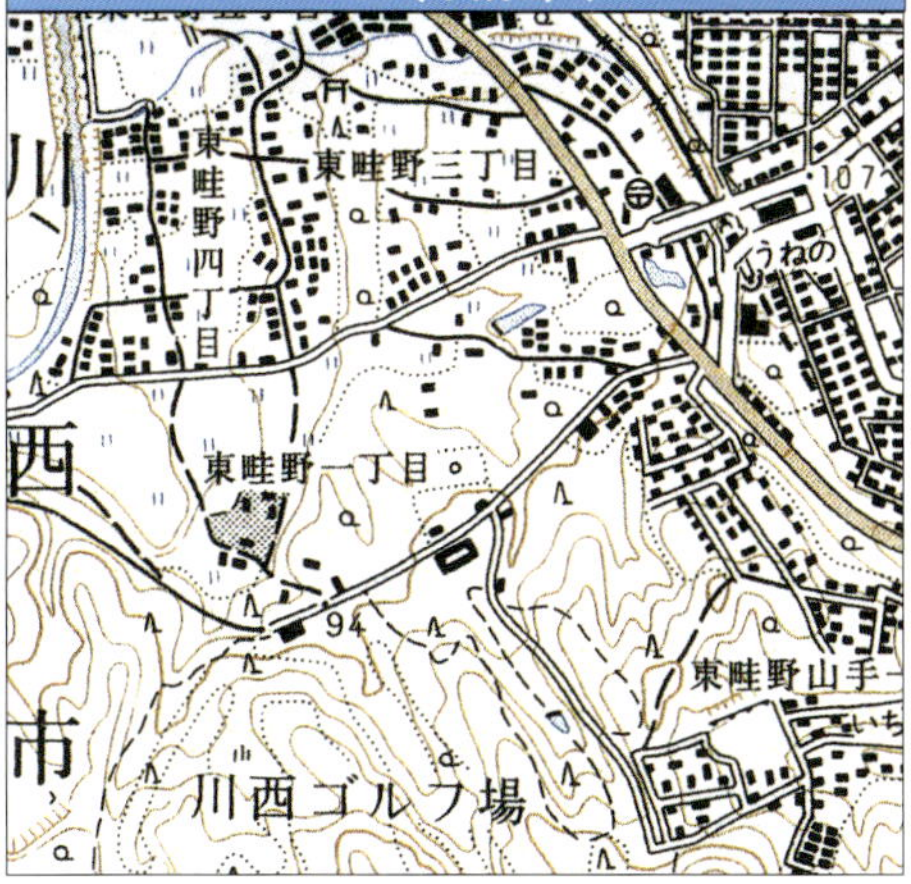

一の鳥居駅を出た電車は峠を越えて畦野駅に到着していたが、今はトンネルになっている。駅の東側は大和団地へと大きく様変わりした。この地は大昔から〝摂津国河辺郡畝野〟と呼ばれ、国管理の牧場が点在していた。畝野牧は猪名川と能勢川の合流点（現・西畝野付近）にあった。

阪急北ネオポリス　提供:大和ハウス工業株式会社

大和団地の阪急北ネオポリスは、1974（昭和49）年に全体の開発が完了した。写真はその3年後の1977（昭和52）年頃に空撮したもの。街がちょうど落ち着いて来た当時の全景。

"あじさい寺"の頼光寺

祥雲山 頼光寺は、紀元1000年頃に、源満仲公の夫人・法如尼の発願により、その子・源賢僧都（幼名美女丸）によって開基された寺。本尊の地蔵菩薩は法如尼等身の念持仏であったと言われる。別名「あじさい寺」と呼ばれ、梅雨時には約500株の色鮮やかなあじさいが咲き乱れる。

山下

山下駅は妙見線と日生線の分岐点
多田銀銅山の製錬で栄えた町で、
能勢電鉄の開業によりさらに繁栄

開業年 1923（大正12）年11月3日　所在地 兵庫県川西市見野1-19-1
キロ程 川西能勢口から8.2km　駅構造 高架駅3面4線　乗降客 5,678人（2023年）

山下駅は、妙見線と日生線の2路線の分岐駅である。能勢電鉄の起点・川西能勢口を発車した電車は、一部を除き日生中央行きのため、妙見口方面に行くには、この山下駅で乗り換えることになる。

ホームは1～4号線までの4線あり、かつては日生中央方面に渡り線があったが、ホーム延伸時に撤去された。これをカバーする苦肉の策で、〝山下駅の名物〟となった路線上のスイッチバック運転が行われていた。しかし、2022（令

山下駅　提供：川西市

一軒家のような旧山下駅。この駅は1976（昭和51）年に高架化されるまで、現在の駅よりも約100m西側にあった。当時は地上駅で、下り線ホームの手前に駅舎と改札口が設けられていた。

山下駅

1976（昭和51）年4月に高架化し、現在地に移転された山下駅。駅舎は3階建てで、1階に改札口と助役室やトイレ、2階にコンコース、3階にホームがある。すべてのホームにエレベーターが設置されている。

撮影：池永哲雄

山下駅構内全景

島式1面2線と外側に相対式2面2線のホームを持つ。中央の島式ホームはV字型になっている。妙見線妙見口方面はこの駅で折り返し運転を行い、終点の妙見口駅まで単線となる。

日中はなくなってしまった山下駅名物…
路線上でのスイッチバック運転

山下駅では、日生中央駅からの電車が折り返す際、変わった運行形態をとる。まず、2号線に入線した電車は、川西能勢口方面からの乗換客を乗せるといったん本線の川西能勢口方面に進み、妙見線と日生線の分岐部で停車。運転士は反対側の運転台へ移り、こんどは逆の日生中央方面へ向かう。そして山下駅の1号線に停車、ここでまた乗客を乗せて日生中央駅へ出発する。これは渡り線撤去後の乗換客の便宜を図ったもので、能勢電鉄ならではサービス体制。ただし、2022（令和4）年12月のダイヤ改正後は、川西能勢口発の大半の電車が日生中央行きとなり、この珍しい運行形態は早朝と深夜に限られている。

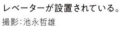

和4)年12月のダイヤ改正で、その珍しい運行形態は早朝と深夜だけに限られてしまった。

付近は戦国時代より多田銀銅山の製錬で栄えた町で、能勢電鉄の開業によりさらに賑わうようになった。駅名看板の象徴として、往時が偲べる川西市郷土館と精錬所が描かれている。

畦野駅と同じく大型団地(阪急北ネオポリス)の最寄り駅で、乗り換え客のほか、通勤・通学の乗降客も多い。駅前から阪急バスが頻繁に発着している。

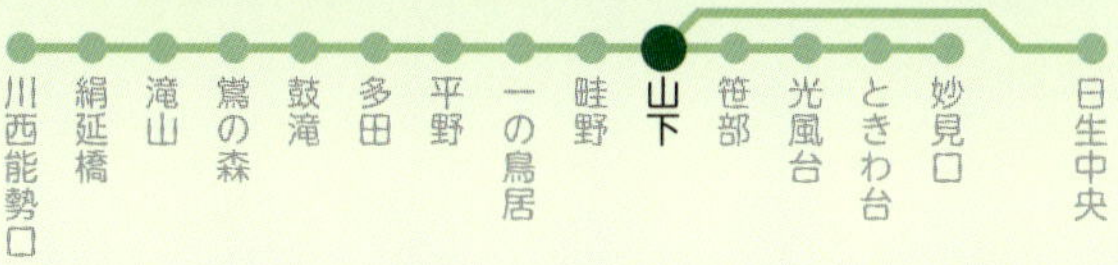

古地図探訪

1967(昭和42)年

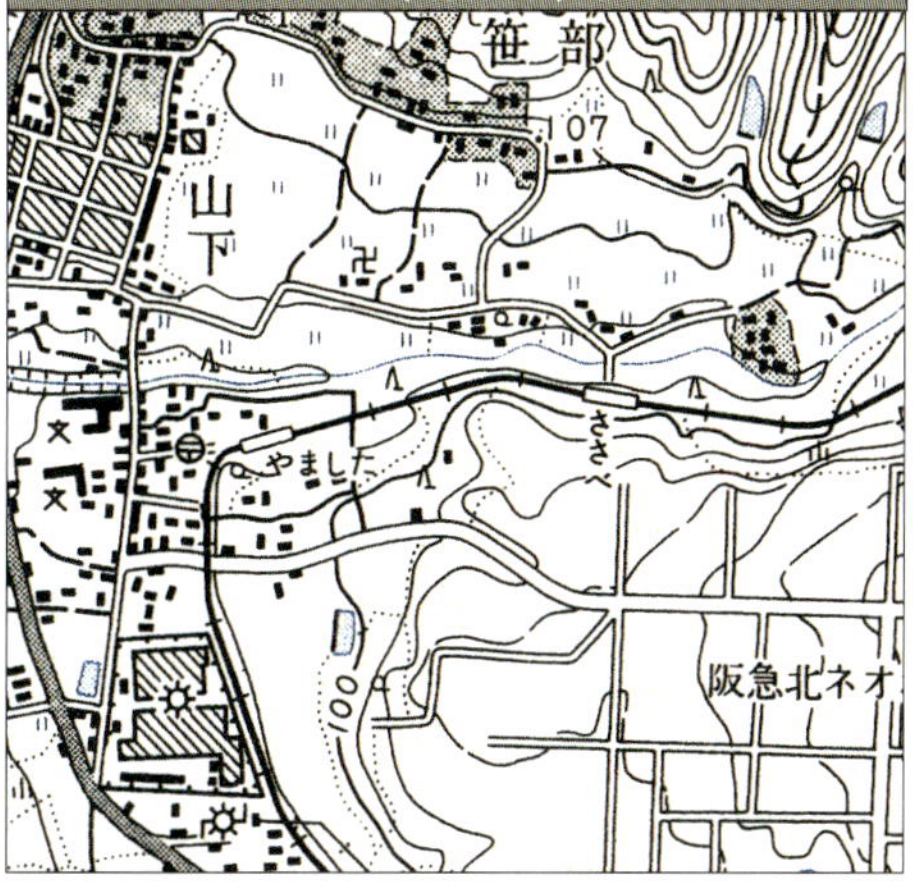

▼30年後

1997(平成9)年

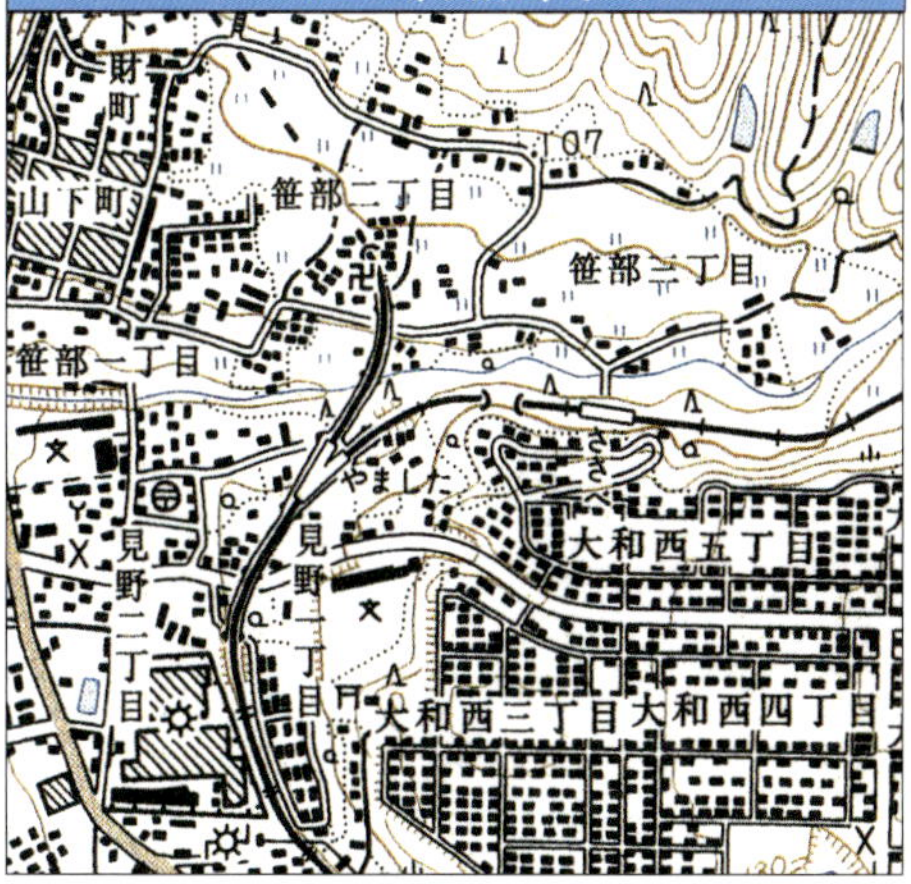

北を向いて走っていた電車が大きくカーブして東へ向きを変えると山下駅に着く。古地図を見ると、駅の北西側には病院や郵便局もあり、この付近では大きめの山下集落がある。今は集落の北側の下を日生線のトンネルが通っている。妙見線は次駅の笹部へと向かう。

2つの路線が接続する山下駅 撮影:山本雅夫

1978(昭和53)年に日生線(山下～日生中央)が開業し、山下駅はこの路線の起点駅に。また、従来からの妙見線との接続駅という重要な役割を担うようになった。

かつて多田銀銅山の精錬所を営んだ平安家の近代和風建築の邸宅「旧平安邸」を利用した博物館＆美術館。1988(昭和63)年開館。精錬所があった広大な敷地内には、その後移築復元された旧平安邸、川西市ゆかりの画家・青木大乗(日本画家)、平通武男(洋画家)の遺作を展示する施設も点在する。

川西市郷土館

笹　部

山下駅から妙見口駅までは単線になる
能勢電鉄の最小の駅で知られる笹部駅
斜面高台の地上駅で北側に棚田が広がる

開業年 1923(大正12)年11月3日　所在地 兵庫県川西市笹部字川原277-2
キロ程 川西能勢口から8.6km　駅構造 地上駅1面1線　乗降客 106人(2023年)

山下駅を出発した電車は単線となり、短いトンネルを抜けて東へ進むと、すぐに笹部駅に着く。その距離はわずか400mほど。笹部駅は単式ホーム1面1線の地上駅。1923（大正12）年11月、妙見線全通時に開業した歴史のある駅だが、乗客数は線内で最下位だ。

1968（昭和43）年にときわ台駅が開業するまでは、妙見口駅間に途中駅はなかった。宅地開発が進み、その10年後には光風台駅もできている。

駅舎はホームと一体化　撮影:池永哲雄

笹部駅の駅舎はホームと一体化している。高台にある駅には長い階段でアクセスし、当然ながらバリアフリー化はされていない。しかし北向きの駅から眺める里山の風景は一見の価値ありだ。

無人駅の駅舎内

階段を上がった駅舎内には、自動券売機と自動精算機、後ろを振り向くと自動改札機が一台ずつ設置されている。乗降客が少ない無人駅なので、これで十分役割を果たしている。

撮影:池永哲雄

笹部駅　提供:能勢電鉄

山下駅を出た電車は、2～3分で次の笹部駅に到着する。駅の周辺には田園と数軒の民家しかなかったが、1977(昭和52)年に駅が改良されて現在の形態となった。能勢電鉄線内で最も乗降客が少ない駅。

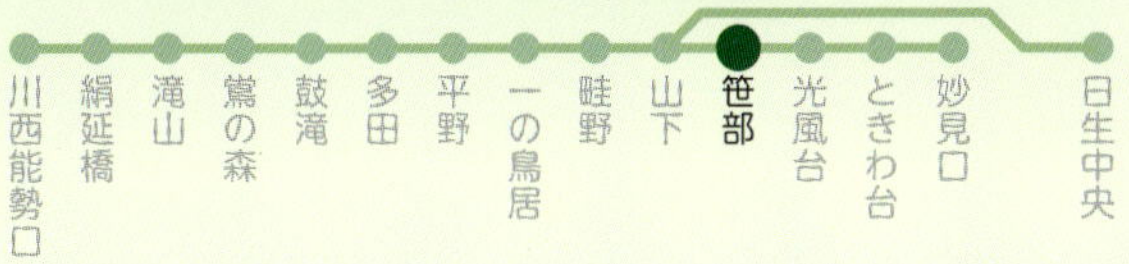

何とも不思議な立地の駅で、出入口は北を向いており、南側には出入口がない。南側へは光風台寄りの歩道橋を通って行き来するようになっている。

駅南側には新興住宅地が広がるが、北側は市街化調整区域(市街化を抑制すべき区域)に指定されており、のどかな棚田の光景も広がり、懐かしい故郷を見るような里山の景色が満喫できる。

駅名の「笹部」は、この地域が雀部(ささべ)氏の手によって拓かれたから、と伝えられている。

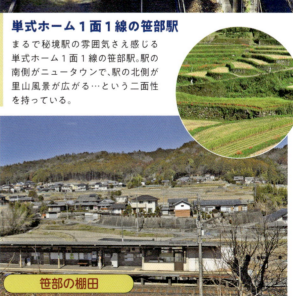

古地図探訪

1967(昭和42)年

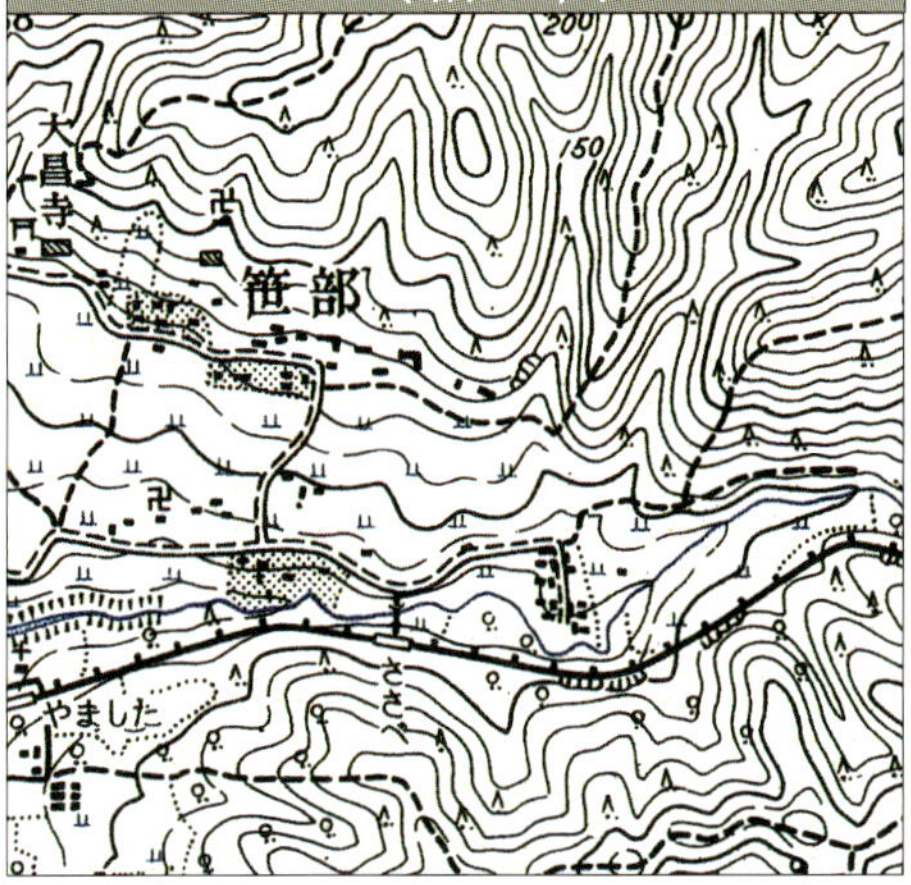

▼30年後

1997(平成9)年

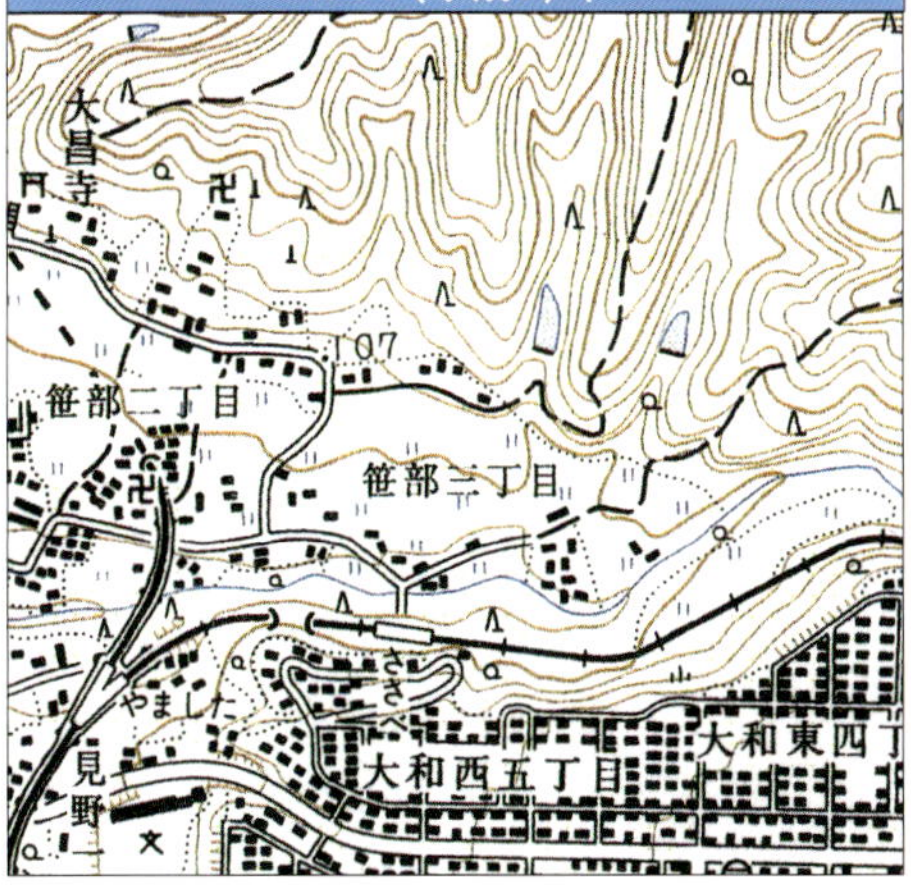

駅の北側に広がる棚田は規模が小さくなったが、今も眺められる。単線区間ならではののどかな田園風景は、終点の妙見口駅とともに、沿線で唯一の楽しみとなっている。駅南側はかつては山地で、建物は何もなかったが、現在は広大な大和地区の住宅地に様変わりしている。

単式ホーム1面1線の笹部駅

まるで秘境駅の雰囲気さえ感じる単式ホーム1面1線の笹部駅。駅の南側がニュータウンで、駅の北側が里山風景が広がる…という二面性を持っている。

笹部の棚田

笹部駅に用意されている駅のスタンプは、なんと「棚田」。田圃をバックに"へのへのも"の案山子が描かれている。四季折々の美しい棚田の風景は、高台のニュータウンからも眺めることができ、人々の癒やしになっている。 撮影:池永哲雄

光風台

民間の大型団地開発に合わせ新設
光風台に次いで新光風台住宅地も
妙見線の中では、最も新しい駅

開業年 1978(昭和53)年10月16日　所在地 大阪府豊能郡豊能町光風台3丁目
キロ程 川西能勢口から10.3km　駅構造 地上駅2面2線　乗降客 2,652人(2022年)

光風台駅の所在地は、北摂山系の中の豊能郡豊能町で、標高が高いので〝大阪の軽井沢〟とも称され、大阪の中心部より５℃は気温が低い。駅名標のイラストは光と風がイメージされている。

この駅の開業は１９７８(昭和53)年10月で、妙見線では最も新しい。光風台・新光風台団地の造成を計画する民間開発業者から要請を受けて実現した。

駅南側に広がる光風台地域は、昭和40年から50年代にかけて、北側の新光

光風台駅　提供:能勢電鉄
光風台住宅団地の開発に伴って1978(昭和53)年に新設された駅。駅が開業した年は、能勢電鉄の創業70周年の節目の年。駅の新設と路線の改良が同時に行われ、山下―妙見口間は従来より2分短縮された。

トンネルから出て来た1700系
ホームの前後をトンネル(隧道)に挟まれている光風台駅。写真は妙見口駅方面の光風台第一隧道から出て来た、川西能勢口行きの1700系の電車。

谷底に位置する光風台駅
2面2線の相対式ホームをもつ橋上駅。改札口は一ヵ所のみで、駅前広場と同じ高さにある。駅前にバス乗り場があり、光風台、新光風台の両地区へと通じる階段やエスカレーター（上りのみ）が設置されている。

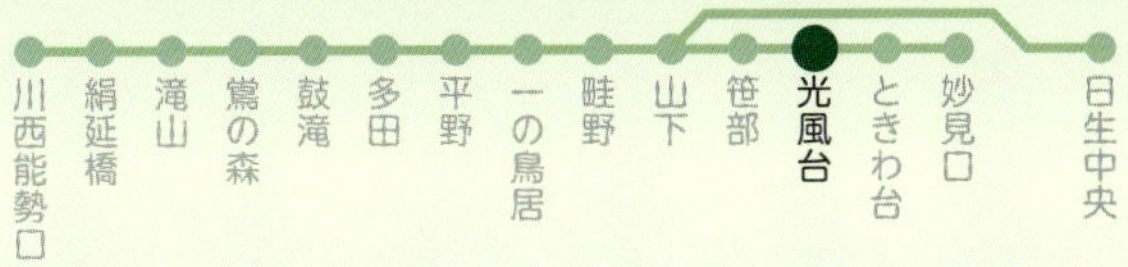

風台地域は平成に入ってから開発された。いずれも北摂山地に囲まれた地形を生かした高台の住宅地で、坂が多いが自然豊かな住環境が人気を集めた。

その中心にある光風台駅は、トンネルに挟まれた相対式2面2線のホームを持つ橋上駅で、妙見線の単線区間では唯一、列車交換が可能だ。光風台と新光風台の間の急な谷に位置するため、上下線ホームにエレベーターがあり、駅前には両エリアに通じる階段や上りのエスカレーターが設置されている。

古地図探訪

1967(昭和42)年

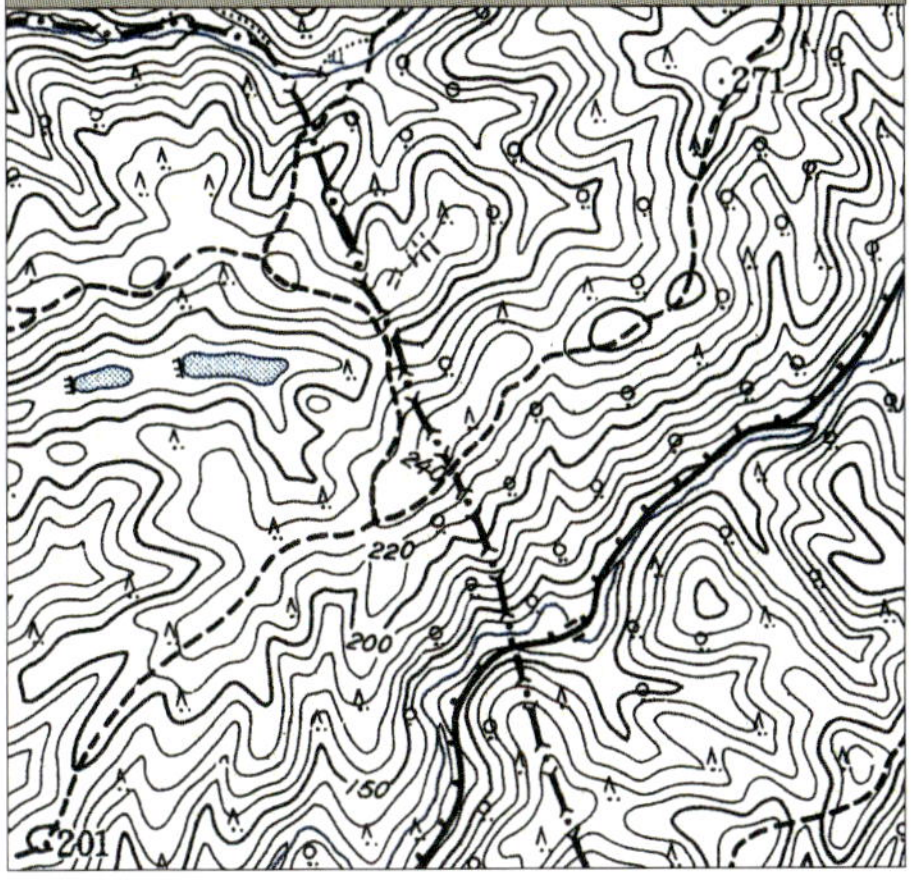

▼30年後

1997(平成9)年

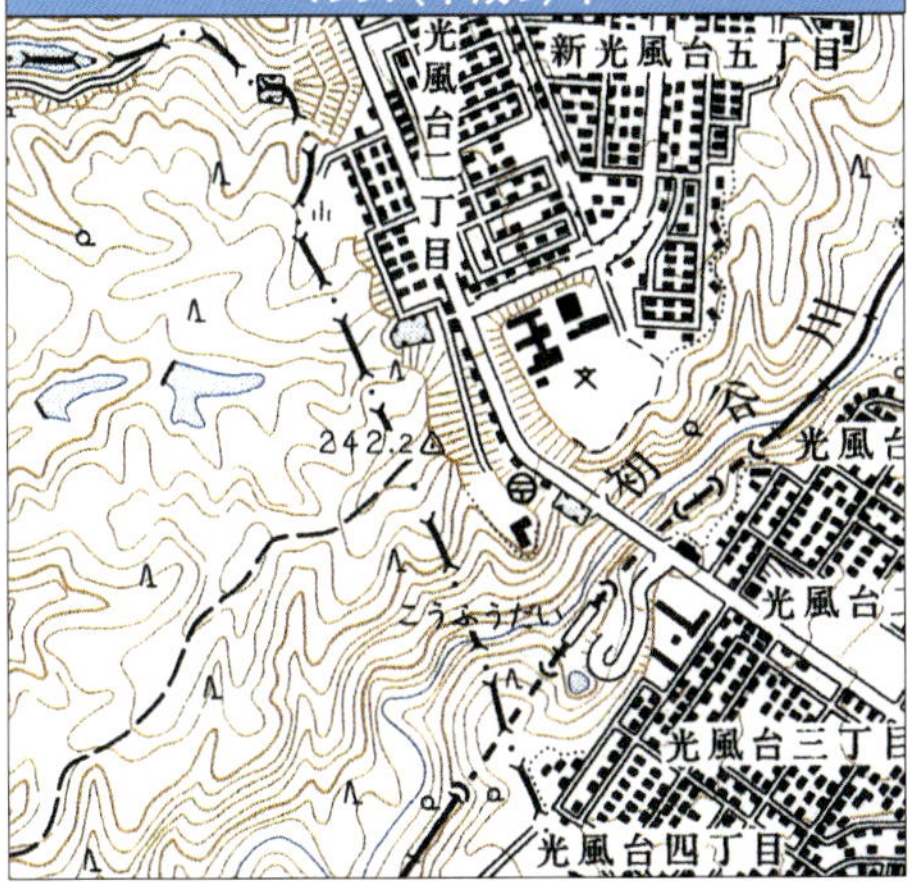

当時はまだ駅がなかったが、現在の光風台駅の手前辺りで、大阪府豊能郡吉川村(現・豊能町)に入る。古地図にある橋を渡ったところがほぼ今の光風台駅の場所だ。周囲は山ばかりの狭い谷間だが、現在は駅から一段上がると南東に光風台、北に新光風台の広い住宅街が広がる。

光風台の全景・秋

写真は、光風台に建つレックスマンションから撮影した光風台地区の全景。山並みや樹々が色づき出した秋の風景。遠くにときわ台の街並みも見える。左奥の山は頂上に能勢妙見宮のある妙見山だ。

新光風台の街並み

このエリアは、光風台より後に開発されたニュータウン。光風台駅の北側に広がる、やはり区画の整った住宅地で、道路幅の広いのが印象的だ。

桜が咲く新光風台町内の遊歩道

自然と豊かな緑に囲まれた丘陵地帯に整然と区画整理された街並が広がっている新光風台。写真は、桜がきれいな春の遊歩道。

提供:豊能不動産(撮影:池永哲雄)

ときわ台

能勢電鉄の住宅地開発により開業
単線用の駅舎は瓦屋根の平屋建て
駅名標は常盤御前と桜のイラスト

開業年 1968(昭和43)年7月7日　所在地 大阪府豊能郡豊能町ときわ台1丁目
キロ程 川西能勢口から11.2km　駅構造 地上駅1面1線　乗降客 1,839人(2022年)

ときわ台駅は、能勢電鉄が分譲したニュータウン(ときわ台と東ときわ台)の玄関口として、1968(昭和43)年7月に開業した。駅舎は瓦屋根の平屋建てで、単線用のこぢんまりした駅だが、大団地を控えており、乗降客は比較的多い。峠を越えれば京都府で、駅前には京都タクシーが営業所を設けている。

ニュータウンは豊能町の西部に位置し、南東に東ときわ台があり、南西には光風台がある。また北は吉川と接して

ときわ台駅　提供:能勢電鉄
1968(昭和43)年7月、能勢電鉄が社運を賭けて開発した住宅団地のために新設した駅。写真には、真新しい駅舎の背後に造成中の住宅地が写っている。駅名も最寄りのニュータウン名から付けられた。

桜谷軽便鉄道
桜谷軽便鉄道は、個人のオーナー(故・持元節夫氏)が一から手作りで仕上げた庭園鉄道だ。家を一周する軌道線で近所の子どもたちのために運転会を開催。その後、家庭菜園用地を購入し、桜谷軽便鉄道南山線を開業。毎月第一日曜日に運転会を開催し、多くの人を楽しませている。ときわ台駅から徒歩15分。　提供:桜谷軽便鉄道

ときわ台駅
平屋建てで瓦屋根のときわ台駅。駅らしくないこぢんまりした印象だが、写真後ろの丘の上に広がる、ときわ台と東ときわ台という大規模なニュータウンの玄関口だ。

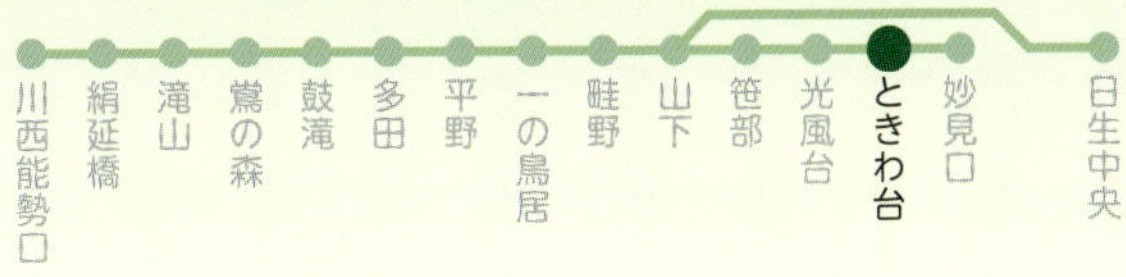

いる。さらに妙見線の線路を越えた西側には新光風台の住宅地が広がる。

地形は標高160～220mほどで、ときわ台駅に近い西側が低く、東ときわ台に近い東側が高くなっている。町の北西には初谷川が流れている。

「ときわ」という名は、源満仲の家臣が用いた縁起のよい言葉「常盤堅磐」(ときわかきわ)に由来する。このため、能勢電鉄の新デザインである駅名標には、常盤御前と、桜で有名な吉川峠の桜が描かれている。

古地図探訪

1967(昭和42)年

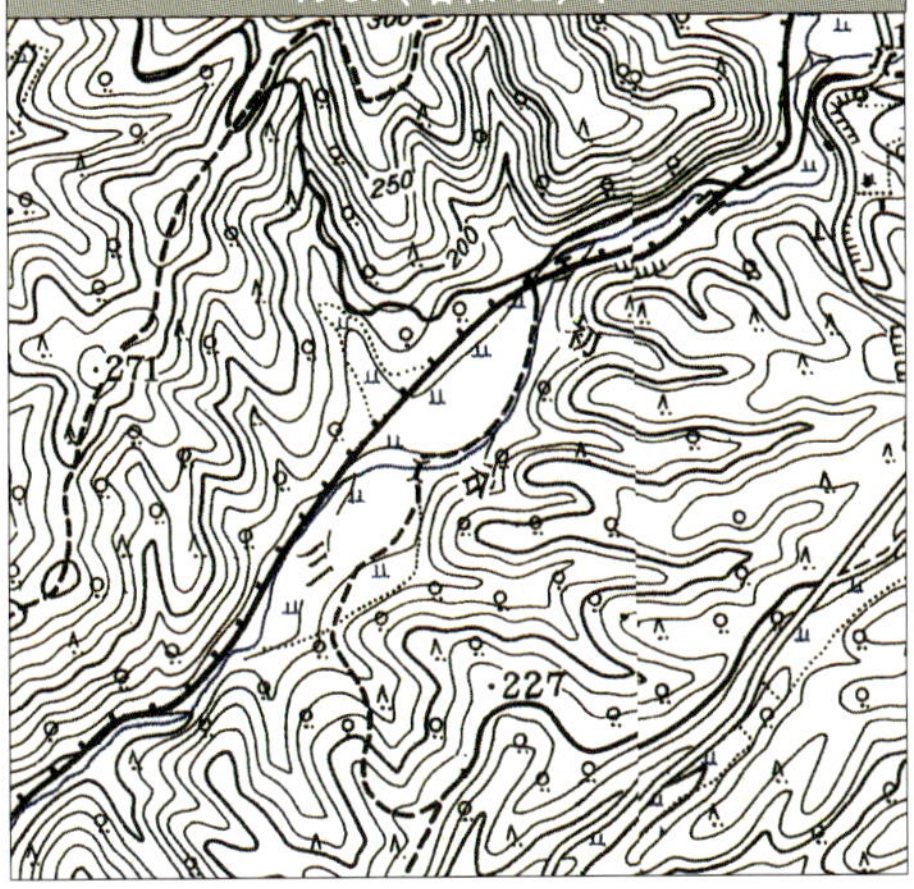

▼ 30年後

1997(平成9)年

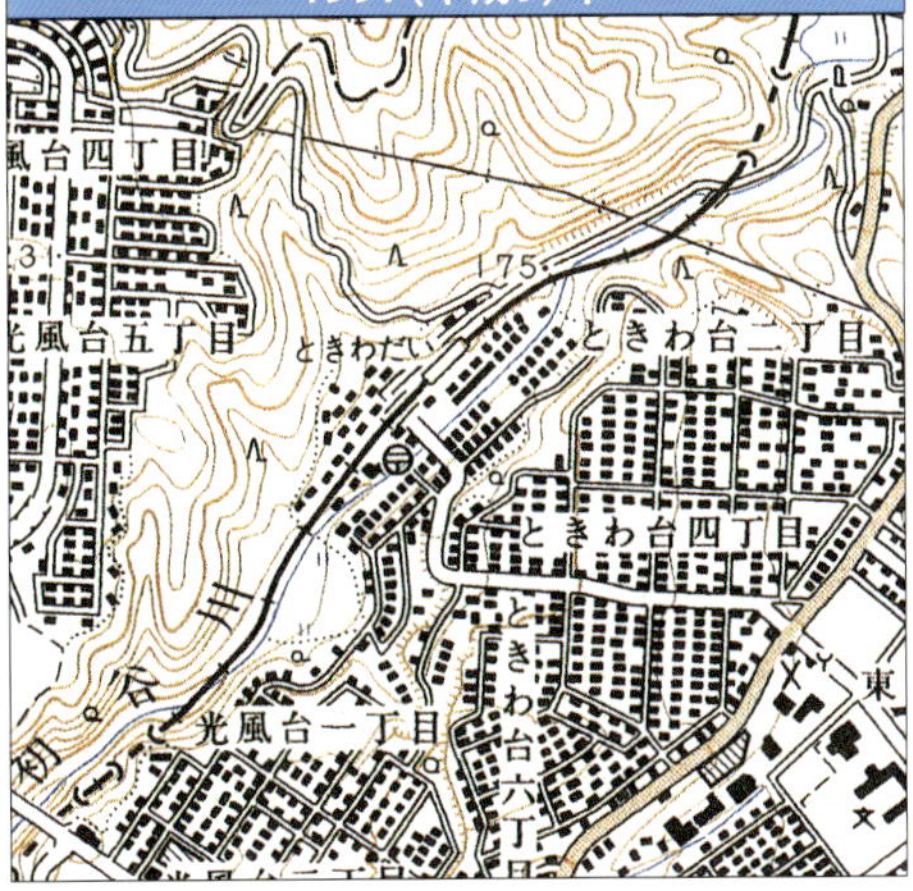

光風台より狭い谷間を電車は走る。今は2つのトンネルでバイパス状になっている地域だ。やや開けた水田記号のある所が現在のときわ台駅の場所。今では駅前には郵便局があり、坂道を登ると光風台から続くときわ台の広い住宅地が広がっている。

ときわ台の街並み

豊能町の西部に位置するときわ台。南東に東ときわ台、南西に光風台、北は吉川に接している。周囲は標高160～220mほどあり、駅に近い西側が低く、東ときわ台の東側が高くなっている。

東ときわ台の街並み

ときわ台から国道477号線を越えると東ときわ台の住宅街。山の斜面ではなく頂上部のほうを切り開いて造成されたためか、坂も緩やかで比較的歩きやすい地形が広がっている。

ときわ台・冬

ときわ台は、豊能町で最も早く開かれた住宅街。公共施設や大きな公園はないが、山の斜面を造成しているので、街の至る所で自然の景観が楽しめる。写真は、一面に雪が積もった、ときわ台の美しい冬景色。

提供：豊能不動産(撮影：池永哲雄)

妙見口

山頂の"能勢妙見"参詣客の玄関口
妙見駅から妙見口駅に改称された
乗合タクシー「妙見口のせ号」登場

開業年 1923(大正12)年11月3日　所在地 大阪府豊能郡豊能町吉川

キロ程 川西能勢口から12.2km　駅構造 地上駅2面2線　乗降客 684人(2022年)

能勢電鉄妙見線の終着となる妙見口駅は、1923(大正12)年11月に、能勢電鉄の前身、能勢電気軌道の妙見駅として開業した。駅北東の妙見山山頂に日蓮宗の関西一の霊場・能勢妙見堂があり、これに参拝する人たちを運ぶために敷設された。開業時は「妙見駅」であったが、能勢妙見堂までは距離があり、1965(昭和40)年3月に「妙見口駅」に改称された。

「妙見」とは守護神・北極星を意味す

昭和40年

妙見口駅 提供:能勢電鉄

この当時、駅に着いた乗降客は改札口を出て、徒歩で約20分歩いて妙見ケーブルの黒川駅まで行き、ケーブルとリフトに乗って能勢妙見宮にお参りに行った。写真は妙見口駅に改称した直後に撮影したものである。

現在

妙見口駅

妙見線の終点・妙見口駅は、文字通り妙見山への玄関口。現在は徒歩で妙見山へ。木造のレトロな駅舎は1956(昭和31)年に建て替えられたもので、外装はリニューアルされている。駅舎前の赤いポストも懐かしく、撮影スポットになっている。　撮影:池永哲雄

能勢妙見堂の本殿(開運殿)

妙見山の山頂付近にある能勢妙見堂は、北極星信仰の聖地として知られる。写真の本殿(開運堂)は、1787(天明7)年に能勢頼直により再建されたと伝わり、1895(明治28)年に大改修されて現在に至る。内陣の御宮殿には開運の守護神である北辰妙見大菩薩が祀られている。

NS 14
みょうけんぐち
妙見口
Myokenguchi
(豊能町吉川)

ときわだい
Tokiwadai

日生中央
妙見口
ときわ台
光風台
笹部
山下
畦野
一の鳥居
平野
多田
鼓滝
鶯の森
滝山
絹延橋
川西能勢口

る言葉であり、お参りだけでなく、ハイキングや行楽目的の観光客も多い。以前はケーブルカーやリフトを利用して手軽に山頂まで行くことが出来たが、2023(令和5)年12月にどちらも営業が終了。歩いて登ることになる。

その2年前には、能勢電鉄社員の手によってデビューしたシグナス森林鉄道も運行終了で、妙見口駅周辺はちょっと寂しくなった。最近は、路線バスに代わって〝妙見口のせ号〟という乗合タクシーが登場して話題を呼んでいる。

古地図探訪

1967(昭和42)年

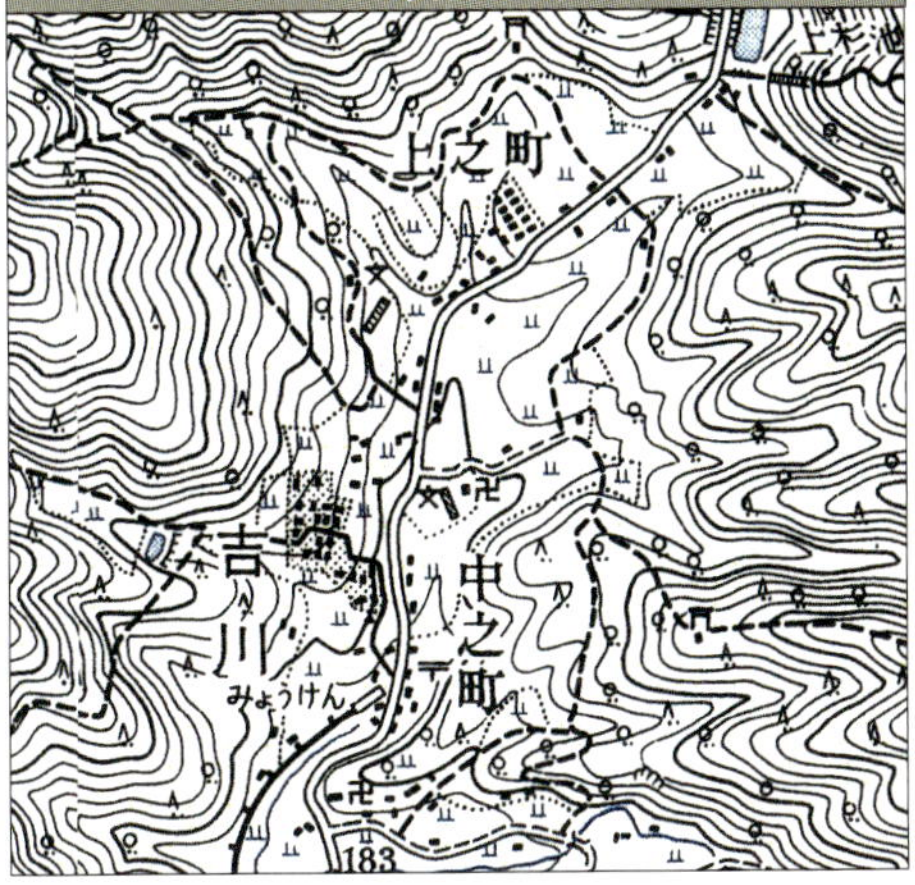

▼30年後

1997(平成9)年

駅前風景はほぼ昔のまま。駅前を通る花折街道は、今も同じルートで残っている。この花折街道から北西方向に歩いて行くと、源頼仲が創建した吉川八幡神社がある。新旧の地図を比較すると、変化の少ない駅周辺で、シンボルの妙見山は北東方面(地図外)にそびえる。

黒川ダリア園

にほんの里100選にも選ばれた黒川ダリア園は、山形県川西町から寄贈されダリアの球根を黒川地区の生産組合が中心となって育成。現在は0.4haの敷地に約300種、1,700株のダリアが植えられている。9月中旬から11月にかけて見学できる。

花折街道

妙見口駅から左に進む道が「花折街道」と呼ばれる妙見山への参詣道。江戸時代の中頃から明治にかけて絶えず旅人が往来。近くの吉川はその後も門前町として賑わい、旅籠や茶屋なども並んでいたという。現在では常夜灯や道しるべが当時の面影を伝えている。

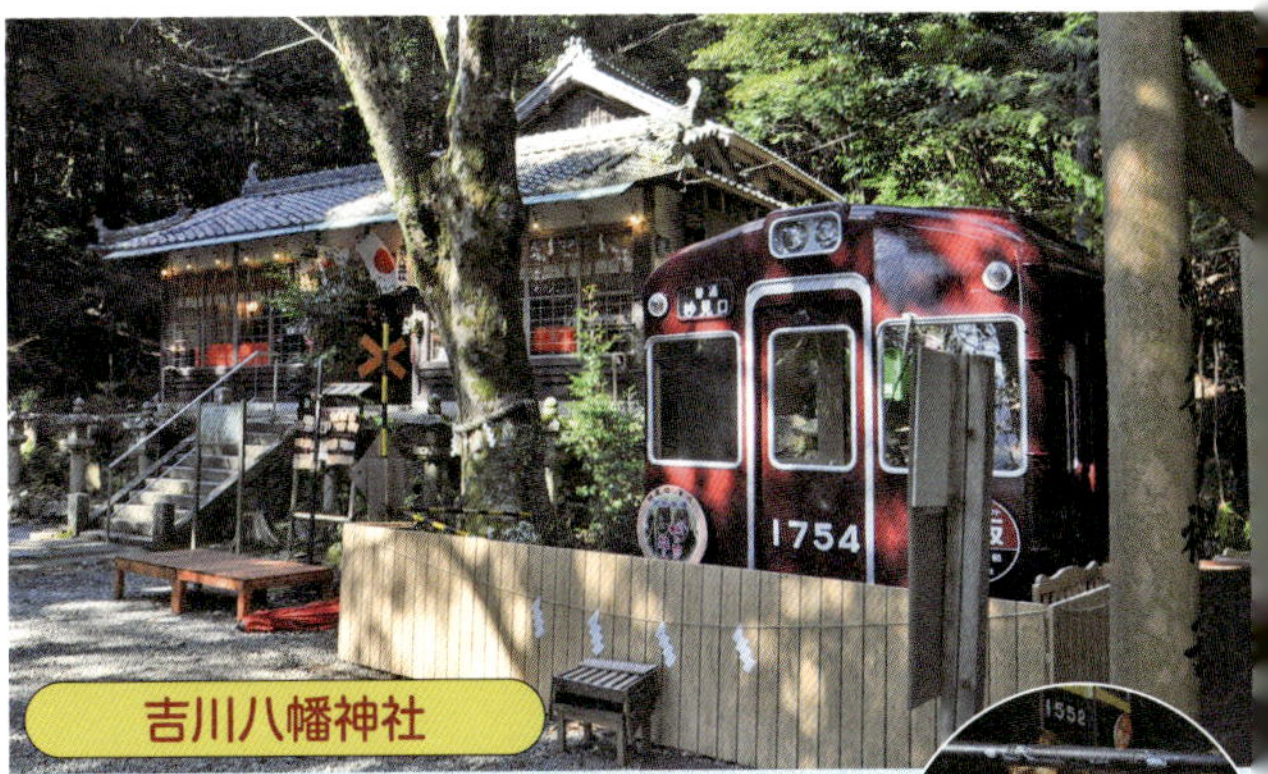

吉川八幡神社

源満仲の4代目の子孫である源頼仲が創建した神社。鉄道好きでアイデアマンの宮司さんらしく、社有地内には、阪急から能勢電へと活躍した電車の先頭部のみがオブジェとして飾られている(写真は本殿横の電車)。また境内には御神馬の「いづめ」が放牧されており、お詣りが楽しい!と人気を呼んでいる。　撮影:池永哲雄

御神馬の「いづめ」

庶民の熱烈な信仰を受ける「妙見山」

**能勢妙見山には鳥居があり、"能勢妙見宮"とも呼ばれるが、
石碑に「日蓮宗霊場能勢妙見山」とあるように、日蓮宗のお寺だ。**

能勢妙見山は、関西随一の日蓮宗霊場と言われ、開運北辰妙見大菩薩を祀っている。紀元750年頃（天平勝宝年中）に、行基菩薩によって開かれたのがその始まりと伝えられる。その後、旧領主能勢家の鼻祖源満仲公（清和天皇の孫経基親王の嫡子）が家鎮として鎮宅霊符神（妙見大菩薩の道教の称）を祀り、能勢家代々に伝えられた。

1600（慶長5）年、23代頼次公は、日蓮宗総本山身延山久遠寺第21世寂照院日乾上人に帰依して法華経信仰を深め、これにより家鎮である鎮宅霊符神も日乾上人に寄って改めて法華経を勧請し、妙見大菩薩として当山に祀られ、今日に至っている。

現在、開運殿に祀られる御尊像は、日乾上人の創案にかかる御自刻のもので、右手に受け太刀、左手に金剛不動の印を結ぶ尊容は、能勢妙見独自のものとされている。

1768（明和5）年3月16日に女人禁制が解かれ、1773（安永2）年には内拝が許され、以後、妙見大菩薩の霊験を得ようと、京都や大阪の人たちが殺到したという。

能勢の妙見詣りを題材にした上方落語「無精の代参」も、このような能勢妙見山への庶民の熱烈な信仰を背景にして生まれたものだと言われている。

鳥居 妙見山は、鳥居や狛犬があったり、"能勢妙見宮"とも呼ばれたりするので、神社？という疑問を持つ。しかし鳥居（明治37年建立）の左側に「日蓮宗霊場能勢妙見山」と刻まれた石碑があるように、日蓮宗のお寺だ。鳥居は聖域を示すために建てられている。

山門

建築年代不詳。総ケヤキ造りの立派な山門は、大阪府能勢町と兵庫県川西市の府県境にあり、山門の中に境界線を知らせる案内板が示されている。

経堂・絵馬堂

1797（寛政8）年8月、能勢頼直公の建設による経堂では毎日4回の読経が行われる。絵馬堂には、願い事を書いた多くの絵馬がかけられている。絵馬は元々祈願の際に本物の馬を供えていたことに由来。その後簡略化された絵馬が奉納されるようになった。

**信徒会館
「星嶺（せいれい）」**

信徒会館「星嶺」は1998（平成10）年4月完成した、大舞台を持つ木とガラスの殿堂。参詣者の心のふれ合いの場になっている。2階礼拝堂はご本尊の世界が体感できる新空間。設計は高松伸京都大学教授。

廃線紹介 **妙見山の妙見の森ケーブル・リフトは2023（令和5）年12月で営業終了**

妙見山の妙見の森ケーブルとリフトは、1960（昭和35年）に開業。全長600m、高低差223mを5分で結び、妙見山参拝者や観光客に利用されてきた。しかし、施設の老朽化や利用客減少で長年赤字が続き、営業継続が困難となった。

そこで能勢電鉄は2023（令和5）年12月3日で営業を終了（廃止）した。

妙見の水広場にあった遊覧鉄道・シグナス森林鉄道も2022（令和4）年2月に一足早く廃止されている。

妙見山を 登る

2023(令和5)年12月に妙見山登山ケーブル(妙見の森ケーブル)とリフト(妙見の森リフト)は営業を終えたため、今は車で山上駐車場まで行くか、歩いて登るかしかない。中腹には美しい自然が広がっているので、ハイキングがてら歩いて登ることをオススメ。それぞれ違った趣の4つのコース歩いて登ってみた。(妙見口駅前の観光案内所に詳しいハイキングコースガイドのチラシあり)

(写真・文・マップ／乙牧和宏)

初谷渓谷コース

妙見口駅から南へ進み、国道 477 号線を渡って初谷渓谷沿いに登るルート。初谷は「大阪みどりの百選」に指定された渓谷で、随所に設置された自然観察案内板を見て、美しく貴重な花や鳥、蝶たちを探し、せせらぎの音を聞きながら(写真)、散策気分で徐々に高度を上げてゆく。途中、橋のない沢を 10 回以上を渡るので増水時には注意が必要。

約 5.9km のコース。
(歩行時間:約 2 時間)

新滝道コース

妙見口駅より花折街道を歩き、旧ケーブル黒川駅の右側から沢沿いを登るルート。途中、白瀧稲荷神社や雄滝行場を見て登ると、左手に川西市天然記念物の「桜谷のエゾヒガン」の群落が見えてくる。また、中腹には立派なカエデの大木(写真)があり紅葉シーズンは見事。山上まで十八丁の丁石があり、残り距離の目安となる。沢沿いは最初から急勾配で石段が続くルートだが、約 3.6km と最短距離で妙見山上に着く。
(歩行時間:約 1 時間 20 分)

上杉尾根コース

妙見口駅から花折街道を歩き、国道 477 号線との交差点より東の尾根へと登るルート。前半はきついつづら折りの登りが続くが、途中からはなだらかになり展望が開ける。左に日本一の里山と言われる黒川(写真)、右に遠く大阪湾までもが見渡せる。最後にスギ・ヒノキの植林地を登ると山上駐車場に出る。多くの石塔が残り、昔のメインルートだったことがうかがえる。約 4.3km。(歩行時間:約 1 時間 45 分)

大堂越コース

妙見口駅より花折街道を歩き、旧ケーブル黒川駅左手より登るルート。谷沿いの道を登ると炭焼き窯跡があり、その先で「台場クヌギの森」(写真)の横を通る。炭焼き用に同じ木を何度も伐採することで、ずんぐりした形になったクヌギの木を「台場クヌギ」という。この辺りは渓の中を歩くので足元要注意。道はやがて峠(大堂越)に着き、方向を右に変えて尾根道をジグザグに登って行く。道が広くなると山頂は近い。約 4.2km の道のり。

(歩行時間:約 1 時間 30 分)

山下駅を出た電車は山中を走り抜け、日生線終点の日生中央駅に到着する。

能勢電鉄の中では最も新しいこの駅は、1978(昭和53)年に開業。阪急日生ニュータウンとして昭和45年頃から開発されてきた。駅名とニュータウンの名は、開発業者である日本生命保険相互会社の略「日生」に由来している。

大がかりなプロジェクトで進められたニュータウンは、駅を中心に南北に開発され、北側には雨森山の南斜面に伏見

日生中央

能勢電鉄の中では最も新しい駅
駅を中心に大ニュータウンを形成
駅名標の象徴は桜並木をイメージ

開業年 1978(昭和53)年12月12日　所在地 兵庫県川辺郡猪名川町松尾台1-2-2
キロ程 山下から2.6km　駅構造 橋上駅2面2線　乗降客 8,857人(2023年)

疾走する日生エクスプレス

写真は日生中央駅を出発し、スイッチバックして川西能勢口駅へ向かう日生エクスプレス。朝夕のラッシュ時に日生中央駅～大阪梅田駅間を直通で走る特急列車だ。阪急と能勢電の接続駅・川西能勢口駅が高架化した1977(昭和52)年から運行が始まった。

日生中央駅付近の空撮

写真は、阪急日生ニュータウンを空撮した街の全景。このニュータウンは、兵庫県川西市と川辺郡猪名川町にまたがっており、面積346㎡のエリアに、人口3万人が住む理想の住宅地として計画されたもの。日本生命保険と新星和不動産が開発した。

い～な!!さくら通り

"い～な!!さくら通り"は、猪名川町の名所となっている桜並木。町道の原広根線約2.3kmの区間の道路両側に約450本、原川の松尾台側の土手に150本、合計600本ものソメイヨシノが植えられている。原川沿いには、桜遊歩道が整備され、提灯でライトアップされる夜桜も美しい。

多田銀銅山

多田銀銅山は、平安時代から銀や銅が掘られ、豊臣時代には直轄鉱山となり、江戸時代には「銀山三千軒」と呼ばれるほど賑わいをみせた銀銅山。2015(平成27)年には県内の鉱山遺跡で初めて国史跡に指定された。周辺には資料館「悠久の館」などがある。

一庫(ひとくら)ダムは、兵庫県川西市の一級河川・淀川水系、一庫大路次川に建設されたダム。高さ75mのコンクリートダムで、人造湖は知明湖(ちみょうこ)と命名されている。ダム湖百選にも選定された、川西市民の憩いの場でもある。撮影:池永哲雄

一庫ダム

NS 21
にっせいちゅうおう
日生中央
Nissei-chuo
（猪名川町）

やました
Yamashita

日生中央・妙見口・ときわ台・光風台・笹部・山下・畦野・一の鳥居・平野・多田・鼓滝・鶯の森・滝山・絹延橋・川西能勢口

台（猪名川町）、美山台・丸山台（川西市）、南側に松尾台（猪名川町）が造成された。そして、猪名川パークタウン、つつじが丘（能勢電鉄開発）の街並みも成熟し、落ち着いた佇まいを見せる。

猪名川沿いの桜街道は、県内8位の人気お花見スポットで、「い～な!!さくら通り」という名前が付けられている。このほか、豊臣秀吉ゆかりの鉱山「多田銀銅山」、江戸時代の豪農屋敷（旧冨田邸）をモチーフに建築した「静思館」など文化財が多く残っている。

古地図探訪

1967（昭和42）年

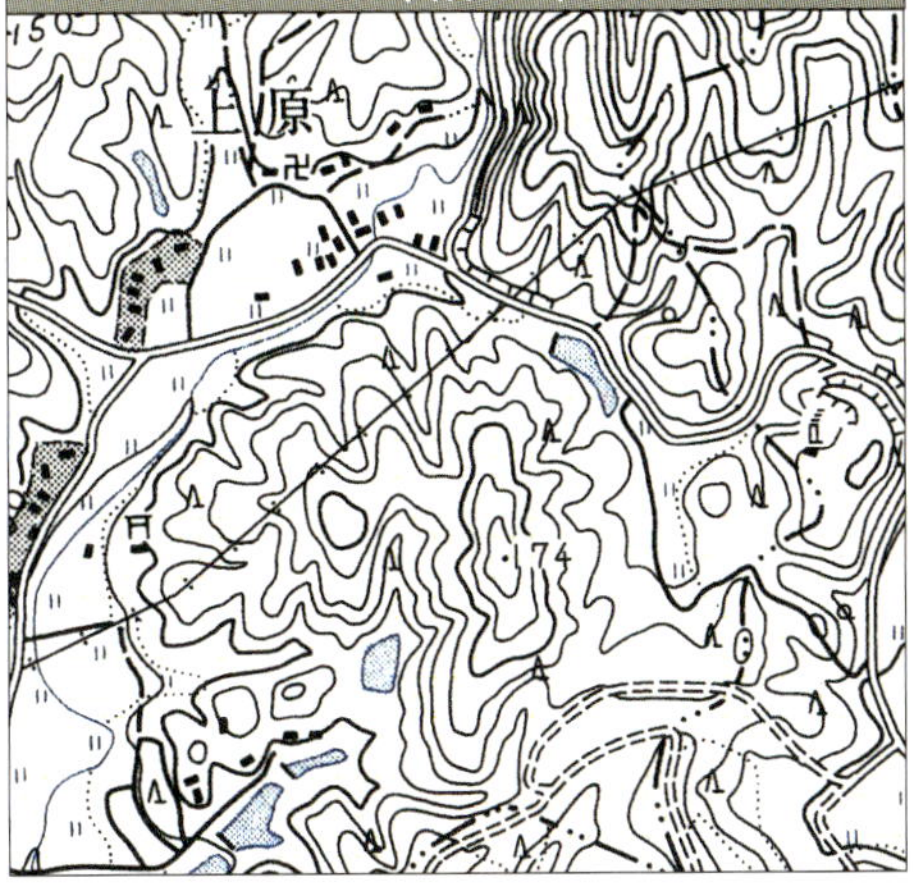

▼30年後

1997（平成9）年

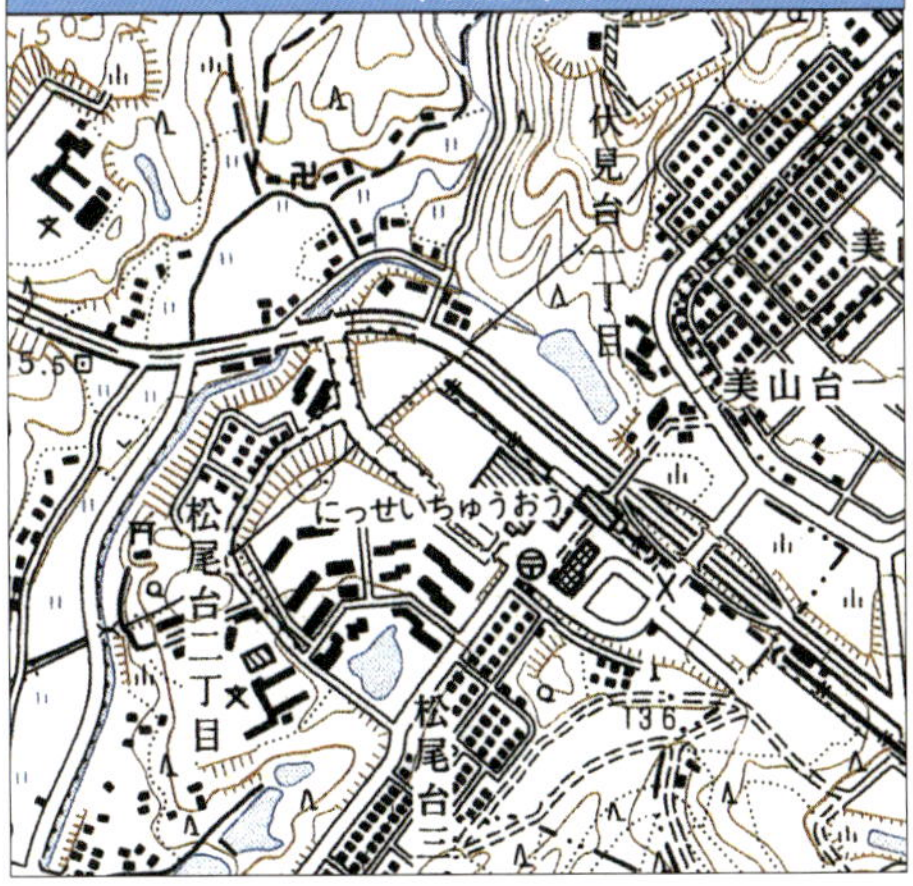

能勢電鉄駅周辺で最も変わったのが日生中央駅。昔は170～190mの、なだらかな山が続いていた場所が広く造成され、新しい住宅地に生まれ変わった。現在の駅がある場所には、以前は174mの山があったが、今はその面影もない。しかしその南にあった溜池は残っている。

日生中央駅　提供：能勢電鉄

1978（昭和53）年12月12日に開業した日生中央駅。山下―日生中央間の新線「日生線」は、能勢電鉄と日本生命の共同負担で建設された。当時、能勢電鉄内で最大規模の駅であり、大きな関心を集めた。また、山小屋をイメージしたという斬新な駅も注目された。

ニュータウンの玄関口・日生中央駅

写真は斬新なデザインの駅舎正面。乗降客が多いのでエントランスゾーンも広々と設計され、構内もゆったりしたスペースが確保されている。時代を先取りした佇まいは、現在も古さを感じさせない。近畿の駅百選にも選ばれている。

【著者プロフィール】

山下ルミコ(やましたるみこ)

郷土史研究家。1967(昭和42)年から西宮に居住。産経新聞社大阪本社、サンケイリビング新聞社などの記事執筆を長年にわたり続ける。『阪急神戸線 街と駅の1世紀』(彩流社)、『東京今昔散歩』(JTBパブリッシング)、『阪神電車ぶらり途中下車』『都電荒川線沿線ぶらり旅』(フォト・パブリッシング)、『近鉄大阪線・南大阪線 街と駅の物語』(アルファベータブックス)ほか著書多数。

【写真提供】

阪急電鉄株式会社、能勢電鉄株式会社、朝日新聞社、豊中市(岡町図書館/北摂アーカイブス)、池田市、川西市、宝塚市、宝塚市立中央図書館、宝塚市立手塚治虫記念館、宝塚文化創造館、箕面市、雲雀丘花屋敷物語、自敬寺、杉本写真場、大和ハウス工業株式会社、桜谷軽便鉄道、蛍池・遊びのプロジェクト(代表山田博治)、マチノキオクカン、記憶の中の「生」再現プロジェクト、池永哲雄(豊能不動産)、高田寛、荻原二郎、上野又勇、亀井一男、谷川正彦、諸河久、鹿島雅美、石田一、山本雅夫、川端未希子

【パンフレット・絵葉書・乗車券提供】

箕面市、宝塚市立中央図書館、竹村忠洋、吉村和利(蛍池・遊びのプロジェクト)

【寄稿】

金渕信一郎(マチノキオクカン)、大野良平(現代美術家)

【古地図】

(戦前の地図)帝国陸軍参謀本部陸地測量部発行の地形図

(戦後の地図)建設省地理調査所、国土地理院発行の地形図

阪急宝塚線《はんきゅうたからづかせん》・能勢電鉄《のせでんてつ》 街《まち》と駅《えき》の物語《ものがたり》

発行日……………2025年4月5日　第1刷　　※定価はカバーに表示してあります。

著　者……………山下ルミコ

発行者……………春日俊一

発行所……………株式会社アルファベータブックス

〒102-0072　東京都千代田区飯田橋2-14-5定谷ビル

TEL.03-3239-1850 FAX.03-3239-1851

https://alphabetabooks.com/

編集協力…………株式会社フォト・パブリッシング

デザイン・DTP…クロスロード 乙牧和宏

印刷所……………株式会社サンエー印刷

この印刷物は環境に配慮し、地産地消・輸送マイレージに配慮したライスインキを使用しているバイオマス認証製品です。

ISBN978-4-86598-918-2 C0026